100개의 그림 예제로 이해하기

트랜스포머로 시작하는 언어 모델과 생성형 인공지능

사전 학습 언어모델(PLM) / 거대 언어 모델(LLM) / 소형 거대 언어 모델(sLLM)

GPT-1 / GPT-2 / GPT-3 / GPT-4 / GPT-5

GPT-3.5

트랜스포머로 시작하는 다양한 언어 모델을 분석

ChatGPT 이후 급격하게 변화된 인공지능 기술을 분석

OpenAI와 대결하는 거대 테크 기업의 언어 모델을 분석

트랜스포머로 시작하는 언어 모델과 생성형 인공지능
100개의 그림 예제로 이해하기

초판 1쇄 인쇄 | 2025년 1월 05일
초판 1쇄 발행 | 2025년 1월 10일

지은이 | 추형석
펴낸이 | 김휘중
펴낸곳 | 위즈앤북(Wiznbook)
주　소 | 서울시 중구 창경궁로1길 14 충무로하늘N 208호
전　화 | (직통/문의) 070-8955-3716
팩　스 | (주문) 02-6455-5316
등　록 | 제25100-2023-045호
정　가 | 17,800원
ISBN | 979-11-986853-3-9 (13000)

기획/진행 | Vision IT
인스타그램 | www.instagram.com/wiznbook
페이스북 | www.facebook.com/wiznbook
블로그 | blog.naver.com/wiznbook

> 열정과 도전을 높이 평가하는 위즈앤북에서는 참신한 아이디어와 역량 있는 필자를 항상 기다리고 있습니다. IT 전문서에 출간 계획이 있으시면 간단한 기획안을 메일로 보내주세요. 도서 출간이 처음이신 분들에게도 위즈앤북의 문은 언제나 활짝 열려있습니다.
> 원고 투고 및 문의 : wiznbook@naver.com

Published by Wiznbook, Inc. Printed in Korea
Copyright ⓒ 2025 by 추형석 & Wiznbook, Inc.

이 책의 저작권은 추형석과 위즈앤북에 있습니다.
이 책은 저작권법에 의해 보호 받는 저작물이므로 무단 복제 및 무단 전재를 금합니다.

※ 잘못된 책은 바꾸어 드립니다.

머리말

인공지능의 역사는 끊임없는 도전과 혁신의 연속이었습니다. 2016년 알파고가 바둑이라는 영역에서 인간의 한계를 뛰어넘었을 때 인공지능의 무한한 가능성을 깨달았습니다. 하지만 그것은 시작에 불과했습니다. 그로부터 몇 년 후 트랜스포머라는 모델이 등장하면서 인공지능은 다시 한번 혁신의 문을 열었습니다. 트랜스포머의 출현은 자연어 처리(NLP)와 생성형 인공지능(Generative AI)의 패러다임을 바꾸어 놓았고, 이를 기반으로 탄생한 GPT, BERT, DALL-E와 같은 모델들은 이제 우리의 일상과 산업을 혁신하고 있습니다.

이 책은 트랜스포머의 기본 원리부터 이를 기반으로 한 언어 모델의 발전 과정과 생성형 인공지능의 시대까지 그 흐름을 쉽고 체계적으로 설명합니다. 특히, 인공지능의 핵심적 원리와 기술을 단순히 나열하는 것이 아니라 시대별로 구분된 100개의 주제와 그림을 통해 직관적으로 이해할 수 있도록 구성하였습니다. 복잡한 수식이나 알고리즘 때문에 인공지능 학습에 두려움을 느꼈던 독자라면 이번 도서가 한 걸음 더 나아갈 수 있는 디딤돌이 될 것입니다.

트랜스포머는 하나의 딥러닝 모델을 넘어선 패러다임의 전환을 상징합니다. 과거 순환신경망(RNN)과 장단기기억(LSTM)이 시간적 의존성을 극복하지 못하고 한계를 드러냈을 때 트랜스포머는 "Attention is all you need"라는 논문을 통해 이러한 한계를 극복했습니다. 그 결과 트랜스포머는 기계 번역뿐만 아니라 언어 이해, 대화 시스템, 텍스트 생성 등 다양한 분야에 활용되며 자연어 처리의 새로운 표준이 되었습니다. 이후 사전 학습 언어 모델(PLM)과 거대 언어 모델(LLM)의 확장은 트랜스포머의 가능성을 증명하면서 인공지능의 역사를 다시 쓰고 있습니다.

이 책은 단순히 트랜스포머를 설명하는데 그치지 않습니다. 트랜스포머의 등장 이후 인공지능은 생성형 AI라는 새로운 시대를 맞이하게 되었고, 플랫폼과 오픈 소스를 통해 개발의 진입장벽이 현저하게 낮아지고 있습니다. 특히, 생성형 AI를 언어 모델의 관점에서 집중적으로 분석하여 글로벌 빅 테크 기업의 경쟁 구도를 설명합니다. 또한, 누구나 쉽게 노트북에서도 실행해 볼 수 있는 사전 학습 언어 모델과 sLLM 실습도 영상으로 담아 실제 인공지능을 활용해 볼 수 있는 기회도 제공합니다. 이 책이 트랜스포머와 생성형 인공지능의 세계를 탐구하고자 하는 학생, 연구자, 실무자 모두에게 의미 있는 지침서가 되기를 바랍니다. AI 기술의 발전 속도는 놀라울 정도로 빠릅니다. 하지만 그 혁신의 중심에는 언제나 트랜스포머가 있었고, 앞으로도 있을 것으로 전망합니다.

끝으로 책을 집필하면서 무한한 신뢰를 보여준 아내 신슬기와 출간 기회를 주신 위즈앤북 김휘중 대표님께 감사를 드립니다. 또한, 많은 연구자들의 선행 연구와 기술적 성과에 감사드리며, 이 책이 독자 여러분에게 도움이 되기를 바랍니다. 인공지능의 미래는 우리가 어떻게 학습하고 활용하느냐에 달려 있습니다. 이제, 그 여정을 함께 시작해 봅시다.

저자 **추형석**

이 책의 구성

본문 내용 중에서 어려운 용어나 추가적으로 알아두면 도움이 되는 사항을 설명합니다.

15 TransformerXL의 등장과 성능

◎ TransformerXL의 등장 배경

트랜스포머 기반의 언어 모델은 어텐션 메커니즘을 활용해서 언어 모델 구현의 가장 큰 장벽인 장기 의존성(Long-Term Dependency) 문제를 일부 해소할 수 있다. 그러나 트랜스포머의 입력은 고정된 수의 토큰을 입력으로 받을 수 있다는 점에서 장기 의존성 문제는 여전히 존재한다. 또한, 긴 문장의 경우 문장 중간에서 토큰이 끊어질 수도 있기 때문에 문맥적 이해의 파편화(Context Fragmentation)가 발생할 수 있다. TransformerXL에서는 매우 긴 입력도 처리할 수 있는 능력을 확보하기 위해서 XL(eXtremely Large)이라는 용어를 사용한다.

◎ 세그먼트 레벨 순환

TransformerXL은 매우 긴 입력을 처리하기 위해서 세그먼트 레벨 순환(Segment-Level Recurrence)을 제안했다. 여기에서 하나의 세그먼트란 트랜스포머가 입력받을 수 있는 최대 토큰의 개수(예 : 512)로 볼

트랜스포머의 기본 원리부터 언어 모델의 발전 과정과 생성형 인공지능까지 그 흐름을 항목별로 쉽고 체계적으로 설명합니다.

인공지능의 원리와 기술뿐만 아니라 다양한 주제별로 구분된 100개의 그림을 통해 핵심 내용을 직관적으로 이해할 수 있습니다.

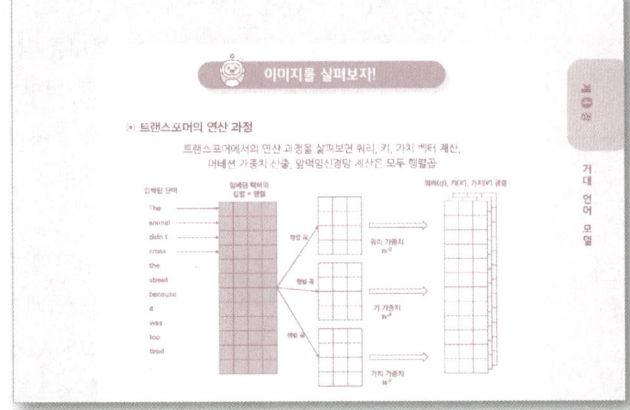

Plus + TIP

OpenAI의 스케일링 법칙

GPT-2에서 GPT-3로의 도약은 단순히 모델 크기를 키운 것 이상의 의미를 가지고 있습니다. 그 배경에는 OpenAI의 스케일링 법칙(Scaling Laws)에 대한 중요한 연구가 자리하고 있습니다. 해당 연구는 언어 모델의 성능이 모델 크기, 학습 데이터의 양, 그리고 계산 자원에 따라 어떻게 확장되는지를 체계적으로 설명하며, 대규모 언어 모델(LLM)의 발전에 있어 핵심적인 역할을 담당합니다.

◎ 스케일링 법칙의 발견

2020년 OpenAI는 '언어 모델의 성능은 학습 가능한 모수의 수, 데이터 크기, 그리고 컴퓨팅 자원의 증가에 따라 예측 가능한 방식으로 개선된다.'는 내용을 담은 연구 결과를 발표했습니다. 이를 스케일링 법칙이라 부르는데 이 법칙은 성능 향상이 로그 선형적으로 증가한다는 점을 실험적으로 입증했습니다. 해당 연구는 GPT-3와 같은 거대 모델을 설계하는데 중요한 이론적 기반을 제공했습니다.

트랜스포머로 시작하는 언어 모델과 생성형 인공지능의 본문 내용 외에 추가적인 학습 내용을 장별로 수록하였습니다.

동영상 강의

■ MobileBERT를 활용한 영화 리뷰 긍정/부정 예측

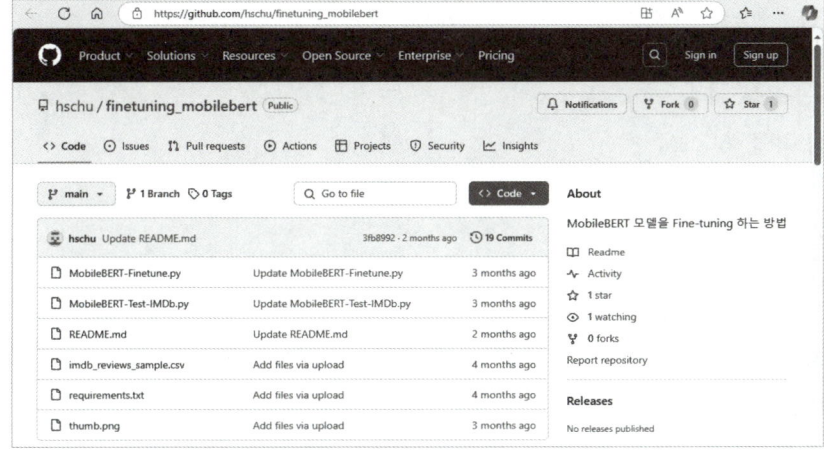

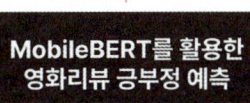

■ 로컬 PC에서 Gemma 2 2B 모델 테스트

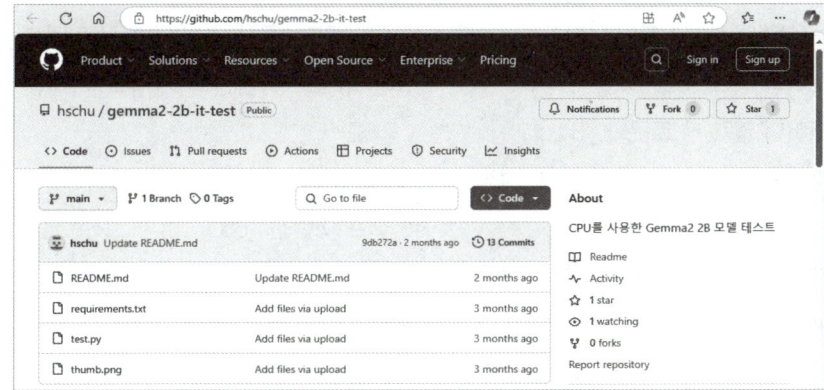

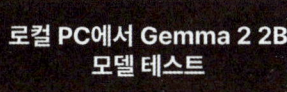

이 책의 차례

머리말 _3
이 책의 구성 _4
동영상 강의 _5

제1장 인공지능의 혁신 트랜스포머

01 트랜스포머가 바꾼 인공지능 _10
02 트랜스포머의 개념적 이해 _12
03 언어 모델의 이해 _14
04 언어 모델과 데이터 _16
05 언어 모델 구현 방법의 변화 _18
06 사전 학습 언어 모델 _20
07 거대 언어 모델 _22
08 기반 모델과 생성형 인공지능 _24

제2장 트랜스포머의 구조와 분석

01 딥러닝과 트랜스포머 _28
02 인공지능 모델의 트랜스포머 _30
03 트랜스포머의 구조 _32
04 트랜스포머의 입력 - 토큰화 _34
05 트랜스포머의 입력 - 토큰간 관계 설정 _36
06 원 핫 인코딩과 토큰 임베딩(CBOW) _38
07 토큰 임베딩과 토큰 임베딩 차원 _40
08 위치 인코딩 - 토큰의 위치와 접근법 _42
09 위치 인코딩 - 토큰 임베딩 벡터 _44
10 트랜스포머의 인코더 _46
11 멀티헤드 어텐션의 입력과 쿼리 _48
12 멀티헤드 어텐션의 키와 점곱 어텐션 _50
13 멀티헤드 어텐션의 가치와 어텐션 헤드 _52
14 정규화와 앞먹임신경망 _54
15 셀프 어텐션 _56
16 인코더의 반복과 초모수 _58
17 트랜스포머의 디코더 _60
18 트랜스포머의 인코더와 디코더 결합 _62
19 트랜스포머의 출력 _64

제3장 사전 학습 언어 모델

01 사전 학습 언어 모델의 개요 _68
02 사전 학습 언어 모델의 접근 방법 _70
03 다양한 자연어 처리 과업 _72
04 전형적인 자연어 처리 과업 _74
05 BERT의 구조와 특징 _76
06 OpenAI의 GPT 구조 _78
07 GPT-2의 개념과 구조 _80
08 RoBERTa의 성능과 구조 _82
09 ALBERT의 접근과 구조 _84
10 DistilBERT의 접근과 성능 _86
11 MobileBERT의 개념과 특징 _88
12 SpanBERT의 개념과 특징 _90
13 ELECTRA의 개념과 활용 _92
14 DeBERTa의 개념과 기능 _94
15 TransformerXL의 등장과 성능 _96
16 XLNet의 개념과 성능 _98
17 BART의 개념과 특징 _100
18 CTRL의 개념과 특징 _102
19 T5의 구조와 성능 _104
20 HuggingFace와 Transformers _106

제4장 거대 언어 모델

01 거대 언어 모델의 개요 _110
02 거대 언어 모델의 규모 _112
03 거대 언어 모델의 구조 _114
04 거대 언어 모델의 특징과 재학습 방법 _116
05 거대 언어 모델의 한계 _118
06 계산적 관점에서의 딥러닝 _120
07 행렬곱 연산 _122
08 거대 언어 모델의 계산량과 효과 _124
09 거대 언어 모델의 활용 _126
10 GPT-3의 구조와 성능 _128
11 LaMDA의 구조와 특징 _130
12 MT NLG의 개념과 성능 _132
13 Gopher의 등장과 접근법 _134
14 InstructGPT의 접근법과 특징 _136
15 PanGu 알파의 배경과 특징 _138
16 PaLM의 개념과 특징 _140
17 OPT 175B의 시작과 특징 _142
18 BLOOM의 배경과 특징 _144
19 HyperCLOVA의 개념과 특징 _146
20 규모 경쟁과 ChatGPT의 등장 _148

제5장 ChatGPT와 생성 인공지능

01 ChatGPT의 성공과 변화 _152
02 ChatGPT의 효과와 계산량_154
03 ChatGPT 이후의 인공지능_156
04 환각 효과 완화의 기본적 접근_158
05 설명 가능한 인공지능과 거대 언어 모델_160
06 모델 경량화의 기본적 접근 _162
07 모델 경량화와 하드웨어 _164
08 트랜스포머 대안의 기본적 접근 _166
09 RWKV의 개념과 구조 _168
10 Retentive Network의 접근과 특징 _170
11 거대 테크 기업의 움직임 _172
12 GPT-4의 배경과 특징 _174
13 GPT-4 Turbo와 GPT-4o의 특징 _176
14 GPT-o1과 GPT-5의 특징 _178
15 OpenAI의 GPT 스토어 _180
16 Bard의 특징과 기능 _182
17 PaLM 2의 규모와 특징 _184
18 Gemini의 등장과 특징 _186
19 Copilot의 등장과 특징 _188
20 Claude의 개발과 특징 _190
21 소규모 거대 언어 모델의 등장 _192
22 LLaMA의 특징과 구조 _194
23 LLaMA 2와 LLaMA 3의 성능 _196
24 Gemma의 특징과 기능 _198
25 Mistral AI의 등장과 특징 _200
26 phi의 특징과 기능 _202
27 한국의 sLLM과 Solar _204
28 대화형 인공지능과 sLLM 활용 도구_206
29 인공지능의 기술적 미래 전망 _208
30 인공지능의 플랫폼 미래 전망 _210
31 인공지능의 규제 전망 _212
32 인공지능의 정책 전망 _214
33 범용 인공지능의 미래 전망 _216

제 1 장

인공지능의 혁신
트랜스포머

알파고 이후 인공지능의 혁신을 다시 일으킨 ChatGPT는 인류 역사에 큰 획을 긋는 인공지능으로 기억될 것이다. ChatGPT가 이러한 돌풍을 일으킨 이유는 어떠한 것이든 궁금한 내용을 물어보면 바로 대답을 할 수 있기 때문이다. 또한, 생성되는 답변의 질적 수준 역시 매우 높아 사람에 버금가는 능력을 가지고 있다. ChatGPT는 우리가 생각하는 대화형 인공지능의 시작을 알리고 있으며, 이후 인터넷의 창발과 함께 동등한 수준의 변화가 산업 및 사회 곳곳에서 일어날 것으로 예상된다. 그렇다면 ChatGPT는 어떻게 만들어진 것일까? ChatGPT를 분해해 보면 트랜스포머라는 단어를 만나게 된다. 트랜스포머는 2017년 구글이 개발한 딥러닝 알고리즘의 하나로 기계 번역 분야에서 활용되었다. 이후에는 사전 학습 언어 모델과 거대 언어 모델을 거쳐 지금의 ChatGPT에 이르게 된다. 이번 장에서는 트랜스포머의 개념적 이해와 발전 동향에 대해서 설명하고자 한다.

01 트랜스포머가 바꾼 인공지능

트랜스포머(Transformer)의 등장

2017년 구글이 개발한 트랜스포머는 기계 번역을 수행하기 위해 고안된 방법론이다. 기존의 기계 번역은 순환신경망(Recurrent Neural Network)이나 장단기 기억(Long Short Term Memory)을 사용하는 것이 주류를 이루었다. 이러한 방법론들의 단점은 시간적으로 멀리 떨어져 있는 데이터를 성공적으로 학습하기 어려웠다. 트랜스포머는 이러한 시간적 의존성을 **어텐션 메커니즘(Attention Mechanism)**으로 극복하여 성능 향상을 도모하는 한편 계산 효율을 향상시켜서 우수한 성능비를 달성하였다. 또한, 트랜스포머는 공개 당시 기계 번역 분야에서 최고 성능(State-Of-The-Art, SOTA)을 실현하였다.

> 단어 간의 다양한 관계를 설정하는 방법론

사전 학습 언어 모델

인공지능 연구자들은 기계 학습에 국한된 트랜스포머를 언어 모델로 확장하기 시작하였다. 언어 모델은 자연어 처리 영역에서 가장 어려운 문제로 우수한 언어 모델을 개발할 경우 다양한 자연어 처리 과업을 범용적으로 수행할 수 있을 것이라는 가정에서 출발한다. 이것이 사전 학습 언어 모델(Pre-trained Language Model)인데 거대한 텍스트 데이터를 이용하여 언어 모델을 구축한 뒤에 이를 다양한 자연어 처리 과업(예 : 질의응답, 감성 분석, 번역 등)에 재학습 시키는 방식이다. 사전 학습 언어 모델은 2018년에서 2020년까지 수십 개 이상의 모델이 공개되었고, 자연어 처리 과업을 수행하는 데 가장 보편적으로 사용된다.

거대 언어 모델로의 확장

> 인공지능 모델에서 데이터를 학습함으로써 변화하는 값(Parameter)

사전 학습 언어 모델이 규모 관점에서 수십억 개 수준의 학습 가능한 **모수**로 구성되어 있다면 거대 언어 모델(Large Language Model)은 사전 학습 언어 모델보다 100배 큰 수천억 개의 학습 가능한 모수로 구성된다. 여기에서 주목할 점은 모델의 구조적인 측면에서 볼 때 모두 트랜스포머의 양적 확장에 치중되어 있다는 점이다. 거대 언어 모델에는 프롬프트 학습(Prompt Learning)이라는 방식이 등장하는데 이는 재학습의 과정 없이 입력(프롬프트)에 소수의 정보를 제공함으로써 특정 자연어 처리 과업을 수행할 수 있다는 것이다. 이렇게 거대 언어 모델은 ChatGPT, Bard 등 대화형 인공지능으로 진화하고 있다.

기반 모델의 등장

거대 언어 모델은 적어도 자연어 처리 분야에서 높은 범용성을 갖는다. 기반 모델(Foundation Model)은 자연어 처리를 포함해 컴퓨터 비전, 신호 처리, 데이터 분석 등 다양한 과업을 거대 언어 모델의 방식으로 수행할 수 있는 것을 의미한다. 2022년에는 텍스트를 이용하여 이미지를 생성하는 모델로 시작했고, 2023년에는 GPT-4와 같이 이미지와 언어를 동시에 처리할 수 있는 기능을 선보이고 있다.

 **이미지를 살펴보자!**

◉ 어텐션 메커니즘으로 구현된 기계 번역 모델

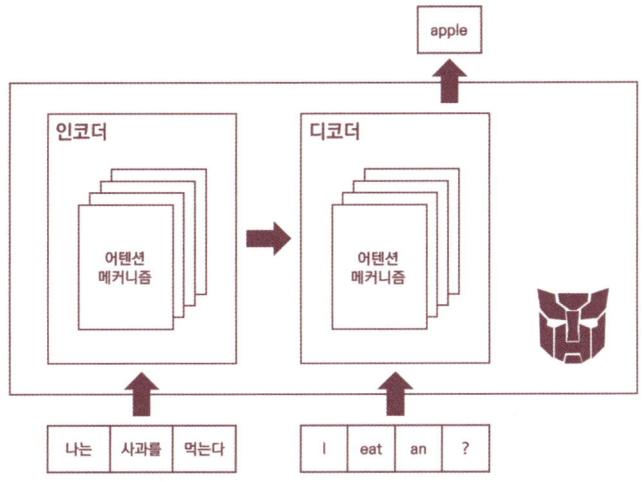

◉ 사전 학습 언어 모델/거대 언어 모델/기반 모델

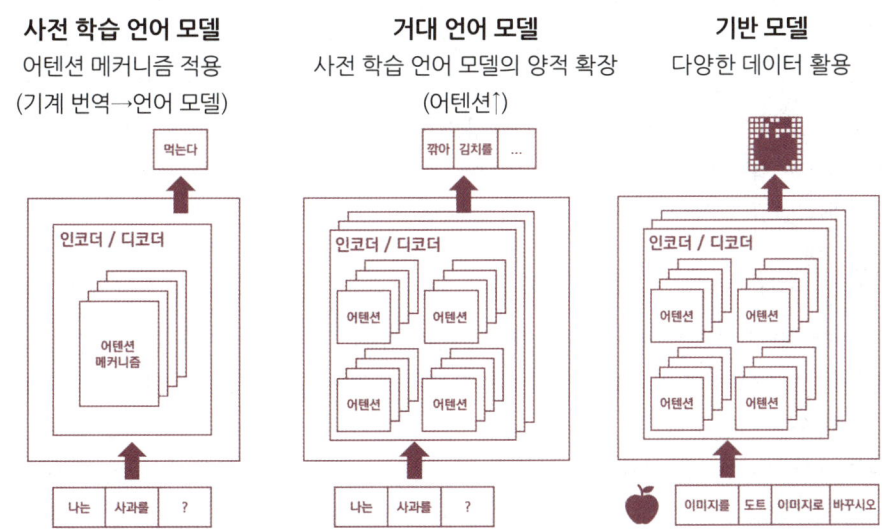

02 트랜스포머의 개념적 이해

🔸 트랜스포머라는 단어 자체의 의미

트랜스포머는 기계 번역에 초점을 맞춰 고안된 인공지능 모델이다. 기계 번역의 전형적인 모델 구조는 정보를 다각도로 분석하여 특징을 추출하는 인코더(Encoder)와 추출된 특징으로부터 새로운 정보를 생성하는 디코더(Decoder) 형태를 취한다. 트랜스포머 역시 인코더-디코더 형태로 구성되어 있지만 ChatGPT는 트랜스포머의 디코더로만 이루어진 GPT-3를 사용한다. 반면 어떤 모델은 트랜스포머의 인코더 구조를, 또 다른 모델은 트랜스포머의 인코더-디코더 구조를 모두 사용한다. 따라서 트랜스포머라는 단어는 트랜스포머의 인코더, 디코더, 인코더-디코더로 파생되는 모든 모델의 공통 분모로 사용된다. 이렇게 말할 수 있는 것은 트랜스포머를 구성하는 인코더와 디코더의 핵심 구조를 어텐션 메커니즘으로 설명할 수 있기 때문이다.

🔸 트랜스포머의 어텐션 메커니즘

어텐션 메커니즘은 특정 시퀀스(Sequence) 데이터가 길어짐에 따라 발생할 수 있는 정보의 손실을 보완하기 위한 방법론이다. 트랜스포머 이전의 어텐션 메커니즘은 시퀀스 데이터 분석에 적합한 순환신경망이나 장단기 기억의 결과를 보정하는 접근이 주류를 이루었다. 반면 트랜스포머에서는 순환신경망 틀에서 완전히 벗어나 어텐션 메커니즘을 중심으로 구성한 것이 특징이다. 어텐션 메커니즘의 핵심은 학습 가능한 모수로 이루어진 다수의 어텐션 행렬로 이해할 수 있다. 어텐션 행렬은 순환신경망에서의 은닉 상태를 대체한 것으로도 볼 수 있는데 이는 시간적 종속성이 없다는 것이 구조적인 차별점이다. 더 직관적으로 해석하면 시퀀스 데이터의 시간적 종속성을 어텐션 행렬로 학습했다는 것이다. 이러한 어텐션 행렬은 개념적으로 입력된 데이터에 대해서 다양한 관계로 해석할 수 있다(예: 품사의 위치, 대명사와의 관계, 의미론적인 구분 등이 있음).

> 순서로 나타낼 수 있는 종류의 데이터

🔸 트랜스포머의 계산

순환신경망 계열의 딥러닝 모델은 태생적으로 병렬 처리가 어렵다. 특정 시점의 은닉 상태를 계산하기 위해서는 반드시 그 이전의 은닉 상태가 계산되어야 하기 때문이다. 반면 트랜스포머의 은닉 상태로 볼 수 있는 다수의 어텐션 행렬은 서로 독립적인 계산이 가능하다. 또한, 어텐션 행렬의 계산 과정이 현대의 계산 자원에서 성능을 최대로 활용할 수 있는 행렬곱 연산이라는 점도 큰 특징 중 하나이다. 어떻게 보면 트랜스포머는 현대 계산 자원의 특성을 고려한 모델로 볼 수 있을 정도로 계산 효율이 높고 확장이 용이하다. 특히, 거대 언어 모델은 이러한 특성을 바탕으로 보다 많고 차원이 큰 어텐션 행렬로 구성되어 있다고 이해할 수 있다.

트랜스포머에서 어텐션 메커니즘의 개념

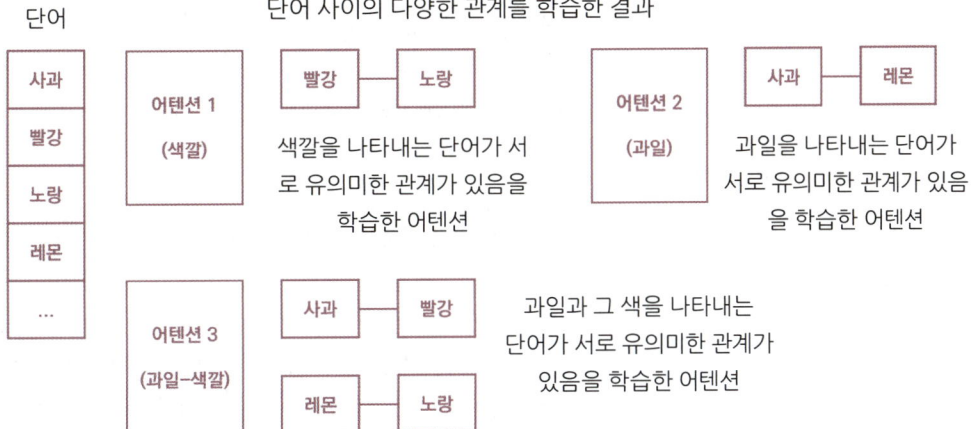

트랜스포머에서 어텐션 메커니즘의 연산

트랜스포머의 어텐션 메커니즘 연산은 행렬곱이며, 각각의 어텐션은 계산적으로 독립

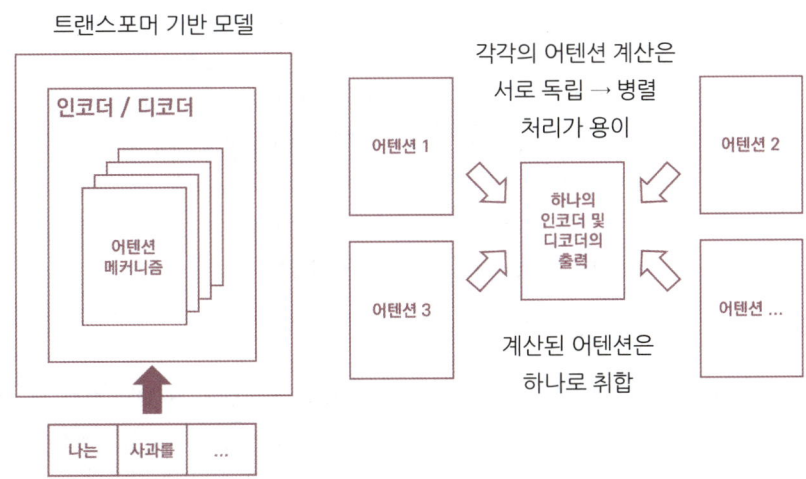

03 언어 모델의 이해

🔵 언어 모델의 개념

언어 모델이란 사람이 구사하는 언어를 모사하는 것을 통칭한다. 사람이 구사하는 언어의 특징은 주어진 문맥 흐름에 맞추어 다양한 주제로 설명, 설득, 추론 등이 가능하다. 언어 모델을 조금 더 쉽게 설명하면 주어진 문단이나 문장 혹은 단어 뒤에 올 다음 단어를 예측하는 것으로 이해할 수 있다.

🔵 언어 모델 구현의 어려움

언어 모델을 개념적으로 이해했다면 이를 컴퓨터에서 구현하는 방법에 대해 생각해보자. 먼저 사람이 구사하는 언어는 매우 다양하다. 우리는 언어를 통해 지식을 습득하고, 표현하고, 다른 사람이 구사하는 언어를 이해하고, 공감하고, 비판할 수 있다. 또한, 사람들은 서로 다른 관심 분야가 있기 때문에 여러 주제를 자유자재로 표현하기에는 어려운 점이 있다. 그렇다면 컴퓨터로 언어 모델을 만든다는 것은 매우 어려운 일이다. 컴퓨터로 구현한 언어 모델은 사람이 말하는 것과 같이 자연스러워야 하며, 폭넓은 주제를 모두 다룰 수 있을 만큼 범용성이 있어야 하기 때문이다.

🔵 언어 모델의 가능성

만약 컴퓨터로 사람 수준에 버금가는 언어 모델을 만들었다고 가정하자. 언어 모델은 범용성이 높기 때문에 다양한 자연어 처리 과업을 성공적으로 수행할 수 있을 것이다. 예를 들어 특정 제품에 대한 칭찬 댓글이 긍정적인지 부정적인지 물어보는 입력 문장을 구성했다면 언어 모델은 그 대답으로 "긍정적입니다."를 만들어 낼 것이다. 혹은 "'나는 언어 모델을 배우고 있습니다.'를 영어로 번역해주세요"라는 문장을 입력할 경우 언어 모델은 그 대답으로 "I am learning about language models."을 출력할 것이다. 자연어 처리 관점에서 첫 번째 예시는 문장의 긍정 혹은 부정을 예측하는 감성 분석이고, 두 번째 예시는 한국어를 영어로 번역하는 기계 번역일 것이다. 이렇게 질문 형태로 구성된 언어 모델의 입력은 대부분 자연어 처리 과업을 수행할 수 있는 가능성과 직결된다. 단, 여기에서의 전제 조건은 앞서 언급한 바와 같이 사람 수준과 비슷한 언어 모델을 만들었다는 점을 상기해야 한다.

🔵 ChatGPT와 언어 모델

ChatGPT는 언어 모델을 기반으로 하는 대화형 인공지능(Conversational AI)으로 여전히 한계가 있지만 앞서 가정한 "사람 수준의 언어 모델"에는 상당히 근접해 있다고 볼 수 있다. 특히, 모든 사람들이 실제로 사용하고, 성능을 가늠할 수 있었다는 점에서 인공지능의 혁신이라고 말할 수 있다. ChatGPT의 내부는 바로 트랜스포머로 구성되어 있다는 점을 기억하자.

이미지를 살펴보자!

◉ **언어 모델의 구조**

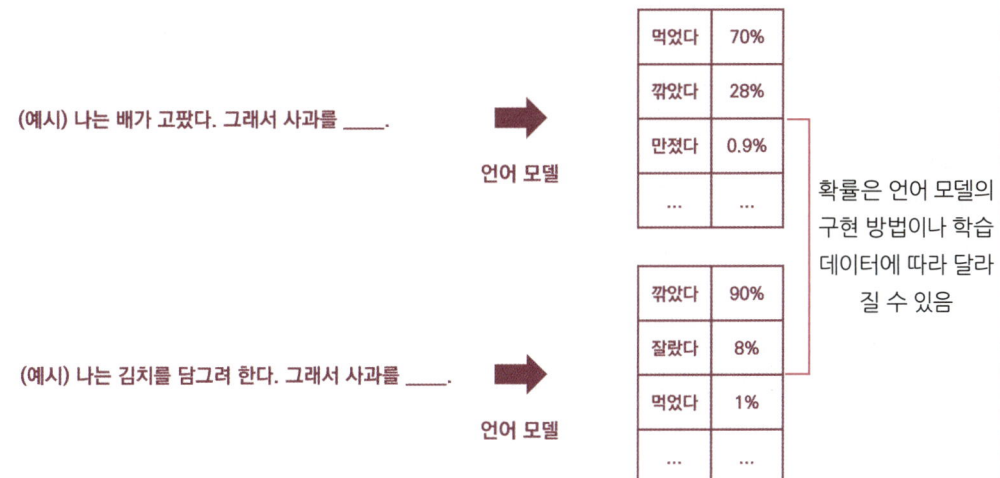

◉ **성공적인 언어 모델**

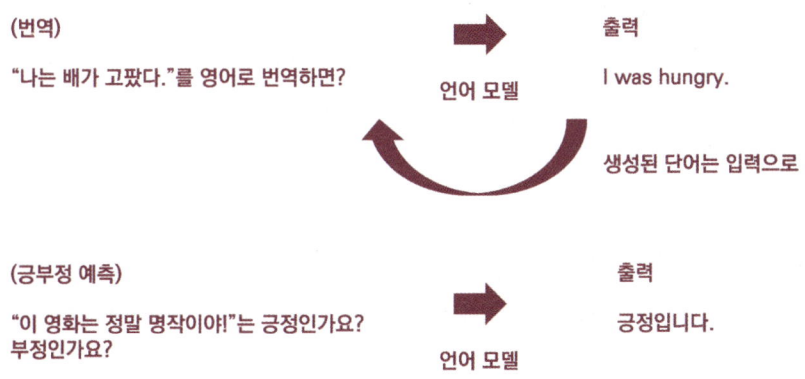

04 언어 모델과 데이터

인공지능과 데이터

인공지능은 딥러닝으로 인해 패러다임이 변화하였다. 딥러닝 모델은 수억 개를 넘나드는 학습 가능한 모수로 구성된 하나의 함수로 이해할 수 있다. 통계학의 기본 상식에서 보면 수억 개의 모수를 성공적으로 학습시키기 위해서는 적어도 모수만큼의 데이터가 필요하다. 즉, 데이터를 학습하여 구현한 인공지능은 필연적으로 데이터의 절대량에 따라 좌우되고, 품질에도 지대한 영향을 받는다. 소위 "쓰레기를 넣으면 쓰레기가 나온다(Garbage in garbage out)"라는 격언은 딥러닝에서도 통용되기 때문이다.

언어 모델과 데이터

언어 모델을 컴퓨터로 구현하기 위해서는 사람의 언어 구사를 표현할 수 있는 데이터가 필요하다. 가장 대표적인 것은 도서, 논문, 간행물의 전형적인 문헌부터 인터넷에 구축된 위키백과, 블로그, 포럼, SNS 등일 것이다. 이러한 데이터를 바탕으로 우리는 언어 모델의 입력과 출력을 구성할 수 있다. 입력은 특정 길이의 문장 데이터가 되고, 출력은 빈칸이나 다음에 올 단어를 예측하는 것이다. 이렇게 구축된 입력과 출력의 관계를 학습한 결과물이 언어 모델이라고 볼 수 있다.

언어 모델 학습을 위한 공개 데이터

인터넷의 확산과 디지털 전환의 성과로 언어 모델에 필요한 데이터의 대부분은 컴퓨터로 처리할 수 있는 텍스트 파일로 구성된다. 또한, 인터넷을 통해 생산되고 있는 텍스트 데이터는 지속적인 공급원이 되어 적어도 데이터의 양적인 문제에서는 자유롭다. 이러한 텍스트 데이터는 인공지능의 민주화에 힘입어 누구나 사용할 수 있는 형태로 공개되고 있다. 특히, 위키백과의 경우는 자연어 처리 분야에서 가장 손쉽게 접근할 수 있는 데이터이고, 미국의 비영리단체인 커먼 크롤(Common Crawl)은 웹 페이지에 공개된 다양한 텍스트 데이터를 주기적으로 수집하면서 데이터를 공개하고 있다. 커먼 크롤이 2023년 3월과 4월에 공개한 데이터의 양은 약 400테라바이트(TB) 수준이다.

> 웹상의 데이터를 자동적으로 탐색하는 것으로 누구나 웹 크롤링 데이터를 분석하도록 공개된 저장소에서 유지 및 관리함

텍스트 데이터의 특성

언어 모델 학습에 활용되는 텍스트 데이터는 도서나 위키백과 같이 제대로 정제된 데이터가 있는 반면, 비문이나 사실과 다른 정보, 이념적 편향, 차별이나 혐오의 표현까지 수집될 가능성이 있다. 즉, 우리가 경험하는 세상의 모든 것이 텍스트 데이터에 담겨있다고 보면 이를 학습한 언어 모델 역시 이로부터 자유로울 수 없다. 따라서 텍스트 데이터를 얼마나 잘 정제하고 가공할 수 있는가에 따라 언어 모델의 성능과 잠재적인 위험에 영향을 미칠 수 있다.

 **이미지를 살펴보자!**

◉ 언어 모델의 입력과 출력

언어 모델에 활용되는 데이터는 인터넷을 통해 수집된 텍스트 데이터이며,
효과적인 학습을 위해서는 데이터의 품질이 매우 중요함

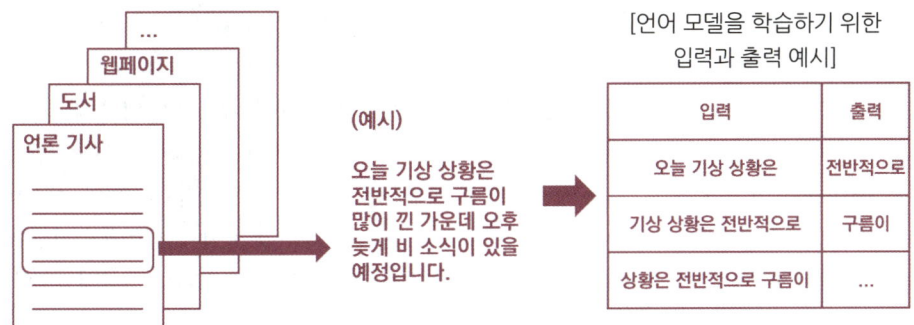

[언어 모델을 학습하기 위한 입력과 출력 예시]

◉ 언어 모델의 데이터 셋

언어 모델에 활용되는 데이터는 지속적으로 증가하고 있으며,
무료로 사용할 수 있는 데이터도 존재함

데이터 셋	크기
BookCorpus	5기가바이트(GB)
C4 / CommonCrawl	800기가바이트(GB)
REALNEWs / CommonCrawl	120기가바이트(GB)
OpenWebText	38기가바이트(GB)
Wikipedia(English)	43기가바이트(GB)

[언어 모델 학습에 활용되는 대표적인 데이터 셋]

05 언어 모델 구현 방법의 변화

🔵 통계적 언어 모델

언어 모델은 자연어 처리 분야에서 가장 어려운 과업으로 인식되어왔는데 그 이유는 일차적으로 도메인 지식을 알아야 할 뿐만 아니라 다른 자연어 처리에 적용될 수 있을 만큼 범용성이 있어야 하기 때문이다. 딥러닝이 인공지능의 주류로 등극하기 이전의 언어 모델은 통계적인 방법을 기반으로 개발되었다. 통계적 언어 모델의 가장 기본적인 방법은 빈도수에 따라 확률을 부여하는 것이다. 대표적인 통계적 언어 모델로는 N-gram이 있는데 이는 언어 모델에서 다음에 올 단어를 예측하기 위해 N-1개의 단어를 사용하여 추정하는 방식이다. 통계적 접근의 언어 모델 방법은 직관적인 이해가 가능하지만 빈도수에 따른 확률일 경우 한 번도 보지 못한 문장에 대해서는 사실상 예측이 불가능하다. 또한, 데이터가 증가할수록 확률을 구해야 하는 대상이 기하급수적으로 늘어나기 때문에 차원의 저주에서 자유롭지 못하다. 이를 극복하기 위한 전략적 방법들도 소개가 되었으나 전통적인 통계 방법으로는 성공적인 언어 모델을 만들기가 어렵다.

🔵 신경망 언어 모델

2012년 ImageNet 경진대회를 통해 급속도로 확산된 인공신경망은 자연어 처리에도 적용되어 왔다. 가장 기본적인 방법은 통계적 언어 모델에서 추정하고자 하는 확률을 계산하기 위해 인공신경망을 활용했다는 것이다. 이를 위해 특정 단어를 동일한 차원의 수치적인 벡터로 표현하는 과정을 거치는데 이것을 워드 임베딩(Word Embedding)이라고 한다. 워드 임베딩의 핵심은 수치적인 벡터로 표현된 단어의 관계를 수학적인 연산을 통해 도출할 수 있다는 점이다. 특히, 동일한 차원의 워드 임베딩 벡터는 인공신경망의 입력으로 활용될 수 있다는 점에서 인공신경망을 활용한 언어 모델을 개발할 수 있는 밑거름이 되었다. 언어 모델은 시계열적인 속성을 가진다는 점에서 순환신경망이나 장단기 기억을 활용하는 접근이 주류를 이루었다. 그러나 시계열적인 속성으로 인해 시간적 거리가 멀리 떨어져 있는 단어의 경우 관계를 학습하기 어려운 단점이 존재한다.

🔵 트랜스포머

― 일정한 시간 동안 순차적으로 수집된 동적 데이터

인공지능 연구자들은 순환신경망의 단점을 보완하기 위해 어텐션 메커니즘이라는 방법을 고안했다. 어텐션 메커니즘은 시계열 데이터에서 발생하는 장기 의존성을 완화하기 위한 접근으로 순환신경망의 은닉 상태에서 상호 간의 관계를 한 번 더 설정하는 기법으로 이해할 수 있다. 트랜스포머는 이러한 어텐션 메커니즘을 보조적인 수단이 아닌 모델의 핵심 구조로 채택하여 상호 간의 관계를 학습하는 방식이다. 트랜스포머 자체는 기계 번역을 위한 모델이었으나 이후 언어 모델에 적용하여 큰 성과를 거두게 된다. 이러한 성과는 사전 학습 언어 모델과 거대 언어 모델을 거쳐 ChatGPT나 기반 모델에 이르고 있다.

 이미지를 살펴보자!

⦿ 통계적 언어 모델의 기법

통계적 언어 모델은 주어진 단어에 대해 다음 단어가 올 조건부 확률을 통계적으로 구하는 기법

[예시] 빈도수 기반 통계적 언어 모델

$$P(\text{먹었다} \mid \text{나는 배가 고팠다. 그래서 사과를}) = \frac{\text{"나는 배가 고팠다. 그래서 사과를 먹었다"가 나타나는 빈도수}}{\text{"나는 배가 고팠다. 그래서 사과를"이 나타나는 빈도수}}$$

"나는 배가 고팠다. 그래서 사과를" 이라는 단어가 주어졌을 때 다음 단어에 "먹었다"가 올 조건부확률

데이터에서 나타나는 빈도수에 따라서 확률을 부여

⦿ 신경망 언어 모델의 기법

신경망 언어 모델은 통계적 언어 모델의 조건부 확률을 인공신경망으로 모델링하는 기법

⦿ 트랜스포머의 방식

트랜스포머는 벡터로 표현된 단어를 어텐션 행렬과의 곱셈을 통해 새로운 관점으로 부여

[Word Embedding]

0.3	0.1	...	0.9
0.4	0.2	...	0.1
0.9	0.8	...	0.1
0.2	0.7	...	0.5
0.1	0.3	...	0.4

×

[어텐션 행렬]

0.5	0.1	...	0.4
0.4	0.2	...	0.5
0.5	0.7	...	0.3
0.3	0.5	...	0.5
0.5	0.1	...	0.2

06 사전 학습 언어 모델

자연어 처리의 트렌드를 바꾼 BERT

2018년 구글은 BERT(Bidirectional Encoder Representation Transformer)를 공개하며 사전 학습 언어 모델의 시작을 알렸다. BERT는 크게 두 단계로 이루어져 있는데 이는 사전 학습 언어 모델뿐만 아니라 거대 언어 모델에 이르기까지 기본적인 접근 방법으로 통용된다. 첫 번째 단계는 대용량 텍스트로부터 언어 모델을 학습시키는 것인데 주어진 문장에서 비어있는 단어를 예측하는 방식으로 언어 모델을 학습한다. 즉, 주어진 문장의 좌우 문맥을 모두 고려했다는 점이 특징인데 이것은 BERT의 양방향(Bidirecitonal)을 의미한다. 이러한 방식으로 학습된 언어 모델은 미세조정(Fine-Tuning)이라는 두 번째 단계를 거쳐 다양한 자연어 처리 과업을 수행하게 된다. 예를 들어 문장의 긍정이나 부정을 예측하는 감성 분석의 경우 입력과 출력을 '문장-긍정/부정' 여부로 학습 데이터를 추가로 구축하여 BERT 모델에 재학습 시키는 것이다. BERT는 공개 당시 사전 학습 언어 모델을 미세조정하는 접근으로 11개의 자연어 처리 과업에서 모두 최고 성능(SOTA)을 달성하여 학계에 지대한 영향을 미쳤으며, 이후 사전 학습 언어 모델의 트렌드를 이끈 주역이 되었다.

ChatGPT의 시작인 GPT

구글이 BERT로 앞서 나가자 인공지능을 인류에 이롭게 활용하고 인공지능 기술의 민주화 포부를 밝힌 미국의 비영리단체인 OpenAI는 2018년 트랜스포머 기반의 언어 모델인 생성적 사전 학습 트랜스포머(Generative Pre-trained Transformer, GPT)를 공개하였다. GPT의 가장 큰 특징은 언어 모델 자체를 학습하는 데 집중했다는 것이다. 즉, 주어진 문장에 올 다음 단어를 예측하는 것으로 언어 모델을 구축한 부분이 BERT와는 다른 점이다. BERT가 문장의 문맥을 이해하는 데 중점을 두었다면 GPT는 새로운 단어를 생성하는 데 초점을 맞추었다. GPT 역시 BERT와 마찬가지로 언어 모델을 학습한 뒤 미세조정을 거쳐 다양한 자연어 처리 과업을 수행한다. GPT는 이후 모델의 핵심 구조를 유지하는 한편 양적인 확대를 통해 GPT-2를 거쳐 거대 언어 모델의 시작을 알린 GPT-3로 발전하게 된다.

사전 학습 언어 모델의 의의

사전 학습 언어 모델은 먼저 대용량 텍스트 데이터로부터 언어 모델을 구현하는 것이 첫 번째이다. 특히, 문장의 빈 단어나 다음에 올 단어를 예측하는 방식으로 학습한다는 점에서 데이터 자체만으로도 학습이 가능하다는 것이 큰 특징이다. 이렇게 범용적인 언어 모델은 미세조정이라는 재학습 과정을 거쳐 특정 자연어 처리 과업을 수행하게 되고, 그 성능 역시 우수하여 자연어 처리 분야에서 주류를 이루게 되었다.

이미지를 살펴보자!

⦿ BERT(Bidirectional Encoder Representation Transformer)의 구조

BERT는 트랜스포머 인코더를 활용하여 주어진 시퀀스의 빈칸(Mask)을 예측하는 방식으로 언어 모델을 학습시킨 뒤 문장 분류, 문장 유사도, 감성 분석, 질의 응답 등 다양한 자연어 처리 과업(Downstream Task)에 적용

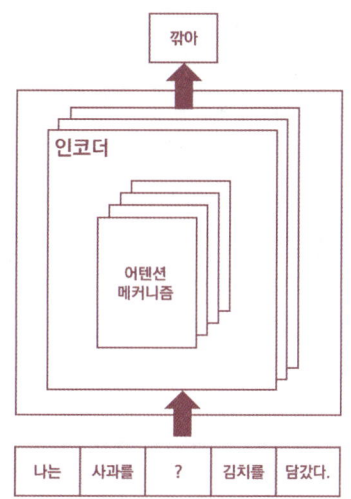

⦿ GPT(Generative Pre-trained Transformer)의 구조

GPT는 트랜스포머 디코더를 활용하여 주어진 시퀀스의 다음 단어를 예측하는 방식으로 언어 모델을 학습시킨 뒤 문장 분류, 문장 유사도, 감성 분석, 질의 응답 등 다양한 자연어 처리 과업(Downstream Task)에 적용

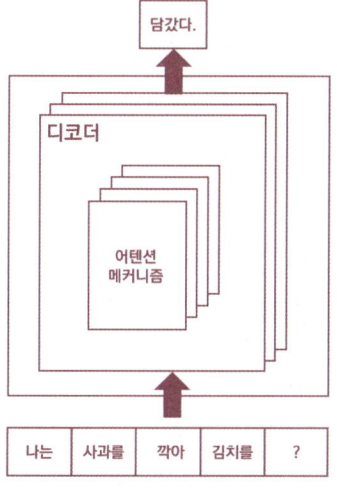

07 거대 언어 모델

거대 언어 모델의 시작(GPT-3)

사전 학습 언어 모델이 기대 이상의 성과를 거두자 인공지능 연구계는 모델의 양적인 확장을 시도하였다. 그 출발은 GPT를 개발한 OpenAI가 2020년에 공개한 세 번째 GPT 모델인 GPT-3이다. GPT-3는 구조적으로 GPT와 큰 차이는 없지만 15억 개의 학습 가능한 모수를 갖는 GPT-2와 비교하여 약 백 배 증가한 1,750억 개의 모수로 구성된다. GPT-3는 생성 능력이 매우 우수한데 GPT-3가 작성한 글과 사람이 작성한 글을 구분하는 정확도가 52%로 사실상 구분이 어렵다. 또한 수학, 물리학, 법학, 의학 등의 분야에서 사지선다형 문제로 구성된 대규모 멀티태스크 언어 이해(Massive Multi-task Language Understanding)에서도 약 44%의 정답을 맞추어 범용성을 증명했다. OpenAI는 악용의 가능성이 있다는 점에서 GPT-3 모델과 데이터를 공개하는 대신 API(Application Programming Interface)를 공개하여 직접 사용해 볼 수 있도록 하였다.

> 특정 기능을 수행하기 위한 인터페이스로 프로그래밍의 함수 호출을 원격으로도 할 수 있다는 개념

거대 언어 모델을 구축하기 위한 성능

수천억 개의 학습 가능한 모수로 구성된 거대 언어 모델은 막대한 컴퓨팅 파워가 필요하다. GPT-3는 모델 자체만으로도 약 700기가바이트의 용량이 필요하고, 실시간으로 다음 단어를 생성하기 위해서 수십 장의 최신형 GPU가 필요하다. 이러한 모델을 학습시키기 위해서는 수천 장의 GPU가 필요하다는 점에서 거대 언어 모델을 구축하기 위한 규모 경쟁은 글로벌 IT 기업이 주도하고 있다. 거대 언어 모델은 지속적인 모델 확장을 통해 규모 경쟁이 가속화되고 있는데 한 가지 확실한 것은 모델의 거대화에 따라 유의미한 성능 향상이 관측되었다. 이로 인해 고성능 계산 자원을 어떻게 효율적으로 활용할 수 있을지가 핵심이 되고, 동시에 거대 언어 모델의 최적화도 주요한 이슈로 부상했다.

거대 언어 모델의 특징

거대 언어 모델의 가장 큰 특징은 두 가지로 볼 수 있다. 첫 번째는 재학습에 필요한 데이터 양을 수십 개 수준으로 낮추었다는 것이다. 과거 사전 학습 언어 모델의 미세조정을 위해서 수천 개 수준의 데이터가 필요한 점을 고려하면 모델의 거대화가 갖는 영향력을 간접적으로 이해할 수 있다. 사전 학습 언어 모델의 미세조정은 모델 자체의 모수를 학습을 통해 조정했다면 거대 언어 모델은 모수의 조정 없이 예제를 보여주는 정도로 특정 자연어 처리 과업을 수행할 수 있다. 이러한 특성을 문맥내 학습(In-context Learning)이라고 하며, 이후 프롬프트 학습(Prompt Learning)으로 일반화되었다. 두 번째 특징은 창발(Emergent)적인 속성인데 이는 거대 언어 모델에서만 관측되는 특이한 현상으로 쉽게 설명하면 거대 언어 모델이 명시적으로 학습하지 않은 것도 유추나 추론을 통해 특정 과업을 수행할 수 있다는 것이다.

⦿ 거대 언어 모델(LLM ; Large Language Model)의 구조

거대 언어 모델은 GPT와 유사하게 언어 모델 자체의 생성 능력에 집중하기 위해서 트랜스포머 디코더 형태의 구조를 가지는데 사전 학습 언어 모델은 수십억 개 수준의 모수를 갖는 반면, 거대 언어 모델은 수천억 개 수준의 모수를 보유함(어텐션의 수와 단어의 벡터 표현 길이 등이 증가)

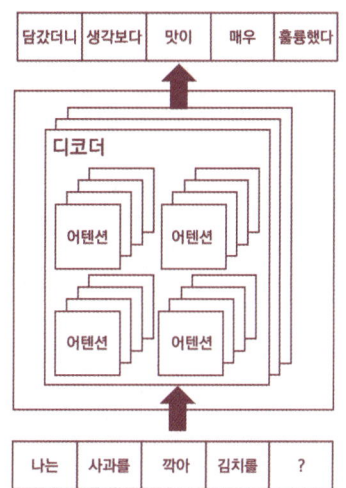

⦿ 프롬프트 엔지니어링(Prompt Engineering)의 구조

거대 언어 모델의 가장 큰 특징은 재학습을 프롬프트 엔지니어링으로 패러다임을 변화하는 것임

프롬프트 엔지니어링이란 거대 언어 모델에서 특정 자연어 처리 과업을 수행하기 위해 소수의 예시를 입력하면 별도의 재학습 과정이 없어도 자연어 처리 과업을 수행할 수 있음(사전 학습 언어 모델인 경우 수천 건의 재학습 데이터가 필요함)

```
다음은 영어를 한국어로 번역한 예시이다.
apple : 사과
pair : 배
grape : 포도
strawberry : _
```

기반 모델과 생성형 인공지능

기반 모델의 개념

GPT-3는 인공지능의 패러다임을 변화시켰는데 이것은 트랜스포머 기반의 거대 모델이 언어뿐만 아니라 컴퓨터 비전, 신호 처리, 데이터 분석 등 다양한 기능을 수행할 수 있을 것이라는 가정으로부터 출발한다. 이것을 개념화하여 정리한 것이 기반 모델(Foundation Model)로 2021년 스탠포드 대학의 인간 중심 인공지능 연구소에서 제안하였다. 기반 모델의 큰 틀은 사전 학습 언어 모델의 구현 방법과 유사하다. 먼저 다양한 종류의 데이터를 학습한 거대 모델을 만들고, 이후 소수 데이터를 바탕으로 세부 과업(Downstream Task)을 수행하는 방식이다. 여기에서 거대 모델은 기본적으로 GPT-3와 같이 생성 모델에 초점을 맞춘다는 점에서 **생성형 인공지능(Generative AI)**과 개념적으로 유사하다고 볼 수 있다.

> 텍스트, 이미지, 영상, 오디오 등 다양한 콘텐츠를 사용자의 의도에 따라 생성할 수 있는 인공지능

기반 모델의 등장

GPT-3와 같은 거대 언어 모델의 등장으로 현재 컴퓨터는 상당한 수준의 언어를 이해할 수 있다. 여기에서 말하는 언어의 이해란 협소한 의미의 문맥적 이해로 가끔 오류가 있으나 대부분은 의도한 질문에 대한 답을 얻을 수 있다. 한편 이미지 생성 분야에서도 놀라운 성장이 있었는데 이것은 이미지에 잡음을 섞고 다시 복원하는 과정으로 이미지를 생성하는 확산 모델(Diffusion Model)이다. 고품질의 이미지를 생성할 수 있는 확산 모델과 거대 언어 모델의 융합은 기반 모델의 등장을 알렸다. OpenAI의 DALL-E 2, Midjourney, Stable Diffusion과 같은 모델은 텍스트에서 이미지를 생성하는 기반 모델로 뜨거운 사회적 이슈를 안겼다. 또한, GPT-3의 후속인 GPT-4는 이미지와 텍스트를 동시에 처리할 수 있는 기능을 선보이면서 기반 모델과 생성형 인공지능의 시작을 알리고 있다.

기반 모델의 한계와 우려

기반 모델을 비롯한 생성형 인공지능의 한계는 분명하다. 먼저 기반 모델을 구축하기 위한 비용이 막대한데 GPT-3를 구현할 당시 동원된 컴퓨팅 자원은 GPU 1만 장 규모로 산술적으로 따져도 수천억 원에 이르는 슈퍼컴퓨터이다. GPT-4의 경우 모델의 상세한 정보가 밝혀지지 않았지만 최소 GPT-3 이상의 컴퓨팅 파워를 사용했다는 것은 기정 사실이다. 이러한 비용적인 장벽은 막대한 자금을 조달할 수 있는 글로벌 IT 기업에 기술이 종속될 수 있다. 이로 인해 미국의 비영리단체인 미래 삶 연구소(Future of Life Institute)는 2023년 3월 거대 모델에 대한 실험을 중지하자는 서한을 공개하며, 전 세계 인공지능 관련 전문가들에게 협조를 구했다. 기반 모델의 성능 역시 한계가 뚜렷하다. 인공지능에서 가장 어려운 주제 중 하나는 일반 상식(Common Sense)인데 거대 모델의 학습 방식이 통계적 확률에 의거하기 때문에 일반 상식을 묻는 질문에는 상대적으로 취약하다.

 **이미지를 살펴보자!**

◉ 기반 모델의 구조

기반 모델은 거대 언어 모델의 성공을 바탕으로 제안된 개념인데 데이터 자체만으로 학습하는 비지도 학습을 통해 범용 모델을 제안함

◉ 기반 모델의 예시(텍스트 + 이미지)

기반 모델은 생성형 인공지능을 모태로 미래형 인공지능의 방향성을 제시하고 있는데 현재는 텍스트-이미지 융합 모델이 가장 각광을 받고 있음

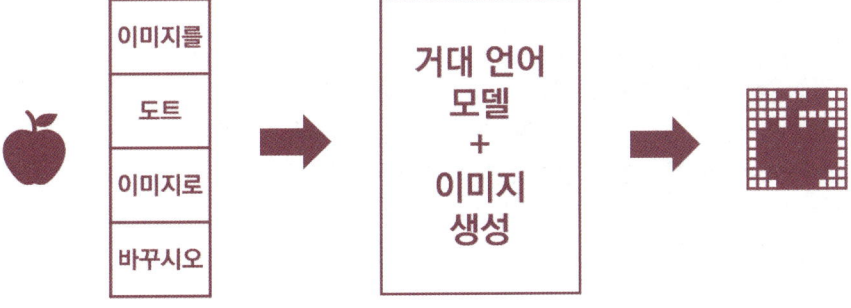

트랜스포머 이름의 유래

트랜스포머라는 이름을 들으면 많은 분들이 유명한 영화 시리즈를 먼저 떠올릴 것입니다. 거대한 로봇들이 자동차, 비행기 등 다양한 형태로 변신하는 장면은 많은 사람들에게 깊은 인상을 남겼습니다. 흥미롭게도 트랜스포머 모델 역시 "변형(Transform)"이라는 핵심 개념을 중심으로 작동합니다.

트랜스포머 모델 이름에 대하여 여러 해석이 존재하지만 가장 직관적인 설명은 바로 "선형 변환"에 있습니다. 트랜스포머는 입력된 데이터를 선형 변환(Linear Transformation)이라는 과정을 통해 다양한 형태로 바꾸어 학습합니다. 토큰 하나하나가 다양한 차원으로 변형되고, 문맥 속에서 새로운 의미를 얻게 되는 것입니다. 마치 영화 속 트랜스포머들이 로봇에서 자동차, 비행기 등으로 변신하듯 입력 데이터도 트랜스포머 모델에서 여러 번의 변환을 거쳐 새로운 구조를 갖추게 됩니다.

특히, 트랜스포머 모델은 입력 데이터의 모든 요소를 병렬로 처리하며, 각 요소에 서로 다른 가중치와 변환을 적용합니다. 이는 단순히 데이터를 처리하는 것을 넘어 데이터를 다차원적으로 재구성하고 강화하는 과정입니다. 그래서 변형을 수행하는 주체라는 의미에서 트랜스포머(Transformer)라는 이름이 붙여졌다는 해석이 가능합니다.

결론적으로 트랜스포머라는 이름은 모델이 데이터를 변환하고 새로운 의미를 만들어내는 핵심적인 메커니즘을 정확히 반영한 것이라고 볼 수 있습니다. 동시에 그 이름 자체가 주는 강렬함과 혁신성은 모델의 본질과 잘 어우러진다고 할 수 있습니다.

제 2 장

트랜스포머의 구조와 분석

ChatGPT의 작동 원리는 트랜스포머로 수렴하는데 결국 트랜스포머라는 방법론을 이해하는 것이 지금의 인공지능을 이해하는 첫걸음이라고 볼 수 있다. 트랜스포머를 설명하는 자료는 인터넷에서도 손쉽게 찾아볼 수 있으나 대부분 많은 사전 지식을 필요로 하기 때문에 이해가 쉽지 않다. 또한, ChatGPT에서 사용하는 트랜스포머와 트랜스포머라는 개념이 최초로 제안된 논문에서의 트랜스포머가 서로 상이하다는 점에서 그 차이를 명확하게 짚고 넘어갈 필요가 있다. 이번 장에서는 트랜스포머를 최초로 제안한 논문을 시작으로 설명을 전개한다. 해당 논문에서는 기계 번역이라는 자연어 처리에 적용한 방법론으로 트랜스포머를 기술하고 있고, 전형적인 기계 번역 접근법인 인코더-디코더 구조를 가지고 있다. 따라서 기계 번역 알고리즘의 관점에서 트랜스포머의 작동 기제를 분석하고, 자연어 처리 과업에서 자주 사용되는 용어들과 함께 방법론을 구체적으로 이해해 보고자 한다.

01 딥러닝과 트랜스포머

딥러닝(Deep Learning)

딥러닝이 인공지능의 핵심 키워드로 널리 사용된 계기는 인공지능의 세계적인 석학들이 2015년 네이처에 공개한 'Deep Learning'이라는 논문에서부터 출발한다. 물론, 학계에서는 2012년 이미지넷 경진대회 결과를 통해 딥러닝을 다양한 분야에 적용해 왔으나 이러한 성과를 이끈 석학들이 그 내용을 정리하여 2015년부터는 딥러닝이라는 단어를 공식적으로 사용했다. 딥러닝은 보다 깊은(Deep) 인공신경망 계열 모델을 학습시키는 방법론 모두를 포괄하는 단어로 활용된다. 여기에서 깊다(Deep)는 의미는 기존보다 학습해야 할 모수(Parameter)가 더 많다는 것으로 이해할 수 있으며, 이것은 많은 계산을 통해 복잡한 현상을 모사하고 예측할 수 있는 가능성으로 해석할 수 있다. 즉, 딥러닝은 기존의 인공지능 방법론의 양적인 확장(학습해야 하는 모수의 수를 증가시킴)을 통해 사람의 지능을 모사한 것이다.

인공신경망(Artificial Neural Network)

인공신경망은 딥러닝에서 가장 기본이 되는 방법론이다. 일반적인 인공신경망은 신경세포를 모사한 다수의 퍼셉트론(Perceptron)을 하나의 층으로 구성하여 다층 퍼셉트론(Multi-Layer Perceptron)이라고도 부른다. 다층 퍼셉트론은 입력층과 출력층이 존재하고, 그 사이에 다수의 은닉층을 구성하여 입력층과 출력층의 관계를 데이터로부터 학습한다. 여기에서 딥러닝의 깊다(Deep)는 의미가 더 명확해지는데, 바로 <u>은닉층</u>의 수를 증가시키는 것이 인공신경망이 깊어진다는 것으로 표현된다. 은닉층의 수가 증가한다면 학습해야 하는 모수가 증가하고, 이에 따라 더 많은 데이터와 계산이 필요하게 된다. 이것은 인간의 지능을 성공적으로 모사할 수 있다는 가능성으로 이어지는 것이다.

> 입력층에서 전달받은 데이터를 처리하고 변환하는 것

딥러닝과 트랜스포머의 방법론

트랜스포머는 신경세포를 모사한 인공신경망과는 다르게 데이터의 관계를 학습하는 어텐션 메커니즘을 주로 활용한다. 또한, 학습 방식에서도 차이가 존재하는데 인공신경망 계열의 모델은 대부분 입력 데이터에 대한 출력이 명시된 지도 학습으로 진행되는 반면, 트랜스포머는 데이터 자체를 선행적으로 학습하고 이후 과업에 따른 지도 학습을 수행한다는 점에서 준지도 학습(Semi-Supervised Learning)이나 자가 지도 학습(Self-Supervised Learning)을 활용한다. 트랜스포머 구조에서는 어텐션 메커니즘을 적용한 특징을 추출하기 위해 인공신경망을 활용한다는 점에서 접점이 존재한다. 따라서 트랜스포머는 인공신경망과 다른 방법론으로 이해할 수 있으나 트랜스포머가 학습하는 모수의 양이 딥러닝에 활용된 인공신경망과 유사하거나 더 많다는 관점에서 딥러닝의 방법론으로 해석할 수 있다.

이미지를 살펴보자!

● 인공신경망과 트랜스포머

딥러닝은 다수의 은닉층을 쌓은 전형적인 인공신경망으로 학습하는 모수의 수가 수천만 개 이상인 경우 딥러닝 모델로 지칭

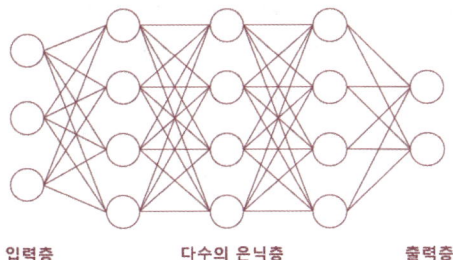
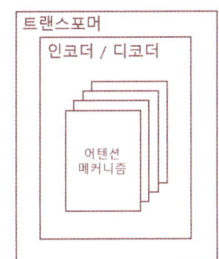

- 인공신경망에서 하나의 은닉층에 많은 수의 노드가 존재할 경우 어떠한 비선형 함수도 근사할 수 있는 가능성이 존재
- 깊은(Deep) 인공신경망 모델을 도입할 경우 계층적 특징 추출을 통해 효율적인 접근이 가능
- 은닉층을 깊게 쌓으면 쌓을수록 학습하는 모수의 수가 증가하여 세밀한 패턴까지 학습할 수 있으나 계산량이 증대

- 트랜스포머는 엄밀히 인공신경망과 결이 다르지만 전형적인 딥러닝 모델에서 요구하는 만큼의 학습 가능한 모수를 요구
- 수천만 개 이상의 학습 가능한 모수를 가진다는 공통점으로 인공신경망과 트랜스포머는 딥러닝 모델로 해석해도 무방함

● 인공신경망을 구성하는 노드(퍼셉트론)의 원리

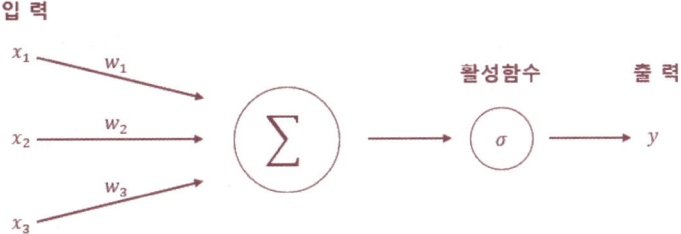

x_1, x_2, x_3 : 퍼셉트론의 입력
w_1, w_2, w_3 : 입력값과 퍼셉트론의 관계를 나타내는 가중치
$\sum_{i=1}^{3} w_i x_i$: 입력과 가중치의 곱에 대한 합으로 자극이 전달
σ : 자극이 활성함수를 통해 출력값을 산출

퍼셉트론의 수학적 표현

$$y = \sigma\left(\sum_{i=1}^{3} w_i x_i\right)$$

02 인공지능 모델의 트랜스포머

🔅 인공지능 모델의 개념

인공지능 모델은 입력과 출력을 갖는 하나의 함수(Function)로 이해할 수 있으며, 인공신경망과 트랜스포머에서부터 일반적인 기계 학습 방법론이 포함된다. 여기에서 함수라는 표현을 사용하는 이유는 모든 인공지능 모델이 수학적인 수식으로 표현되기 때문이다. 트랜스포머 역시 복잡하지만 수식으로 표현이 가능하다. 인공지능 모델은 시대 흐름에 따라 다양한 방법론이 제안되었으나 현재의 인공지능은 딥러닝이 우월함을 입증하고 있다. 딥러닝 관점에서 인공지능 모델은 데이터를 학습하기 위해 변화할 수 있는 수억 개의 모수를 가진다는 것이 기존과 다른 점이다. 이렇게 막대한 모수가 각각 어떠한 역할을 하는지는 명확하게 밝혀진 바는 없으나(딥러닝 모델은 대부분 내부를 설명하기 어려운 블랙박스 모델임) 결과적으로 복잡한 지능을 모사할 수 있음에 따라 유의미한 성과를 달성했다고 볼 수 있다.

🔅 딥러닝 모델의 일반적인 접근 - 종단간(End-to-End) 학습

딥러닝 모델이 기존의 방법론과 차별되는 부분은 입력과 출력 사이의 모든 상관관계에서 모수를 변화시킴으로써 학습한다는 것이다. 예를 들어, 한국어-영어 번역을 생각해 볼 때 사람이 번역을 한다면 먼저 한국어에 맞는 영어 단어를 품사에 맞게 찾을 것이다. 이것은 한국어가 일정한 규칙(문법)에 의거해 구성된다는 것이고, 이에 대응하는 영어 역시 문법에 의거하여 대체할 수 있다. 그러나 사람이 사용하는 언어는 문맥에 따라 뜻이 변하는 다의어가 존재하고, 속담이나 상용구의 경우는 의역이 필요할 때도 있다. 따라서 단순한 품사와 문법을 바탕으로 한 번역은 어색할 수 있고, 문맥을 이해해야 제대로 된 번역을 기대할 수 있다. 딥러닝은 이러한 모든 관계에서 수억 개에 이르는 모수를 학습하여 표현한다. 즉, 한국어 문장에 대응되는 번역된 영어 문장이 수십만 개 있다고 가정한다면 이것으로 수억 개의 모수를 학습하고 이러한 모수들이 품사를 구분하거나 문맥을 이해하는 등의 기능을 하게 만든다. 물론 여기에서 딥러닝 모델의 특정한 모수가 문맥을 이해한다고 적시하기는 어렵다. 그러나 결과로 학습된 딥러닝 모델에 임의의 한국어 문장을 넣었을 때는 괜찮은 번역이 나온다는 것이다.

종단간 학습은 데이터에 대한 사람의 개입을 최소화하는 것으로도 이해할 수 있다. 알파고의 경우 이세돌 9단과 대결할 당시 입력 데이터인 바둑판 상태를 48개의 특성(예 : 단수, 꼬부림, 축 등의 정보)으로 구분하였으나 이후 알파고 제로로 업그레이드 하면서 흑돌과 백돌의 위치만 사용하여 바둑을 정복하기에 이른다. 즉, 딥러닝에서의 종단간 학습은 입력과 출력의 상관관계를 대부분 데이터로부터 학습할 수 있다는 것인데, 이것이 통용될 수 있는 이유는 무엇보다 성능이 우수하고, 경우에 따라 사람의 편향에서도 자유로울 수 있기 때문이다.

이미지를 살펴보자!

◉ 인공지능 모델

인공지능 모델은 수학적으로 하나의 함수로 생각할 수 있는데 일반적인 수학적 모델과의 차이점은 수천만 개의 모수를 학습하는 것

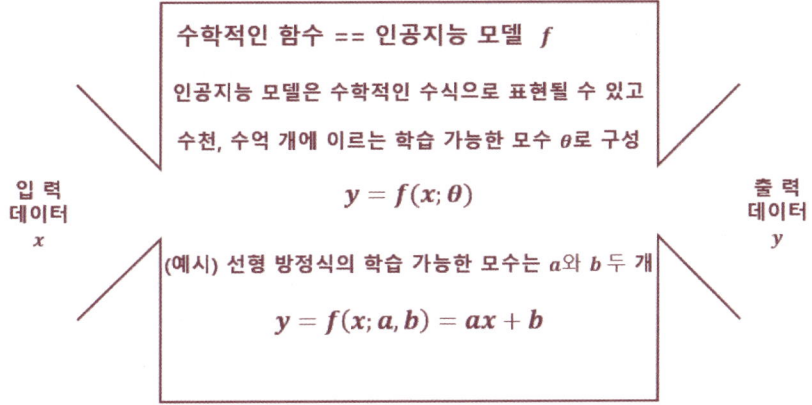

◉ 인공지능 모델의 학습 – 종단간 방식

수천만 개를 상회하는 딥러닝 모델을 학습하기 위해서는 충분한 양의 데이터가 필요함

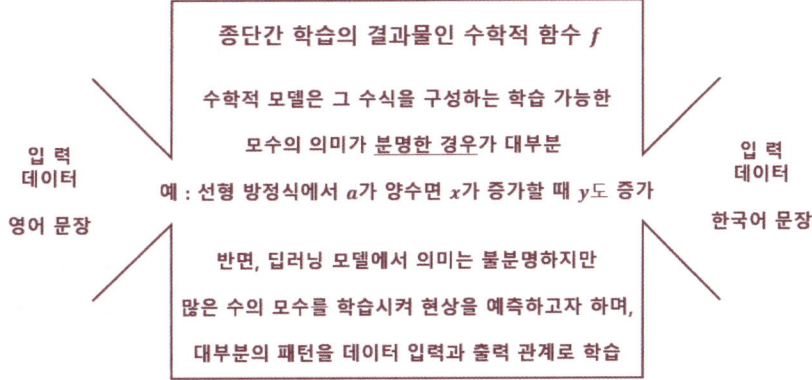

03 트랜스포머의 구조

트랜스포머의 기본 개념

트랜스포머는 2017년 구글이 발간한 논문 "Attention is all you need"에서 제안된 방법론으로 당시 기계 번역의 과업에서 가장 우수한 성능을 달성하였다. 트랜스포머는 논문 제목에서도 볼 수 있듯이 어텐션 메커니즘 방법론으로 구현된 딥러닝 모델이면서 전형적인 딥러닝 모델의 접근인 **종단간 학습**을 활용한다.

> 입력에서 출력까지 모든 과정을 하나의 시스템에서 학습하는 모델

트랜스포머의 입력과 출력

트랜스포머의 입력은 영어 문장으로 구성된다. 해당 문장은 토큰화를 통해 유의미한 단위로 구분되는데, 직관적으로는 토큰화를 단어 단위의 구분으로 이해할 수 있다. 출력은 입력된 영어 문장에 대한 번역에 해당하는 토큰을 순차적으로 예측한 결과이다. 예를 들어 "I am studying Transformer"를 독일어로 번역하면 "Ich studiere Transformer"가 되는데 입력 문장에 대한 트랜스포머의 첫 번째 출력은 I를 의미하는 Ich가 된다. 여기에서 두 번째 영어 단어에 해당하는 am studying을 독일어 studiere로 번역할 때는 이미 출력된 Ich도 예측에 활용한다. 즉, 이미 출력된 데이터도 일종의 입력으로 사용하여 순차적인 예측을 수행하는 것이다.

트랜스포머의 인코더(Encoder)-디코더(Decoder)

인코더와 디코더는 그간의 딥러닝 모델에서 시퀀스 데이터 처리에 일반적으로 활용되는 구조이다. 인코더는 사전적으로 정보를 압축하거나 암호화하는 역할을 하며, 딥러닝에서는 입력된 데이터의 특성(Feature)을 도출하는 데 사용된다. 특성은 다양한 범주나 형태의 데이터를 일관된 크기의 정보로 표현하는데 일반적으로는 수치적인 벡터로 표현된다. 그러나 특성을 구성하는 각각의 값에는 의미를 부여하기가 어렵다. 인코더 내부는 인공신경망 계열의 방법론을 사용할 수도 있고, 트랜스포머의 경우는 내부를 어텐션 메커니즘으로 구현한다. 디코더는 암호화된 정보를 해독하는 복호화를 의미하며, 딥러닝 모델에서는 인코더를 거친 특성을 목적에 맞게 재구성하는 것으로 이해할 수 있다. 트랜스포머의 입력으로 들어가는 영어 문장은 인코더를 거쳐, 그 문장을 구성하는 토큰간의 유의미한 관계를 특성으로 압축하여 산출된다. 해당 특성은 트랜스포머 디코더의 입력으로 들어가서 번역하고자 하는 언어에 맞게 재구성되고, 인코더와 마찬가지로 특성 벡터가 산출된다. 해당 특성은 마지막으로 인공신경망에 맞물려 어떠한 번역 단어를 예측할 것인지에 대한 확률값을 계산하고, 가장 높은 확률값에 해당하는 토큰을 최종적인 출력값으로 사용한다.

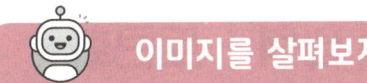

트랜스포머의 입출력 구조

트랜스포머의 논문 "Attention is all you need"에서는 영어-독일어, 영어-불어의 기계 번역 과업을 해결하기 위한 방법론으로 제안

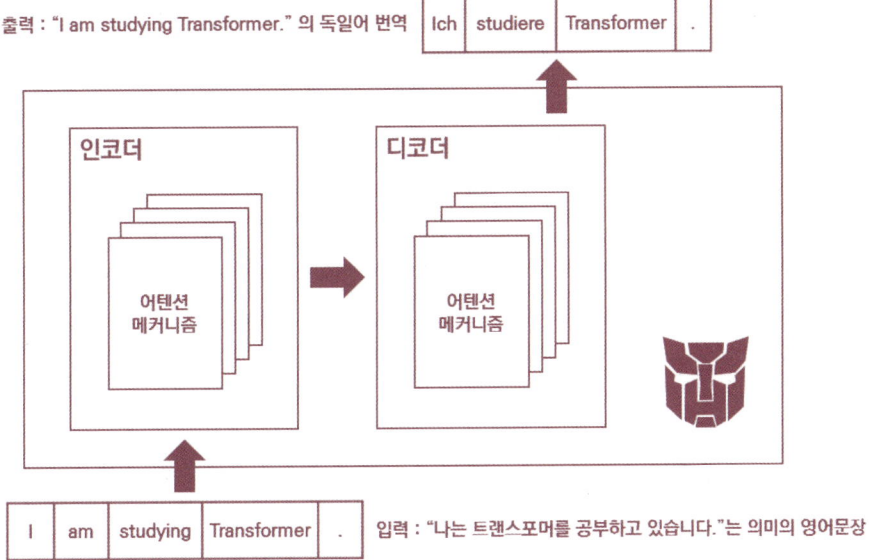

트랜스포머의 인코더와 디코더 과정

인코더는 정보를 압축하여 특성을 나타내는 것이고, 디코더는 압축된 특성을 다시 복원하는 과정

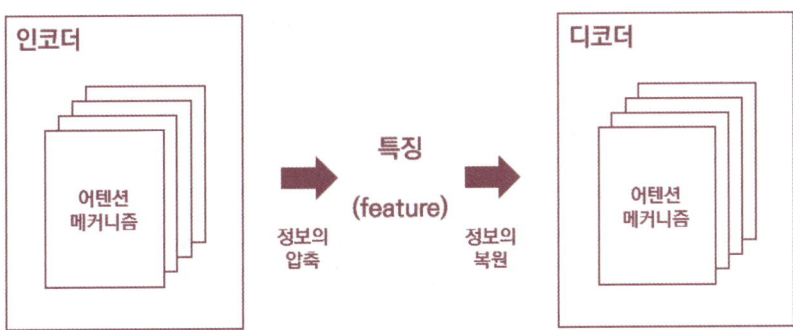

04 트랜스포머의 입력 - 토큰화

토큰화

기계 번역의 입력과 출력은 문장으로 이루어져 있다. 그러나 컴퓨터는 수치적인 연산으로 데이터를 처리하기 때문에 입력이든 출력이든 문장 데이터를 수치적으로 표현해야 한다. 문장을 수치 데이터로 표현하는 방식은 여러 가지가 있다. 예를 들면 문장 단위로 혹은 문장을 단어 단위로 나눈 것을 사용하거나 문자 단위로 표현할 수 있다. 직관적으로는 단어 단위로 나누어진다고 이해하면 쉬운데, 실제 토큰화는 문자 단위로 나눈 뒤 빈도수에 따라 자주 나타나는 일정한 문자의 집합을 토큰으로 활용한다. 즉, 토큰이란 문장을 유의미한 단위로 나누어 수치로 표현하기 위한 데이터로 이해할 수 있다.

트랜스포머의 토큰화 - 바이트 페어 인코딩

트랜스포머의 영어-독일어 번역에서는 일정한 문자 집합을 활용한 바이트 페어 인코딩(Byte Pair Encoding) 방식의 토큰화를 사용한다. 여기에서는 450만 개의 영어-독일어 번역 데이터 셋에 적용하여 약 37,000개의 토큰을 생성한다. 바이트 페어 인코딩은 단어 단위로 구분된 데이터를 문자 단위로 나눈 뒤 빈도수에 따라 두 문자의 쌍을 합치는 방식으로 토큰을 만든다. 해당 과정을 특정 숫자의 토큰에 이르기까지 지속적으로 반복하는데, 만약 데이터에서 특정 단어가 자주 사용된다면 해당 단어가 토큰으로 등록될 가능성이 높아지게 된다. 바이트 페어는 OpenAI가 개발한 GPT 모델에서도 사용된다.

트랜스포머의 토큰화 - 워드 피스

트랜스포머의 영어-불어 번역에서는 워드 피스(Word-Piece) 방식의 토큰화 알고리즘을 사용한다. 워드 피스는 바이트 페어 인코딩과 유사하게 문자 단위로 나눈 뒤 두 문자의 쌍을 병합하는 과정을 거치는데 바이트 페어 인코딩이 두 문자의 빈도수를 기준으로 한다면 워드 피스는 가능도(Likelihood)를 기준으로 병합한다. 워드 피스에서는 토큰에 '##'이라는 기호를 사용하여 하위 단어(Subword)를 표현하는데, 예를 들어 studying의 경우는 study라는 토큰과 ##ing로 구분된다. 트랜스포머에서는 영어-불어 데이터 쌍의 3,600만 개에 대하여 워드 피스를 적용해 약 32,000개의 토큰을 생성한다.

토큰화의 결과 - 어휘 사전

토큰화는 주어진 데이터를 유의미한 조각으로 나누고, 이를 어휘 사전으로 표현한다고 이해할 수 있다. 각각의 토큰은 고유한 숫자가 부여되어 문장을 수치적인 데이터로 변환할 수 있다. 토큰화의 결과로 만들어진 어휘 사전은 데이터에 따라 크게 달라지기 때문에 전문 용어가 많이 사용되는 분야는 이미 구현된 어휘 사전을 사용하는데 한계가 있다.

 **이미지를 살펴보자!**

◉ **토큰의 기본 개념**

토큰(Token)은 문장을 유의미한 단위로 분할하는 것으로 그 기준에 따라 다양한 토큰화(Tokenize) 기법이 존재

문장 예시 : I am studying Transformer.

가장 직관적인 토큰화 ➜ 단어　　　　문자 단위의 토큰화도 가능

◉ **토큰화 기법**

대표적인 토큰화 기법으로는 바이트 페어 인코딩(BPE)과 워드 피스(WP)가 있음

문장 예시 : I am studying Transformer.

바이트 페어 인코딩　　　　워드 피스

바이트 페어 인코딩은 자주 등장하는 문자의 집합을 반복적으로 계산하는 토큰화로 동적인 확장이 가능하고, 희귀한 단어에 대한 처리가 효과적임

워드 피스는 바이트 페어 인코딩과 다르게 문자 집합을 결정할 때 빈도가 아닌 가능도에 기반하는 것으로 접미어나 접두어를 토큰화하고, '##' 문자를 사용

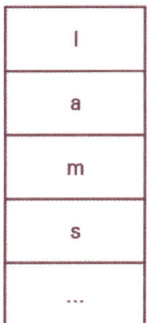

05 트랜스포머의 입력 - 토큰간 관계 설정

🔷 토큰의 벡터화

토큰화 결과로 생성된 어휘 사전은 편의를 위해 각 토큰에 번호를 부여한다. 그러나 번호는 임의로 부여할 수 있으므로 의미가 전혀 없다. 토큰에 의미를 부여하기 위해서는 하나의 숫자로 표현된 토큰 번호를 재구성할 필요가 있다. 자연어 처리에서는 토큰을 벡터로 표현하는데 그 이유는 벡터간 연산을 통해 토큰 사이의 관계를 설정할 수 있기 때문이다.

🔷 토큰의 벡터 표현

토큰을 벡터로 표현하는 과정을 '벡터화한다(Vectorize)'라고 말한다. 벡터는 수학적으로 엄밀한 정의를 통해 이해할 수 있으나 우리가 알고 있는 **2차원 벡터**로 생각해도 무방하다. 다만 벡터의 **차원**이 256, 512, 1024 등과 같이 고차원으로 표현된다. 벡터의 차원이 높아진다는 것은 토큰을 다양한 관점으로 표현할 수 있는 것을 의미하지만 그 반대는 계산에 소요되는 비용이 증가한다.

> x축과 y축으로 표현되는 2차원 평면에서 특정한 좌표의 값

> 벡터를 구성하는 원소의 개수

🔷 벡터간 관계에서 코사인 유사도와 내적

벡터는 다양한 연산이 가능한데 가장 중요한 것은 두 벡터의 관계를 설명하는 코사인 유사도(Cosine Similarity)이다. 코사인 유사도는 동일한 차원의 두 벡터가 이루는 각도에 따라 변화하는 값으로 두 벡터가 얼마나 가깝게 있는지를 판단하는 수치이다. 서로 다른 두 토큰이 관련 있다면 이들 토큰으로 생성된 벡터의 각도가 좁다(유사한 방향)는 것으로 이해할 수 있다. 코사인 유사도는 두 벡터가 이루는 각도에 대한 코사인 함수로 각도가 좁을수록 1에 가깝고, 두 벡터가 직교(90도)를 이룰 경우는 0, 서로 반대 방향이면 -1이 된다. 여기에서 두 토큰이 서로 유의미한 관계(코사인 유사도가 1에 가까움)가 있다는 것은 그 관련성을 어떻게 정의하는가에 따라 달라질 수 있다. 코사인 유사도는 두 벡터가 단위 벡터(Unit Vector)일 경우 두 벡터의 **내적(Inner Product)**과 동일하다. 벡터의 길이는 유클리드 거리로 나타내는데, 단위 벡터는 벡터의 길이가 1인 것을 의미하므로 코사인 유사도의 수식에서 분모가 1이 되어 내적과 동일하게 된다. 만약, 토큰을 나타내는 두 벡터가 단위 벡터가 아닐 경우에도 내적이 의미가 있는데 내적한 값이 클수록(양수) 유사성이 높고, 작을수록(음수) 유사성이 낮다. 이러한 내용이 중요한 이유는 트랜스포머의 핵심이 내적 어텐션(Dot Product Attention)으로 설명할 수 있기 때문이다. 여기에서 어텐션은 벡터를 다양한 관점으로 변환(Transform)시킨다는 것으로 이해할 수 있다. 벡터를 변환시키는 과정은 벡터에 어텐션 행렬(Attention Matrix)을 곱하는 것이고, 다수의 독립적인 어텐션 행렬이 벡터로 표현된 토큰에 다양한 관점을 부여한다는 점에서 '트랜스포머'라는 용어를 추측할 수 있다.

> 유사한 단어인 점곱(Dot Product)도 내적으로 지칭

이미지를 살펴보자!

◉ 토큰의 수치적 표현

토큰(Token)은 문자로 구성되어 있으므로 컴퓨터로 연산을 하기 위해서는 수치적으로 표현해야 함

◉ 토큰의 벡터 표현

수치적으로 표현된 토큰을 벡터로 표현하면 토큰간 관계를 설정할 수 있음 → 벡터의 내적

문장 예시 : I am studying Transformer.

I	30
am	3
study	62
##ing	35
Transformer	77
.	352

➡ 4차원의 벡터로 표현할 경우

I 라는 토큰의 벡터 표현

0.3	0.1	0.5	0.9
0.4	0.2	0.3	0.1
0.9	0.8	0.1	0.1
0.2	0.7	0.05	0.5
0.1	0.3	0.3	0.4

➡ I 토큰 벡터의 모든 토큰 벡터에 대한 내적 결과

1.16
0.38
0.49
0.605
0.57

내적의 결과가 높을수록 유사한 관계에 있음을 의미(자기 자신이 가장 높을 수 있음)

06 원 핫 인코딩과 토큰 임베딩(CBOW)

원 핫 인코딩(One-Hot Encoding)

원 핫 인코딩은 토큰을 벡터로 표현하는 가장 쉽고 직관적인 방식이다. 예를 들어 텍스트 데이터를 특정 토큰화 방식을 활용하여 어휘 사전을 만들고, 해당 사전에 등록된 토큰을 1,000개로 가정할 경우 1,000개의 토큰은 각 사전에 임의의 번호가 부여되어 있다는 사실로부터 1,000차원의 벡터로 특정 토큰을 표현할 수 있다. 원 핫 인코딩은 토큰 번호에 해당하는 벡터의 원소를 1로 부여하고, 나머지는 0으로 설정하여 1,000차원 벡터로 표현하는 방식이다. 즉, 원 핫 인코딩은 1,000의 토큰을 1,000차원 벡터 1,000개로 대체한 것이지만 토큰 번호와 마찬가지로 그 자체로는 의미가 없다. 오히려 1,000개의 수치(토큰 번호)를 백만 개(1,000 × 1,000개)의 수치로 표현한다는 점에서 비효율적이다.

토큰 임베딩 - CBOW(Continuous Bag-Of Words)

토큰 임베딩은 토큰의 관계를 설정하기 위해 벡터화하는 것으로 관계를 어떻게 보느냐에 따라 토큰 임베딩 알고리즘이 달라질 수 있다. 예를 들면 품사가 같은 토큰, 유사한 속성을 갖는 토큰, 주변에 자주 나오는 토큰 등으로 관계를 설정할 수 있다. 그 대표적인 방법론으로 CBOW와 Skip-Gram이 있다. CBOW는 주변에 있는 토큰으로 중심에 있는 토큰을 예측하는 방식이다. 여기에서 얼마나 많은 주변 토큰을 참조할 것인가는 윈도우(Window) 크기로 정할 수 있는데, 만약 윈도우 크기가 1이라면 예측하고자 하는 특정 토큰을 중심으로 앞뒤에 오는 토큰 1개씩 총 2개의 토큰이 입력으로 사용된다. 예를 들어 "I am studying Transformer"라는 문장에서 study라는 토큰(원 핫 벡터로 표현됨)을 예측하기 위해서 입력은 am, ##ing 토큰에 대한 원 핫 벡터가 된다.

입력과 출력의 관계는 데이터로부터 두 개의 행렬(초기에는 임의의 값으로 부여함)을 학습하는 것으로 설정할 수 있다. 첫 번째 행렬은 원 핫 벡터를 일정 차원의 임베딩 벡터로 표현하는 것으로 행렬 크기는 [원 핫 벡터의 차원 × 임베딩 벡터의 차원]이 된다. 2개의 입력 토큰이 첫 번째 행렬을 거치면 2개의 임베딩 벡터가 계산되고, 이것을 원소별로 평균을 구하여 하나의 벡터로 만든다. 이후 두 번째 행렬을 거치는데, 이는 압축하여 표현한 정보를 다시 원 핫 벡터 크기로 복원하여 출력을 예측한다. 따라서 두 번째 행렬 크기는 [임베딩 벡터의 차원 × 원 핫 벡터의 차원]이다. 이렇게 두 개의 행렬은 입력과 출력으로 구성된 데이터로 학습한 값이 된다.

 **이미지를 살펴보자!**

◉ **원 핫 벡터의 표현**

1,000개의 토큰을 갖는 어휘 사전이 있다면 특정 토큰은 1,000차원의 벡터로 표현 가능

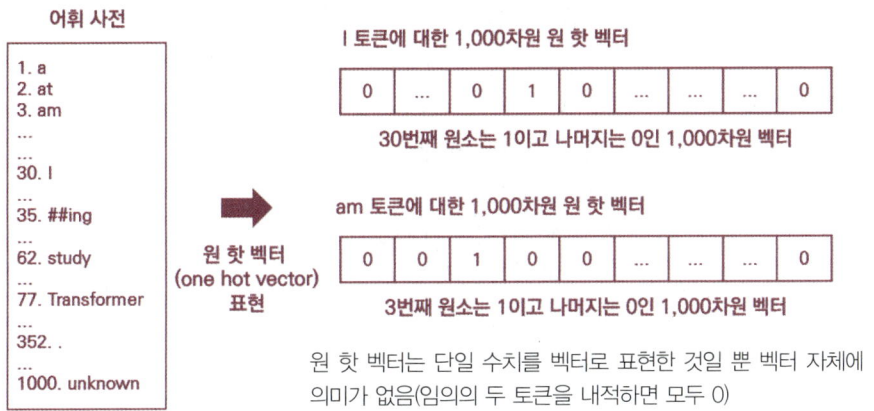

◉ **토큰 임베딩의 과정**

토큰 임베딩은 원 핫 벡터에 의미를 부여하는 과정 → 대표적인 방법으로 CBOW(Continuous Bag-Of Words)가 있음

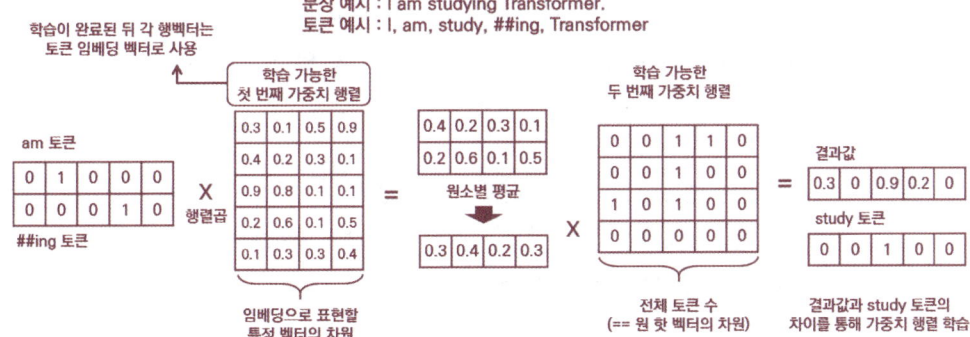

07 토큰 임베딩(Skip-Gram)과 토큰 임베딩 차원

토큰 임베딩 - Skip-Gram

Skip-Gram은 CBOW의 반대 개념으로 특정 토큰으로부터 주변 토큰을 예측하는 방식이다. 앞서 제시한 "I am studying Transformer" 문장을 고려해 보면 Skip-Gram의 입력은 study 토큰, 출력은 am과 ##ing 토큰에 대한 원 핫 벡터가 된다. Skip-Gram은 CBOW와 마찬가지로 두 개의 행렬을 학습함으로써 토큰 임베딩을 구현할 수 있다. 첫 번째 행렬은 입력인 [원 핫 벡터의 차원 × 임베딩 벡터의 차원] 크기를 가지고, 두 번째 행렬은 다시 원 핫 벡터의 크기로 복구해야 하므로 [임베딩 벡터의 차원 × 원 핫 벡터의 차원] 크기를 갖는다. 여기에서 입력은 하나의 토큰에 대한 원 핫 벡터이므로 첫 번째 행렬을 곱하면 하나의 벡터가 나오게 되어 CBOW와는 다르게 평균을 구할 필요가 없다. 또한, CBOW와 마찬가지로 학습이 완료된 뒤 토큰 임베딩은 첫 번째 행렬의 행 벡터로 사용된다. CBOW와 Skip-Gram 이외에도 다양한 방식의 토큰 임베딩이 가능하며, 두 가지 임베딩 방법론은 상황에 따라 다르게 사용될 수 있다. CBOW는 학습이 빠르고 자주 사용되는 단어를 적절하게 표현할 수 있는 반면, Skip-Gram은 작은 데이터 셋에 제대로 활용될 수 있고, 자주 사용되지 않는 단어도 잘 표현할 수 있다.

토큰 임베딩의 결과

트랜스포머는 바이트 페어 인코딩과 워드 피스 토큰화를 통해 어휘 사전을 구축하고, 약 3만여 개의 토큰은 이미 학습된 임베딩을 사용하여 512차원의 벡터로 표현된다. 따라서 임베딩은 토큰의 수 × 512 크기의 고정된 값을 갖는 행렬로 표현되고, 이런 행렬의 특정 행 벡터가 해당 토큰의 임베딩 벡터와 대응된다. 이러한 행렬은 다양한 용어로도 사용되는데, 임베딩 행렬(Embedding Matrix), 맵(Map), 선형 변환(Linear Transformation), 룩업 테이블(Look-Up Table) 등으로 표현한다. 트랜스포머 논문에서는 토큰 임베딩에 대한 방법론을 명시하지 않고, 이미 학습된 선형 변환을 사용한다고 밝혔다.

토큰 임베딩의 차원

토큰 임베딩 벡터의 차원을 512로 사용하는 것은 큰 의미가 없다. 다만, 차원 크기가 관건인데 임베딩 벡터의 차원이 커진다는 것은 더 많은 정보와 관계를 내포할 수 있는 가능성이 높아지는 것을 의미하지만 반대로는 인공지능 모델의 계산량이 증가한다. 따라서 가용한 계산 자원이 제한될 경우 128이나 256차원을 사용하며, 많을 경우에는 1024까지 늘어날 수 있다. 여기에서 벡터 차원이 2의 거듭 제곱수로 표현되는데 그 이유는 컴퓨터 구조 자체가 2의 거듭제곱 단위로 연산을 처리하기 때문이다. 만약, 토큰 임베딩 차원을 500이나 1000과 같이 사용하면 성능 측면에서의 손실이 발생할 수 있다.

 **이미지를 살펴보자!**

⦿ Skip-Gram의 개념과 구조

CBOW가 주변 토큰으로 특정 토큰을 예측하는 것이라면 Skip-Gram은 특정 토큰으로 주변 토큰을 예측하는 것

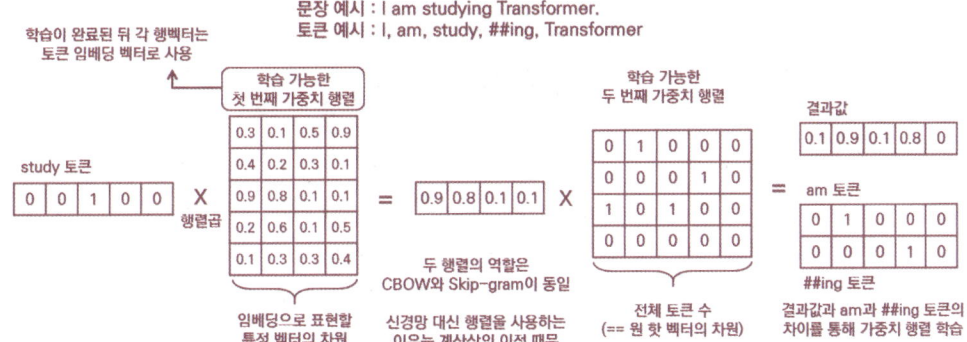

⦿ 토큰 임베딩의 결과와 차원

트랜스포머는 입력된 문장을 토큰화한 뒤 이미 학습된 워드 임베딩 기법을 통해 각 토큰을 512차원으로 표현

08 위치 인코딩 - 토큰의 위치와 접근법

🔵 순환신경망의 접근

순환신경망(Recurrent Neural Network)은 데이터의 위치 정보가 중요한 시계열 데이터 분석에 활용되는 방법론이다. 순환신경망에서의 입력은 데이터 자체가 순차적으로 적용되기 때문에 위치에 대한 정보를 별도로 부여할 필요가 없다. 반면, 지금까지의 트랜스포머 입력이 같은 토큰이라고 한다면 같은 임베딩 벡터로 표현되기 때문에 특정 토큰에 대한 위치 정보가 부여되어 있지 않다.

🔵 토큰의 위치

트랜스포머의 입력은 입력된 문장을 토큰 단위로 나누고, 각 토큰을 벡터로 표현한다. 그러나 트랜스포머는 기계 번역 과업을 수행하기 위한 모델이므로 토큰의 위치가 매우 중요한 정보를 가지고 있다. 사람이 구사하는 언어는 문법에 따른 어순이 있기 때문에 트랜스포머의 입력값에는 해당 토큰의 위치 정보를 부여해야 한다. 이에 트랜스포머에서 토큰의 위치를 부여하기 위하여 위치 인코딩(Positional Encoding)을 제안했다. 예를 들어 "나는 대기하는 것을 견딜 수 없어"의 의미인 "I can't stand the stand"라는 문장이 워드 피스 토큰화를 통해 I, can't, stand, the, stand의 토큰으로 구분되었다고 가정하자. 이후 5개의 토큰은 트랜스포머의 임베딩을 거쳐 각 512차원의 벡터로 표현되는데, 여기에서 세 번째 stand 토큰과 다섯 번째 stand 토큰은 동일한 임베딩 벡터로 표현된다. 두 토큰을 구분하기 위해서는 임베딩 벡터에 적절한 방법으로 위치 정보를 부여해야 한다.

🔵 토큰의 위치를 표현하기 위한 접근법

토큰에 위치를 부여하기 위해서는 크게 두 가지를 고려해야 한다. 첫 번째는 어떻게 위치를 표현할 것인가이고, 두 번째는 위치를 표현한 데이터를 토큰 임베딩 벡터에 합칠 것인가이다. 위치 표현의 가장 쉬운 방법은 문장의 각 토큰에 순서를 부여하는 것이다. 먼저 첫 번째인 위치 부여를 살펴보자. 가장 쉬운 방법은 순서대로 위치를 부여하는 것이다. 예시로 들었던 I, can't, stand, the, stand 토큰은 순서대로 I에 1, can't에 2, stand에 3을 부여하는 방식으로 위치를 지정할 수 있다. 여기에서 1, 2, 3의 순서 매김이 필요하다면 특정 구간(예를 들면 0과 1 사이)으로 정규화(Normalize)할 수 있다. 그러나 임베딩 벡터는 512차원인데 반하여 위치 정보는 하나의 숫자로 표현된 스칼라이기 때문에 동일한 값을 부여하기 위해 위치 정보를 동일한 값을 갖는 512차원으로 만들 수 있다. ── 하나의 크기를 나타내는 값

이미지를 살펴보자!

⦿ 순환신경망과 트랜스포머의 접근

자연어 처리의 전형적인 인공지능 기법은 순환신경망으로 시계열적인 데이터 처리에 적합하나 트랜스포머에서는 추가적인 작업이 필요

⦿ 토큰의 위치 부여 방법

위치를 부여하는 방법은 여러 가지가 존재함

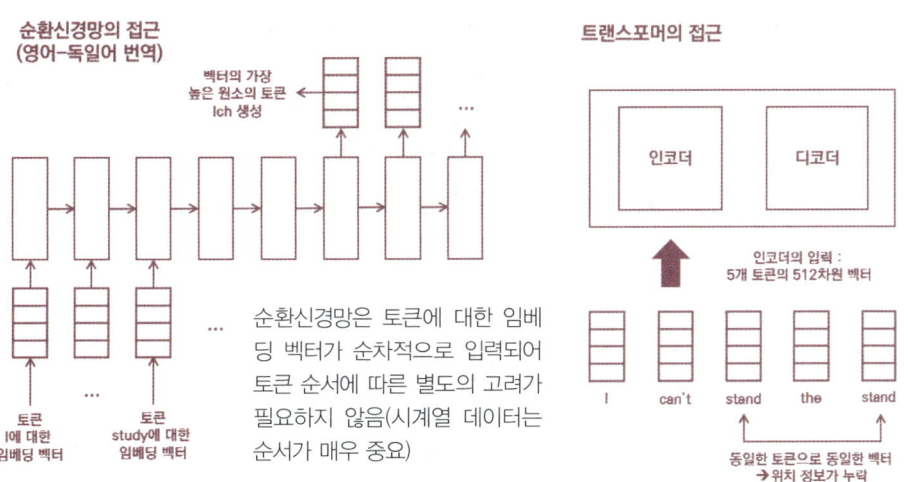

09 위치 인코딩 - 토큰 임베딩 벡터

트랜스포머에서 토큰의 위치 표현

토큰의 위치 부여는 토큰 순서에 따라 동일한 값을 갖는 벡터가 된다. 그러나 이런 방법은 입력 문장의 길이에 따라 위치 정보가 변할 수 있으므로 토큰의 절대적인 위치 정보를 보존하기 위한 방안이 필요하다. 이를 위해 트랜스포머는 위치 인코딩을 제안하고, -1과 1 사이의 값을 갖는 주기함수로 구성된다. 트랜스포머의 위치 인코딩은 512차원의 벡터로 구성된다. 각 원소값은 서로 다른 주기를 갖는 사인(sine)과 코사인(cosine) 함수값을 가지되 해당 값은 토큰 위치에 따라 변화한다. 여기에서 홀수 번째 토큰은 사인 함수를, 짝수 번째 토큰은 코사인 함수를 사용하여 값의 중복을 최대한 배제한다. 또한, 주기함수가 -1에서 1 사이의 값을 가지므로 정규화 역할도 한다. 따라서 트랜스포머의 위치 인코딩은 고정된 값으로 표현이 가능하다.

토큰 임베딩 벡터와 위치 인코딩의 결합

트랜스포머 입력의 마지막 단계로 토큰 임베딩 벡터와 위치 인코딩의 결합 방식은 크게 두 가지로 나누어 볼 수 있다. 첫 번째는 두 벡터를 서로 이어 붙이는(Concatenation) 것인데 트랜스포머에서는 두 벡터가 모두 512차원의 크기를 가지므로 이어 붙이는 접근을 할 경우 1,024차원의 벡터가 된다. 해당 방식의 장점은 토큰의 벡터 표현과 위치 정보가 서로 간섭하지 않기 때문에 정보 손실이 거의 없다. 그러나 필연적으로 계산량이 2배 이상 될 것은 자명하며, 이에 따른 메모리 사용량 역시 2배 이상이 될 것이다. 결론적으로 두 벡터를 이어 붙이는 접근은 성능이 우수할 수 있으나 연산에 필요한 자원 소모가 크다. 이러한 단점으로 인해 트랜스포머 논문에서는 두 벡터를 더하는 접근을 취한다. 즉, 512차원으로 표현된 토큰 임베딩 벡터와 512차원의 위치 인코딩 벡터를 원소별로 더하는 것이다. 이는 두 벡터를 이어 붙이는 접근과 정확히 배치되는 것으로 계산상의 이점을 얻는 대신 경우에 따라 정보 손실이 발생할 수 있다.

트랜스포머의 입력

트랜스포머의 입력은 영어 문장으로 이것은 토큰화 기법을 토큰 단위로 분할하고, 이미 학습된 토큰 임베딩으로부터 512차원의 벡터를 표현한다. 이후 토큰의 위치 정보를 표현하기 위해 삼각함수를 사용하여 512차원의 위치 인코딩 벡터를 생성한다. 마지막으로 512차원의 토큰 임베딩 벡터와 512차원의 위치 인코딩 벡터를 원소별로 결합하여 트랜스포머 입력을 산출한다. 만약, 토큰이 7개라면 512차원의 벡터 7개가 트랜스포머의 입력이 되는 것이다.

 **이미지를 살펴보자!**

● 트랜스포머의 위치 인코딩 - 코사인 함수값

트랜스포머에서는 위치 인코딩(Positional Encoding) 기법으로 각 토큰에 위치 정보를 부여함

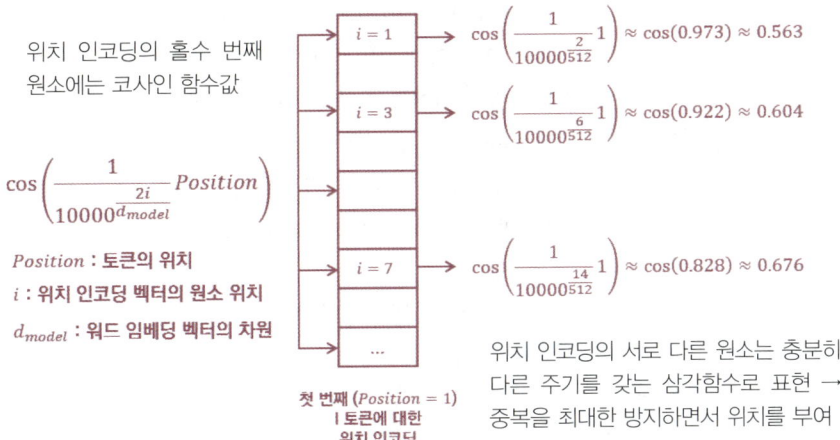

● 트랜스포머의 위치 인코딩 - 사인 함수값

위치 인코딩은 워드 임베딩과 동일한 512차원의 벡터로 구성

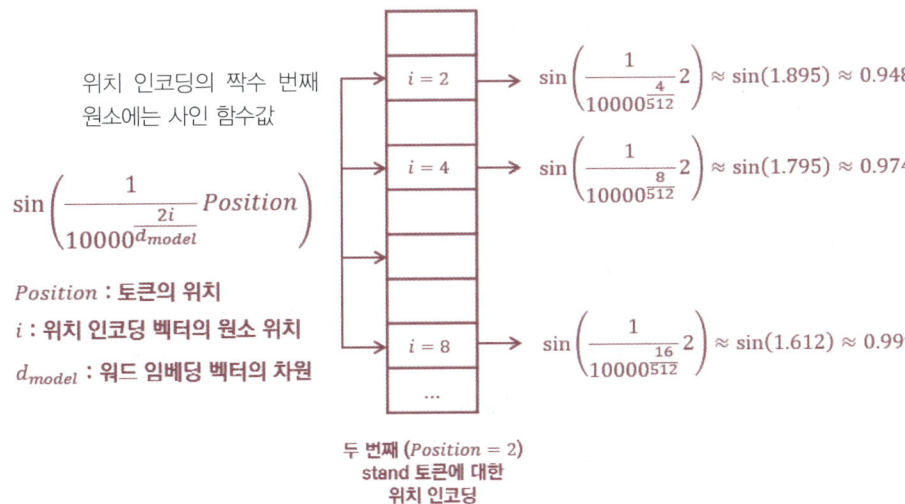

10 트랜스포머의 인코더

🤖 인코더의 역할과 구조

트랜스포머의 인코더는 입력 문장을 구성하는 각 토큰 간의 관계를 설정하는 역할을 한다. 예를 들어 입력 문장이 "I am studying Transformer"이고, 토큰화 결과 I, am, study, ##ing, Transformer와 같은 토큰으로 나누어졌다고 가정하자. 구체적으로 설명하면 인코더는 am이라는 토큰이 I, am, study, ##ing, Transformer의 모든 토큰과 특정한 관계를 가지도록 하는 것이다. 여기에서 '관계를 설정한다'라는 것은 데이터를 통해 학습한다고 이해할 수 있는데 궁극적으로는 영어 문장에 대응하는 번역 문장(트랜스포머에서는 독일어나 불어)을 얼마나 정확하게 예측하는가로 결정된다. 인코더의 구조는 멀티헤드 어텐션(Multi-Head Attention), 앞먹임 신경망(Feed-Forward Network), 잔차 연결(Residual Connection), 층 정규화(Layer Normalization)로 구성된다. 인코더 입력은 토큰별로 512차원의 벡터로 표현되고, 인코더 내부를 거치면 토큰별로 512차원의 벡터가 출력된다. 인코더의 입력과 출력 형태가 같다는 점을 고려하면 인코더를 반복하는 것도 생각할 수 있는데 트랜스포머에서는 인코더를 6회 반복한다. 같은 인코더의 반복 구조를 채택한 이유는 실험적 성능의 우수성에서부터 출발하며, 인코더를 반복함으로써 기대할 수 있는 것은 다양한 추상화(토큰을 넘어 구절이나 문장 구조까지 관련지음)로 볼 수 있다.

🤖 멀티헤드 어텐션

트랜스포머 인코더의 멀티헤드 어텐션은 8개의 <u>어텐션 헤드(Attention Head)</u>로 구성된다. 특정한 어텐션 헤드를 직관적으로 이해하면 특정한 '관계'를 설정한다고 볼 수 있다. 여기에서 8개의 어텐션 헤드는 상호 배타적인 '관계'를 설정한다고 단정 지을 수는 없고, 어텐션 헤드가 설정하는 '관계'는 어디까지나 학습이 완료된 상황에서 추정한 것에 불과하다.

> 하나의 어텐션을 의미

🤖 앞먹임 신경망 및 잔차와 정규화

멀티헤드 어텐션에서 토큰 간의 관계를 설정했다면 토큰을 넘어 어절이나 구절 같은 상위 개념에서의 관계 설정도 필요하다. 트랜스포머에서는 이것을 구현하기 위해 멀티헤드 어텐션의 결과에 앞먹임 신경망을 적용시킨다. 앞먹임 신경망은 모두 연결된 층(Fully-Connected Layer)으로 구성된 전형적인 인공 신경망이며, 기본적인 역할은 비선형적 관계(어절이나 구절 등)를 학습한다고 추정할 수 있다. 트랜스포머는 학습 가능한 모수의 수가 6,500만 개 수준으로 효율적인 학습을 위해 잔차 연결과 정규화를 수행한다. 두 가지는 딥러닝에서 흔히 발견되는 기울기 소실 문제를 완화시키기 위한 방안으로 활용된다.

 **이미지를 살펴보자!**

⦿ **트랜스포머의 인코더 구조**

트랜스포머의 인코더는 입력 영어 문장의 모든 토큰에 대해 상호간 관계를 설정해 주는 역할을 수행

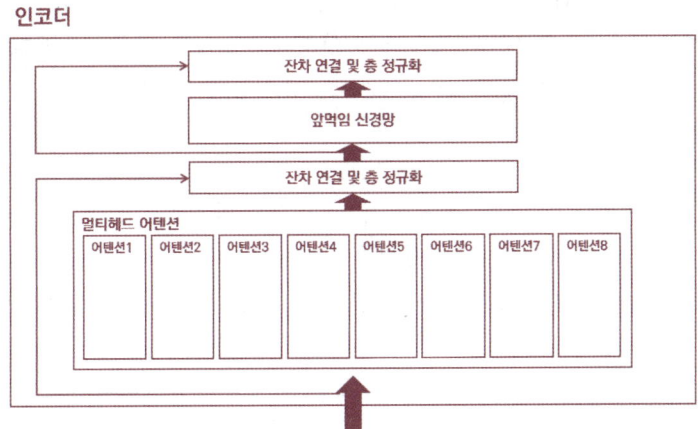

⦿ **트랜스포머 인코더의 입력**

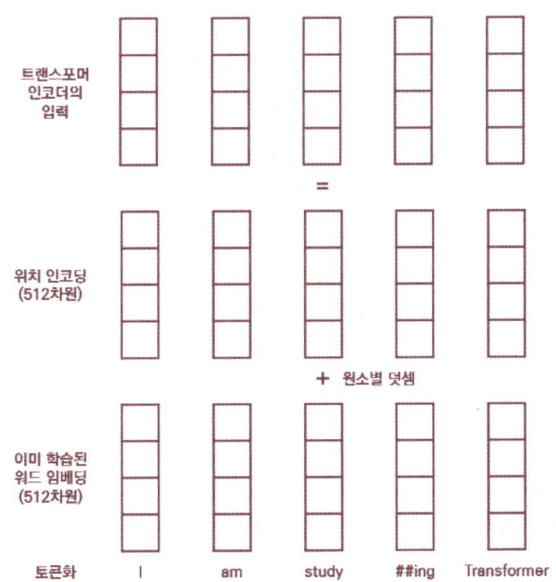

11 멀티헤드 어텐션의 입력과 쿼리

멀티헤드 어텐션의 입력

트랜스포머의 입력이 I, am, study, ##ing, Transformer의 5개 토큰으로 구성되어 있다고 가정하자. 각각의 토큰은 워드 임베딩과 위치 인코딩을 거쳐 512차원의 벡터로 표현되며, 5개의 512차원 벡터는 멀티헤드 어텐션의 입력으로 활용된다. 트랜스포머의 멀티헤드 어텐션은 8개의 어텐션 헤드로 구성되어 있고, 각각의 어텐션 헤드는 동일한 512차원의 벡터 5개를 입력으로 받는다.

쿼리, 키, 가치

하나의 어텐션 헤드 역할은 토큰 간의 관계를 설정하는데 이를 위해서는 5개의 토큰이 서로 어떠한 관계인지 계산하는 과정이 필요하다. 트랜스포머에서의 어텐션 헤드는 쿼리(Query), 키(Key), 가치(Value)라는 용어를 사용하는데, 데이터베이스 용어와는 직접적인 관계는 없으나 개념적으로는 비유하여 설명할 수 있다.

멀티헤드 어텐션의 쿼리

쿼리는 데이터베이스에서 원하는 데이터를 획득하기 위한 질의를 의미한다. 어텐션 헤드의 쿼리는 관계성을 계산하기 위한 토큰으로 이해할 수 있다. 예를 들어 am이라는 토큰에 관계를 설정하는 것이라면 어텐션 헤드의 쿼리는 am이라는 토큰을 대상으로 한다. am이라는 토큰은 512차원의 벡터로 표현되는데, 트랜스포머에서는 쿼리 가중치 행렬을 도입하여 am 토큰 벡터와 곱한 뒤 64차원의 벡터로 축소하고 이것을 '쿼리 벡터'로 지칭한다. 벡터와 행렬의 개념을 상기시켜 보면 일반적으로 벡터에 별다른 정의가 없다면 열 벡터를 의미한다. 열 벡터를 보다 직관적으로 이해하려면 행렬을 이용해 설명하는 것이 좋다. 보통 m개의 행과 n개의 열을 갖는 행렬 차원은 m×n으로 표기한다. 이러한 표기법으로 n차원 열 벡터를 표기하면 n×1의 행렬로 이해할 수 있다. 마찬가지로 n차원 행 벡터는 1×n의 행렬을 의미한다. 이제 수식적으로 am이라는 토큰이 어떻게 64차원의 쿼리 벡터로 계산되는지 살펴보자. 먼저 am이라는 토큰은 512차원의 벡터로 표현되는데, 이것을 1×512의 행 벡터로 생각할 경우 여기에 512×64차원의 쿼리 가중치 행렬을 곱하면 64차원의 행 벡터(1×64차원)가 계산된다. 바로 64차원의 행 벡터가 하나의 어텐션 헤드의 쿼리가 되는 것이다. 이때, '쿼리 가중치 행렬'의 역할에 주의를 기울여야 한다. 수학적인 의미에서 행렬에 벡터를 곱한다는 것은 벡터를 변환시킨다는 것이다. 즉, am이라는 토큰을 구성하는 512개의 원소는 워드 임베딩과 위치 인코딩의 결과물인데 이것을 변환한다는 것은 다른 관점을 부여한다는 것으로도 이해할 수 있다. 트랜스포머에서는 이러한 과정을 <u>선형 사영(Linear Projection)</u>으로 표현한다.

> 선형 변환(Linear Transformation)과 동일한 개념

 **이미지를 살펴보자!**

● 쿼리(Query), 키(Key), 가치(Value)
하나의 어텐션 헤드는 입력된 문장에 대한 관계를 설정하는 것으로 이를 구현하기 위해 쿼리(Query), 키(Key), 가치(Value)의 개념을 사용

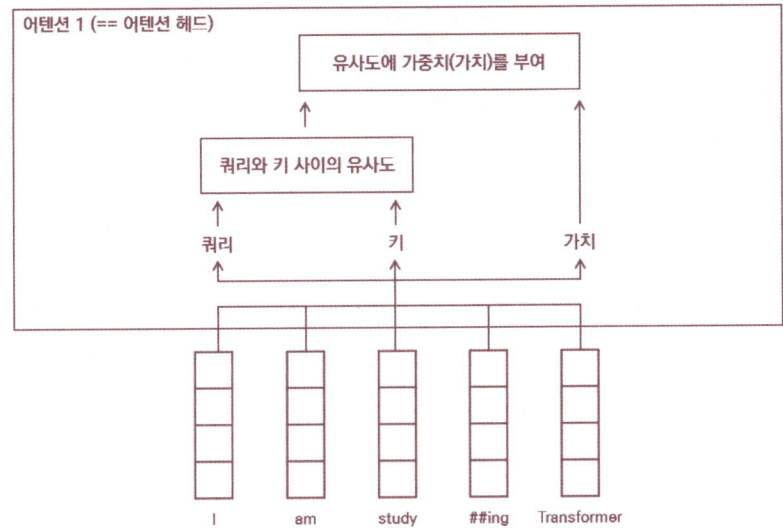

● 멀티헤드 어텐션의 쿼리 표현
쿼리는 관계를 설정하는 대상의 토큰을 의미하며, 쿼리 가중치 행렬을 통해 관점을 변화시킴

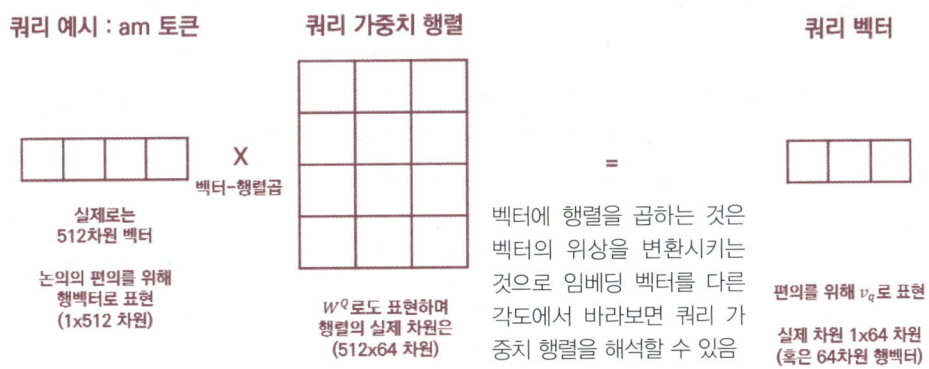

12 멀티헤드 어텐션의 키와 점곱 어텐션

멀티헤드 어텐션의 키

멀티헤드 어텐션의 키와 가치의 의미를 알아보기 위해 개인정보를 담은 데이터베이스를 생각해 보자. '개인정보'라는 데이터 테이블에 이름, 전화번호, 나이가 있고, 쿼리에는 25세 이상의 개인정보를 출력하는 요청이 있을 때 쿼리를 수행하기 위한 키는 '나이'가 되고, 가치는 '나이'에 해당하는 수치가 된다. 트랜스포머 어텐션 메커니즘에서 키와 가치는 데이터베이스 용어와는 약간 다르지만 개념적인 측면에서는 유사성을 찾을 수 있다. 어텐션 헤드에서 관계를 설정하기 위해서는 모든 토큰 상호간 관련성을 계산해야 하는데 이를 위한 토큰 쌍을 쿼리와 키로 이해할 수 있다. 쿼리에서 사용했던 예시를 살펴보자. am이라는 쿼리 토큰의 관계성을 계산하기 위한 키는 I, am, study, ##ing, Transformer의 모든 토큰을 대상으로 한다. 키는 쿼리와 마찬가지로 64차원의 '키 벡터'로 표현되고, 이를 계산하기 위하여 512×64차원의 '키 가중치 행렬'이 사용된다. 여기에서 키 벡터는 모든 토큰을 대상으로 하기 때문에 1×512차원의 열 벡터로 표현된 5개의 토큰을 쌓아 올려 5×512차원의 행렬을 만들 수 있다. 여기에 512×64차원의 키 가중치 행렬을 곱하면 5×64차원의 행렬이 나오고, 해당 행렬의 각 행은 5개 토큰에 대한 5개의 키 벡터로 대응됨을 알 수 있다.

점곱 어텐션

am 토큰에 대한 1×64차원의 쿼리 벡터와 모든 토큰 5개에 대한 1×64차원의 키 벡터가 준비되면 쿼리 벡터와 키 벡터의 관련성을 판단해야 하는데 트랜스포머에서는 관련성을 계산하기 위해 점곱 어텐션(Dot-Product Attention)을 사용한다. 점곱 어텐션은 두 벡터의 내적을 통해 유사도를 측정하는 방식으로 내적의 값이 클수록 관련성이 높다. 이렇게 계산된 내적 값은 통상적인 의미인 유사도나 어텐션 점수(Attention Score)로 표현한다. 해당 예시에서 어텐션 점수는 총 5개가 계산되고, am이라는 토큰이 입력된 문장을 구성하는 5개 토큰에 각각 내적한 값이 된다. 5개의 어텐션 점수는 간극이 커지는 것을 방지하기 위해 각 점수를 키 벡터 크기의 제곱근으로 나누어 주고, 마지막으로 <u>소프트맥스(Softmax) 함수</u>를 활용해 5개의 점수를 0과 1 사이의 값으로 정규화한다. 정규화된 결과는 소프트맥스의 함수 특성에 따라 5개의 값을 모두 합치면 1이 되어 일종의 가중 확률로 이해할 수 있으므로 어텐션 가중치(Attention Weight)로 표현할 수 있다. 이 값은 일차원적으로 am이라는 토큰이 어떠한 관점에서 다른 토큰들과 관계를 설정하는지 추정할 수 있다. 다만, 이것은 일차원적으로 토큰 간의 상대적인 유사도를 의미한다.

> 인공신경망에서 확률 분포를 구하기 위해 사용하는 활성 함수

 **이미지를 살펴보자!**

◉ 어텐션 헤드의 키

어텐션 헤드의 키는 쿼리와 마찬가지로 키 가중치 행렬을 통해 키 벡터를 산출함

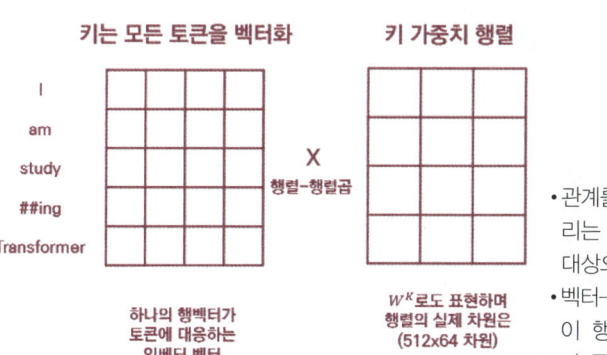

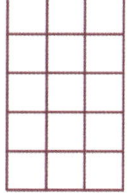

- 관계를 설정하기 위한 쿼리는 입력의 모든 토큰을 대상으로 함
- 벡터–행렬 곱의 5번 연산이 행렬–행렬 곱의 연산과 동일하므로 행렬–행렬 곱을 통해 5개의 키 벡터를 계산

편의를 위해 i번째 벡터를 $v_{k,i}$로 표현

5개의 토큰에 대한 키 벡터 5개는 행렬 K로 표현

◉ 점곱(Dot Product) 연산

관계 설정의 기반이 되는 어텐션 점수는 키 벡터와 쿼리 벡터 간의 점곱 연산으로 계산됨

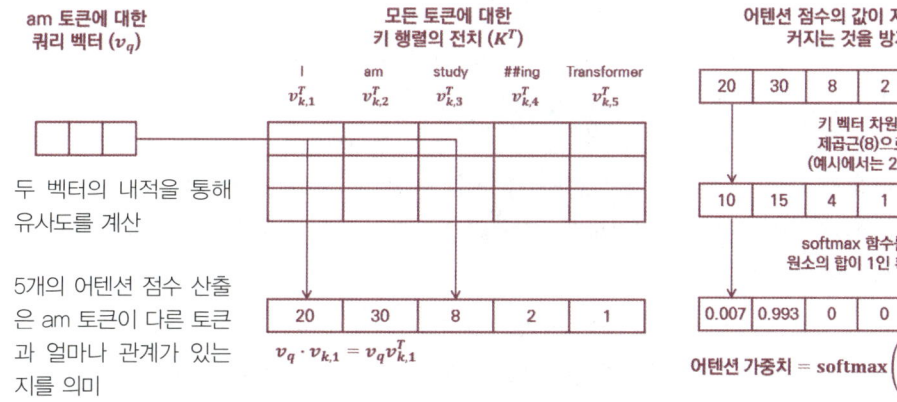

어텐션 가중치 = $\mathrm{softmax}\left(\dfrac{v_q K^T}{\sqrt{d_k}}\right)$

13. 멀티헤드 어텐션의 가치와 어텐션 헤드

멀티헤드 어텐션의 가치

어텐션 점수는 특정 쿼리에 대한 키의 내적 연산을 통해 유사도를 계산한 값이고, 정규화를 통해 0과 1 사이의 확률을 갖는 어텐션 가중치로 표현된다. 예시를 생각해 보면 어텐션 가중치는 총 5개로 5차원 행 벡터(1×5차원)로 이해할 수 있다. 어텐션 가중치를 다시 모든 토큰에 적용하는 과정을 거치면 토큰 간의 관계를 좀 더 고도화시키는 효과를 기대할 수 있다. 바로 이러한 과정이 멀티헤드 어텐션의 가치이다. 가치는 쿼리, 키와 마찬가지로 가치 가중치 행렬을 활용한다.

I, am, study, ##ing, Transformer의 5개 토큰은 각각 512차원의 행 벡터로 표현되고, 512×64차원의 가중치 행렬이 곱해져 각 토큰별로 1×64차원을 갖는 가치 벡터로 계산된다. 그 결과물은 키 가중치 행렬을 적용한 것과 마찬가지로 5×64차원의 행렬로 표현된다. 앞에서 계산한 어텐션 가중치(1×5차원 행 벡터)를 5개의 가치 벡터(5×64차원 행렬)에 곱하면 최종적으로 64차원의 행 벡터가 계산된다. 64차원의 행 벡터는 am이라는 토큰을 어텐션 헤드를 거쳐 얻어낸 결과물이다. 그 과정을 정리하면 am이라는 토큰이 쿼리 벡터로 표현되고, 5개 토큰에 대한 키 벡터와 내적 연산을 거쳐 5개의 어텐션 가중치가 계산된다. 어텐션 가중치는 다시 5개의 토큰에 대한 가치 벡터에 곱해져 am이라는 토큰이 새로운 64차원 벡터로 표현된다.

어텐션 헤드 8개의 결합

am이라는 토큰의 입력은 512차원이다. 반면, 하나의 어텐션 헤드를 거쳐 산출된 am 토큰은 64차원이다. 여기에서 멀티헤드 어텐션의 어텐션 헤드 수가 8개였던 사실을 기억해 보자. 8개의 64차원 벡터를 이어 붙이면 총 512차원의 벡터가 생성되는데 이것이 입력이었던 am 토큰의 512차원 임베딩 벡터에 8개의 어텐션으로 '관계'를 설정한 512차원이 되는 것이다. 즉, 멀티헤드 어텐션의 역할은 특정 토큰에 대한 임베딩 벡터에 특정한 '관계'를 설정하여 벡터를 다른 방식(8개의 64차원 벡터를 이어 붙임)으로 표현한 것이다. 그러나 이러한 관계는 8조각으로 나누어져 있으므로 어떤 관계를 더 비중 있게 다뤄야 하는지에 대해 생각해 볼 수 있다.

트랜스포머에서는 또 다른 학습이 가능한 512×512차원의 가중치 행렬을 도입하여 어떠한 어텐션 헤드의 결과를 주목할 것인지를 산출한다. 따라서 512차원의 행 벡터로 표현된 am이라는 토큰은 가중치 행렬을 통해 다시 512차원의 행 벡터로 계산된다. 512차원의 벡터는 8개의 어텐션 헤드에서 계산된 64차원 벡터가 어떠한 비중으로 관련이 있는지도 해석할 수 있다.

이미지를 살펴보자!

◉ 어텐션 가중치

어텐션 가중치는 특정 토큰이 다른 토큰과 얼마나 관련이 있는지를 나타내는데 이것은 가치 벡터에 곱해져 실제로 관련 있는 토큰을 산출

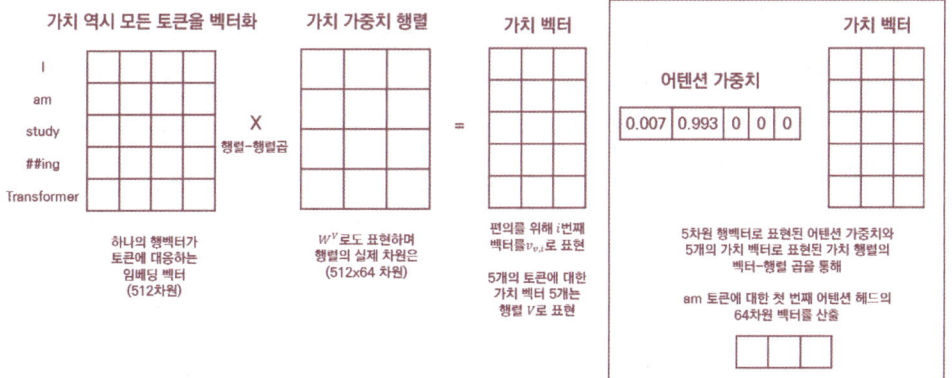

◉ 어텐션 헤드의 결합

8개의 어텐션 헤드는 각각 64차원의 벡터를 산출하는데 이를 이어 붙이면 512차원의 벡터가 되고, 여기에 가중치 행렬을 적용하여 결과값을 계산

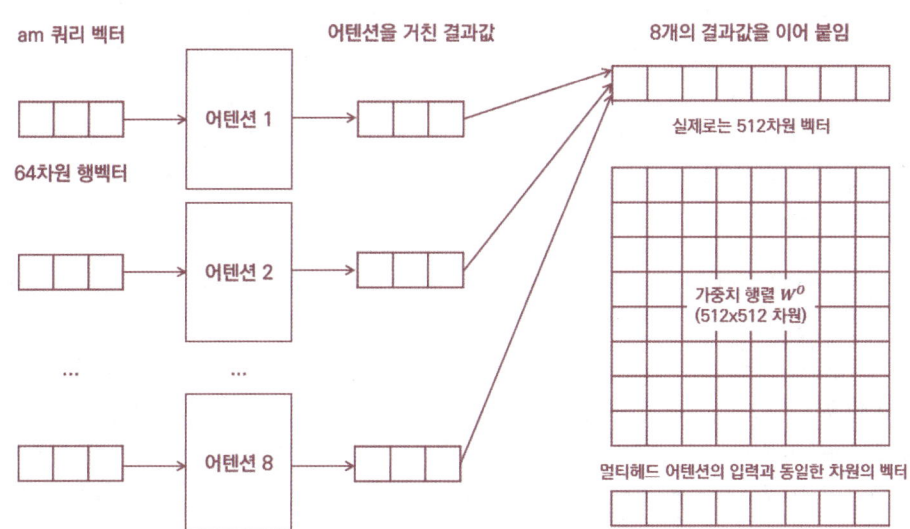

14 정규화와 앞먹임신경망

🌀 잔차 연결과 정규화

잔차 연결(Residual Connection)은 깊은 인공신경망의 효율적인 학습을 위해 고안되었다. 깊은 인공신경망은 더 복잡한 패턴을 학습할 수 있지만 인공신경망의 전형적인 미분 기반 학습 방법을 적용할 경우 변화량의 소실 가능성이 매우 높다. 잔차 연결은 특정 인공신경망의 층을 거친 값과 입력값을 합하여 전자의 정보를 보존하는 역할을 한다. 트랜스포머에서는 멀티헤드 어텐션에서 잔차 연결이 존재한다. 잔차 연결의 수식적인 의미는 멀티헤드 어텐션의 입력값에 멀티헤드 어텐션을 거친 결과값을 더한 것이다. 즉, 멀티헤드 어텐션의 결과값을 보존한다는 점에서 인코더를 여러 개 통과하더라도 각각의 멀티헤드 어텐션이 나름의 역할을 하게 된다. 여기에서 두 값을 더한 후 층 정규화(Layer Normalization)를 진행한다. 층 정규화는 자연어 처리에서 자주 사용되는 기법으로 출력값(여기에서는 잔차 연결의 결과)의 평균과 분산을 바탕으로 값을 조정하여 <u>공변량의 변화(Covariant Shift)</u>를 완화시킬 수 있다.

> 입력 데이터의 분포가 학습 시 변경되는 현상(심층 신경망 학습 과정에서 발생하는 문제 중 하나)

🌀 앞먹임신경망

딥러닝의 가장 전형적인 모델인 앞먹임신경망(Feed-Forward Neural Network)은 비선형적인 현상을 예측하는 데 활용되는 방법론이다. 여기에서 비선형(Non-Linear)은 수학적으로 선형이 아닌 모든 관계를 나타내지만 입력과 출력이 어떠한 연관성이 있는 경우에 그 관계가 매우 복잡하다는 의미로 사용된다. 이러한 복잡한 관계를 성공적으로 학습할 수 있는 방법론이 바로 인공신경망이다. 앞먹임신경망은 그 자체로도 활용이 가능하지만 현대의 인공지능에서는 특성(Feature)을 추출하는 역할을 한다. 예를 들어, 이미지 분류에 활용되는 합성곱신경망 구조를 보면 가장 마지막에 인공신경망이 활용되는데 이것의 역할은 합성곱 층을 통해 계산한 이미지의 고유 정보와 실제 이미지 분류 사이의 관계를 설정해 주는 역할을 한다.

마찬가지로 트랜스포머에서도 인공신경망은 멀티헤드 어텐션을 거친 토큰의 관계 정보를 재조합하여 어구나 어절 등의 문맥적인 의미를 학습하는 기능을 한다. 트랜스포머에서 활용되는 앞먹임신경망은 2,048개의 노드를 갖는 2층이 모두 연결된(Fully Connected, 이하 FC) 은닉층을 사용하며, 출력은 입력과 동일한 512차원으로 구성된다. 여기에서 입력은 잔차 연결과 정규화를 거친 멀티헤드 어텐션의 결과값으로 512차원의 벡터로 표현되고, 2층의 인공신경망 출력에도 잔차 연결과 정규화가 존재한다. 잔차 연결은 학습할 때 정보 손실을 최소화하고, 정규화는 값이 지나치게 커지는 것을 방지하기 위해 활용된다.

이미지를 살펴보자!

◉ 잔차 연결과 층 정규화의 과정

- 트랜스포머에서는 깊은 인공신경망을 효율적으로 학습하기 위하여 잔차 연결과 층 정규화를 적용
- 잔차 연결은 멀티헤드 어텐션을 거친 값과 입력값을 더한 개념으로 딥러닝 모델에서 발생할 수 있는 기울기 소실 문제를 효과적으로 해결하여 더 깊은 모델을 학습할 때 활용
- 층 정규화는 출력된 데이터의 분산과 평균을 바탕으로 값을 조정하여 효과적인 학습에 도움을 줌

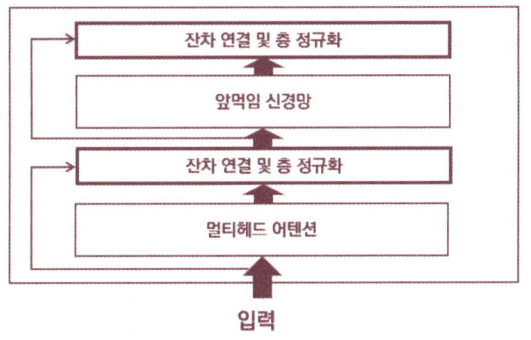

잔차 연결의 출력 = 입력 + 멀티헤드 어텐션을 거친 결과

◉ 앞먹임신경망의 과정

앞먹임신경망은 비선형 관계를 예측하는 일반적인 모델(구조적으로 일반적인 인공신경망)로 8개의 어텐션 헤드에서 취합한 관계 정보를 통해 더 복잡한 관계를 모사

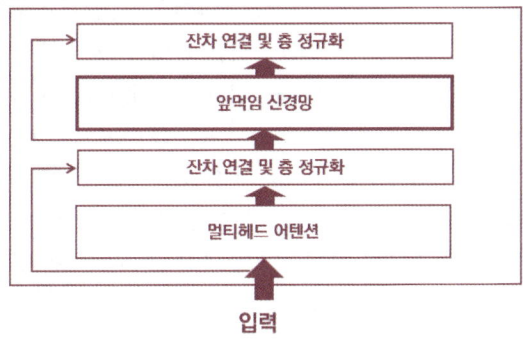

- 입력층 : 512차원 벡터
- 은닉층 : 2층(각 2,048개의 노드로 구성)
- 출력층 : 512차원 벡터

5개 토큰의 512차원 벡터가 입력되면 행렬 곱의 연산을 통해 출력도 5개 토큰에 대한 512벡터가 산출되고, 이후 학습 효율을 높이기 위한 잔차 연결과 정규과가 적용됨

15 셀프 어텐션

트랜스포머 인코더의 요약

인코더 입력은 트랜스포머의 입력 문장을 토큰화한 뒤 512차원의 벡터로 표현한 것이다. 예를 들어 입력 문장이 5개의 토큰으로 구분되어 있다면 5개의 512차원 벡터가 인코더 입력이 된다. 해당 입력은 멀티헤드 어텐션을 거쳐 다시 5개의 512차원으로 표현된다. 멀티헤드 어텐션은 토큰 간의 관계를 설정하는 역할을 한다. 그 관계는 일차적으로 서로 유사한 개념, 품사, 유의어 및 반의어 등으로 해석할 수 있다. 관계를 설정하는 방법은 벡터로 표현된 토큰 간의 내적 연산으로 이루어지고, 내적 연산의 대상이 되는 벡터는 가중치 행렬과 곱셈져 변환된 값이 된다. 여기에서 행렬과 벡터의 곱셈에 대한 의미를 보면 행렬은 벡터를 변환(Transform)한다는 측면에서 가중치 행렬의 역할이 관점을 변화시킨다고 이해할 수 있다. 이러한 변환의 중심이 있다는 점에서 트랜스포머(Transformer)라는 용어가 사용된 것으로 추측할 수 있다.

인코더의 역할 - 셀프 어텐션

인코더의 역할은 한마디로 셀프 어텐션(Self-Attention)이다. 셀프 어텐션은 트랜스포머 논문에서도 강조하고 있는 내용으로 직역하면 자기 자신에 대한 관계를 주목한다고 이해할 수 있다. 트랜스포머가 해결하고자 했던 기계 번역의 관점에서 살펴보면 인코더에는 번역의 대상이 되는 언어 문장이 입력된다. 트랜스포머는 영어-불어와 영어-독일어의 과업을 다루고 있으므로 입력은 모두 영어 문장으로 구성되어 있다. 따라서 인코더는 번역해야 하는 영어 문장에 대한 관계를 학습한다고 이해할 수 있다. 여기에서 어텐션 메커니즘의 작동 방식을 살펴보면 모든 토큰 간의 관계를 고려한다는 점에 주목해야 한다. 문장은 일종의 시퀀스로 시계열적인 속성을 가지고 있다. 따라서 이미 입력된 토큰과 다음 토큰 간의 관계만 고려하면 기존의 정보로 다음의 정보를 예측하는 것이 일반적인 접근이라고 볼 수 있다. 그러나 트랜스포머의 어텐션은 그 반대 방향 역시 고려하기 때문에 토큰 간의 관계를 양방향으로 모두 고려한다. 즉, 지시대명사가 어떤 명사를 가르키는지를 어텐션 메커니즘을 통해 학습시킬 수 있다. 이러한 셀프 어텐션은 모두 가중치 행렬을 학습함으로써 이루어진다. 지금까지 인코더를 구성하는 멀티헤드 어텐션에는 총 4가지의 가중치 행렬이 존재한다. 먼저 관계를 설정할 토큰은 쿼리 가중치 행렬을 통해 쿼리 벡터로 변환되고, 관계를 설정할 모든 토큰은 키 가중치 행렬과 곱해져 키 벡터로 변환된다. 다음으로 가치 가중치 행렬은 쿼리 벡터와 키 벡터의 관계(내적한 값)에 중요도를 부여하는 역할을 하기 위해 가치 벡터를 산출한다. 마지막으로 8개의 어텐션 헤드에서 산출된 8개의 어텐션 점수를 종합하는 결합 가중치 행렬이 존재한다. 이렇게 네 가지 가중치 행렬은 임의로 초기화된 값이 부여되고, 다음으로 번역되는 토큰에 따라 값이 변화하도록 학습된다.

> 이미지를 살펴보자!

◉ 인코더의 역할

인코더의 역할은 입력된 모든 토큰에 대해 상호간의 관계를 설정하는 것

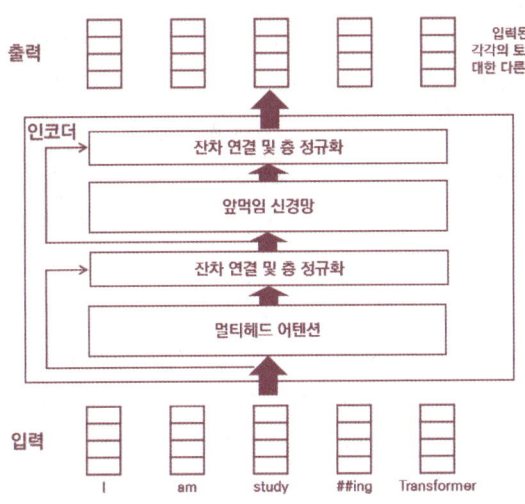

- 토큰에 대한 임베딩 벡터의 관점에서 볼 때 인코더의 입력과 출력은 모두 동일한 차원의 벡터
- 임베딩 벡터를 변환하여 새로운 임베딩 벡터로 표현
- 인코더는 입력과 출력의 형태가 같으므로 여러 차례 반복하는 것이 가능

◉ 셀프 어텐션의 역할

셀프 어텐션의 역할은 점곱 어텐션으로 모든 토큰에 대한 상호간의 관계를 설정하는 것

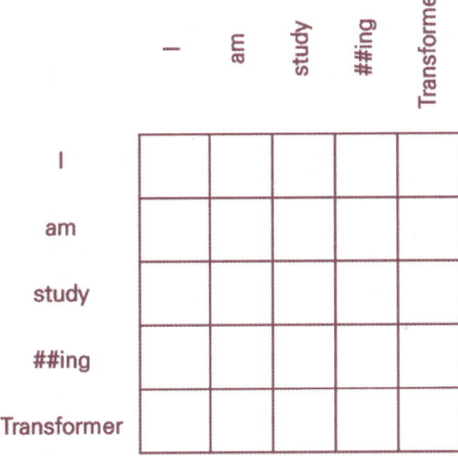

- 예시에서 설명했던 쿼리 토큰인 am을 문장 전체 토큰으로 확장하면 모든 토큰 간의 관계를 학습하는 것으로 확장
- 셀프 어텐션은 번역할 영어 문장에 대해서 그 문장 자체를 구성하는 토큰 간의 관계를 설정한다는 의미로 해석

16 인코더의 반복과 초모수

6개의 인코더 반복

하나의 인코더에 대한 입력과 출력이 각각 토큰 수만큼의 512차원 벡터로 동일하다는 점을 상기시켜 보면 6개의 인코더를 반복하여 나오는 결과 역시 토큰 수만큼의 512차원 벡터일 것이다. 인코더를 반복하는 이유는 딥러닝의 이론과도 맞닿아 있다. 인공신경망에서는 다수의 은닉층을 쌓는 것이 바로 딥러닝 모델의 출발이었는데 이것은 실험적으로 우수한 성과를 보임에 따라 깊은 신경망을 구성하는 것에 대한 간접적인 확신이다. 왜 깊은 신경망이 우수한 성과를 보이는 가에 대한 명확한 규명이 있는 것은 아니지만 이미지 분류 과정의 경우 깊은 신경망을 구성하는 것이 계층적인 학습이나 표현력을 증대시키는 역할을 한다.

인코더 6개를 반복하는 이유 역시 계층적인 특성(단어 간, 어구 간, 문장 간)과 표현력 향상에 유의미한 역할을 할 수 있기 때문이다. 이것은 결과론적인 측면으로 트랜스포머의 기계 번역에서 우수한 성과를 달성했기 때문에 말할 수 있는 사실이다. 그러므로 왜 6개인가에 대한 물음에는 정답이 없다. 반면 하나의 인코더에 8개의 어텐션 헤드가 사용되었는지는 병렬 처리의 효율성에서 찾을 수 있다. 하나의 고성능 컴퓨터에는 통상 8개에서 16개 정도의 GPU를 탑재할 수 있다. 어텐션 헤드는 계산적으로 독립적이기 때문에 8개의 GPU에서 손쉽게 병렬 처리를 할 수 있다. 하지만 왜 8개 이어야 하는지에 대한 정답은 찾을 수 없다.

트랜스포머 구조의 초모수

트랜스포머를 구성하는 인코더의 반복 횟수나 어텐션 헤드의 수는 임의로 조정 가능한 <u>초모수(Hyper-Parameter)</u>로 생각할 수 있다. 다만 인코더의 반복 횟수와 어텐션 헤드의 수가 증가한다면 필연적으로 계산해야 하는 양 역시 증가하기 때문에 적절한 수준을 정한 것으로 간주한다. 오히려 '인코더의 반복 횟수나 어텐션 헤드의 수를 증가시킨다면 유의미한 성능 향상이 가능한가?'라는 질문을 던질 수 있을 것이다. 이것은 사전 학습 언어 모델과 거대 언어 모델에서 실험적으로 밝혀진 결과로 트랜스포머 구조의 규모가 커질수록 성능이 향상된다는 사실을 간접적으로 증명한다. 또 다른 트랜스포머의 초모수로는 토큰 임베딩의 차원, 가중치 행렬의 크기, 토큰 사전의 크기 등이 있다. 대부분의 초모수는 계산량과 직결되기 때문에 가용한 자원의 규모를 바탕으로 초모수를 설정하는 것이 일반적이다. 결국 계산량과 성능의 관계 속에서 최적화된 지점을 찾는 것이 중요하다.

> 모델 외부의 설정값으로 사용자에 따라 결정되고, 머신러닝 모델의 성능을 향상시킬 수 있음

이미지를 살펴보자!

● 트랜스포머의 구조

트랜스포머의 구조는 인코더를 6회 반복하고, 마찬가지로 디코더도 6회 반복함

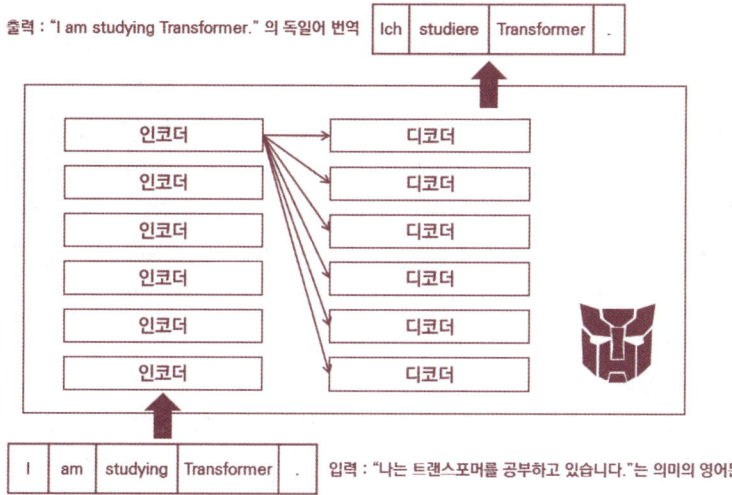

● 트랜스포머의 초모수

인코더의 반복 횟수는 트랜스포머 모델의 초모수 중 하나이며, 그 밖에 다양한 초모수도 존재

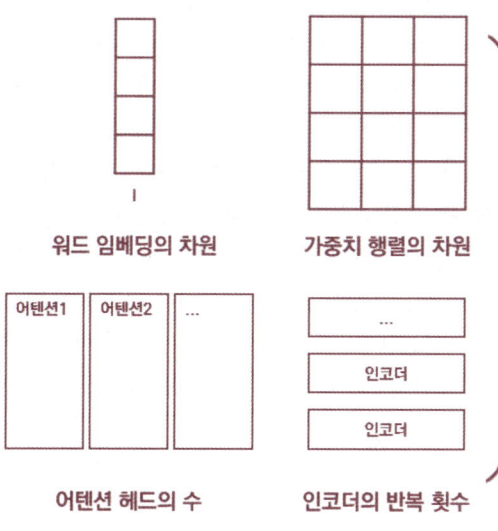

- 초모수는 연구자가 직접 정하는 자유 변수로 트랜스포머의 구조 역시 다양한 초모수를 보유
- 초모수를 효과적으로 정하는 방법 역시 하나의 연구 주제이며, 모델 구조와 관련된 초모수는 그 값이 커질수록 모델의 정확도나 정밀도가 높아질 가능성이 있음
- 반대로 구조적인 초모수는 값이 커질수록 계산량이 수직적으로 증가하여 많은 실험을 통해 적절한 초모수를 설정하는 것이 일반적

17 트랜스포머의 디코더

디코더의 구조

트랜스포머의 디코더는 인코더에서 사용된 구조를 그대로 따라가면서 하나의 멀티헤드 어텐션을 추가한다. 추가된 어텐션을 마스크드 멀티헤드 어텐션(Masked Multi-Head Attention)이라고 하는데 직관적으로 이해하면 특정 토큰의 과거 정보와 관계만을 고려한다는 것이다. 트랜스포머 디코더의 입력은 번역된 불어나 독일어 문장이 되고, 이후 인코더의 입력과 동일하게 토큰 임베딩과 위치 인코딩을 거친 토큰 수만큼의 512차원 임베딩 벡터가 된다. 이후 임베딩 벡터는 마스크드 멀티헤드 어텐션의 쿼리, 키, 가치 벡터에 사용되며, 출력도 토큰 수만큼의 512차원 임베딩 벡터가 산출되면서 잔차 연결과 층 정규화를 진행한다. 이후에는 인코더와 동일한 구조가 반복되는데 멀티헤드 어텐션의 키와 가치는 인코더 결과가 입력으로 들어가고, 쿼리 입력은 마스크드 멀티헤드 어텐션 결과가 들어가게 되어 인코더와 디코더의 정보가 결합하는 단계를 볼 수 있다. 여기에서 영어(인코더)-불어(디코더) 또는 영어(인코더)-독일어(디코더)에 대한 어순이나 상호 간의 관계를 학습하는 것이다. 이후 인코더와 동일한 FC층을 거치면 인코더에 입력된 토큰 수만큼의 512차원 벡터가 산출된다. 이것이 디코더의 출력이 되는데 디코더 입력이 번역된 문장에서 토큰 수만큼의 임베딩 벡터였다면 출력은 번역할 문장에서 토큰 수(인코더의 입력)만큼의 임베딩 벡터인 것이 주목할 부분이다.

마스크드 멀티헤드 어텐션

마스크드 멀티헤드 어텐션은 디코더의 첫 번째 어텐션으로 그 입력은 지금까지 번역된 토큰 임베딩 벡터로 구성된다. 그러나 생성의 관점에서 특정 시점의 토큰이 그 이후 시점의 토큰을 참조하게 되면 성능이 저하될 수 있기 때문에 이를 방지하기 위한 장치가 필요하다. 그것이 멀티헤드 어텐션에 마스크드(Masked)라는 용어가 사용된 것이며, 특정 시점에서 토큰 이후의 시점을 가린다(Mask)는 의미로 이해할 수 있다. 예를 들어 번역된 문장이 Ich, studiere, Transformer라는 토큰으로 구성되어 있을 때 studiere 토큰은 Ich와 studiere 토큰과의 관계를 설정할 수 있으나 Transformer라는 토큰은 studiere의 입장에서 미래 시점이기 때문에 관계를 설정할 수 없게 된다. 따라서 studiere 토큰의 어텐션 점수를 계산할 때 Transformer 토큰에 마스크를 적용시켜 어텐션 점수가 항상 0이 되도록 하는 것이 마스크드 멀티헤드 어텐션이다. 이후 과정은 멀티헤드 어텐션과 동일하며, 깊은 신경망의 학습 효율을 증대시키기 위한 잔차 연결과 층 정규화가 이어진다. 그 결과값은 디코더의 두 번째 멀티헤드 어텐션의 가치 입력값으로 사용된다.

이미지를 살펴보자!

● 트랜스포머 디코더의 구조

디코더는 현재까지 번역된 문장을 입력받아 셀프 어텐션을 구하고, 그 이후 멀티헤드 어텐션의 키와 가치로 입력하여 인코더-디코더 어텐션을 구현

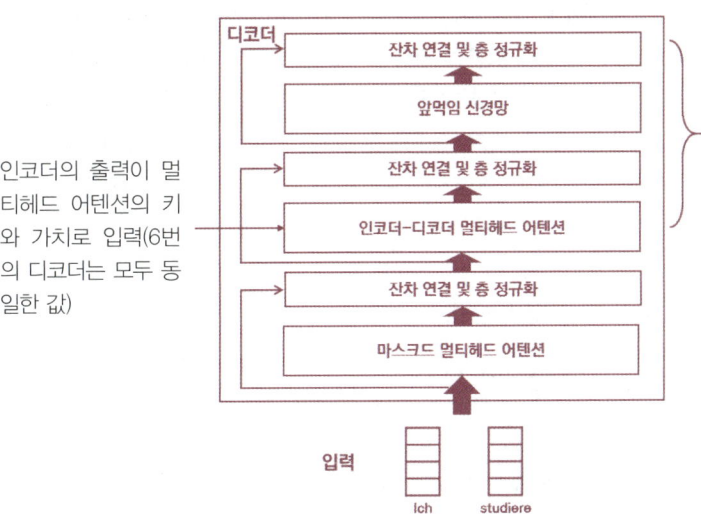

● 마스크드 멀티헤드 어텐션의 구조

마스크드 멀티헤드 어텐션은 관계 설정의 경우 토큰의 시점에서 이전 정보로만 구성되도록 함

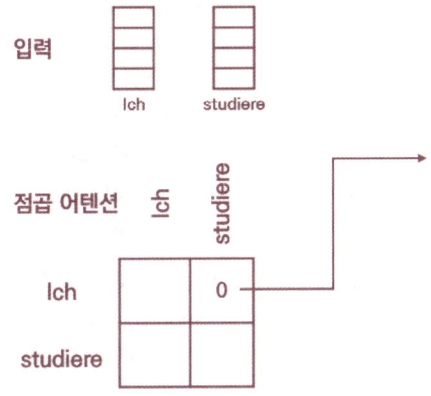

- Ich 토큰의 시점에서는 studiere의 정보를 모르기 때문에 이것을 의도적으로 가릴(Mask) 필요가 있음
- 모든 연산은 인코더에서 설명한 멀티헤드 어텐션과 동일하나 시점에 따라 이후의 정보는 참조하지 못하도록 조정한 것이 마스크드 멀티헤드 어텐션임

18 트랜스포머의 인코더와 디코더 결합

디코더의 두 번째 멀티헤드 어텐션

두 번째 멀티헤드 어텐션에서 인코더 입력은 "I am studying Transformer"라는 문장이고, 디코더는 "I am studying"에 해당하는 독일어 번역인 "Ich studiere"가 생성되어 있다고 가정하자. 마스크드 멀티헤드 어텐션은 Ich, studiere의 두 가지 토큰 임베딩과 인코딩을 거친 512차원 벡터를 입력으로 받는다. 마스크드 멀티헤드 어텐션의 출력은 입력과 마찬가지로 Ich와 studiere에 대한 512차원 벡터가 된다. 이후 잔차 연결 및 층 정규화를 거쳐 동일한 2개의 512차원 벡터가 산출된다. 디코더의 두 번째 멀티헤드 어텐션은 인코더와 디코더의 정보가 결합된다는 점에서 인코더-디코더 어텐션이라고도 한다. 인코더에서 알아본 바와 같이 멀티헤드 어텐션은 쿼리, 키, 가치라는 세 개의 입력이 있는데 인코더의 멀티헤드 어텐션에서는 쿼리, 키, 가치 모두 같은 입력값으로 구성된다. 반면 인코더-디코더 어텐션의 쿼리와 디코더의 마스크드 멀티헤드 어텐션의 출력, 키, 가치는 6번의 인코더를 거친 출력으로 할당된다.

인코더-디코더 멀티헤드 어텐션의 과정

이제 인코더-디코더 멀티헤드 어텐션 중 하나의 어텐션 헤드가 어떻게 계산되는지를 살펴보자. 쿼리인 마스크드 멀티헤드 어텐션의 출력은 2개 토큰으로 구성된 512차원 벡터라는 점에서 행 벡터 두 개를 쌓은 2×512 행렬로 표현할 수 있다. 이것은 멀티헤드 어텐션의 512×64차원의 쿼리 가중치 행렬과 곱해져 64차원의 쿼리 벡터 2개로 산출된다. 키와 가치는 6개의 인코더를 거친 결과값으로 할당된다. 인코더 결과는 I, am, study, ##ing, Transformer의 5개 토큰인 512차원 벡터로 표현된다. 마찬가지로 해당 값들은 각각 512×64차원의 키 가중치 행렬과 가치 가중치 행렬이 곱해져 5개의 64차원 키 벡터와 가치 벡터가 산출된다. 쿼리 벡터와 키 벡터의 내적은 두 토큰이 얼마나 유사한지를 판단하는 과정이다. 여기에서 쿼리는 디코더, 키는 인코더에서 왔다는 점을 상기 시켜보면 두 토큰에 대한 유사도를 계산하는 것이 기계 번역의 관점에서 합리적인 과정임을 이해할 수 있다.

쿼리 벡터와 키 벡터의 내적으로 2(번역된 토큰 수)×5(번역할 토큰 수)의 어텐션 가중치가 산출되고, 5×64차원으로 표현된 가치 벡터와 곱해져 2×64차원의 결과가 산출된다. 이후 8개의 어텐션 헤드 결과값이 합쳐져 디코더의 입력과 같은 2개 토큰에 대한 512차원 벡터가 계산된다. 이후 과정은 인코더의 멀티헤드 어텐션과 동일하다. 2,048개의 노드로 구성된 2개의 앞먹임신경망을 거쳐 동일하게 2개의 512차원 벡터가 계산되고, 디코더는 인코더와 마찬가지로 6회 반복된다. 각 반복별로 인코더-디코더 멀티헤드 어텐션에서는 6번의 인코더를 거친 최종 결과값이 재활용된다. 이러한 과정을 거치면 최종 출력은 Ich와 studiere의 토큰에 대한 512차원 벡터가 산출된다.

인코더-디코더 멀티헤드 어텐션 과정

디코더에서 두 번째 멀티헤드 어텐션의 쿼리는 인코더에서, 키와 가치는 마스크드 멀티헤드 어텐션의 출력으로 할당

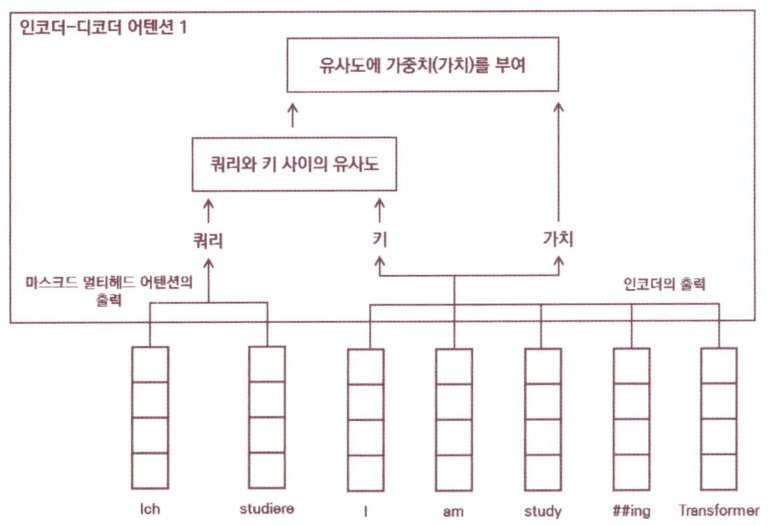

쿼리 행렬과 키, 가치 행렬

인코더-디코더의 멀티헤드 어텐션 중 하나의 어텐션 헤드에서 일어나는 과정은 기존과 동일

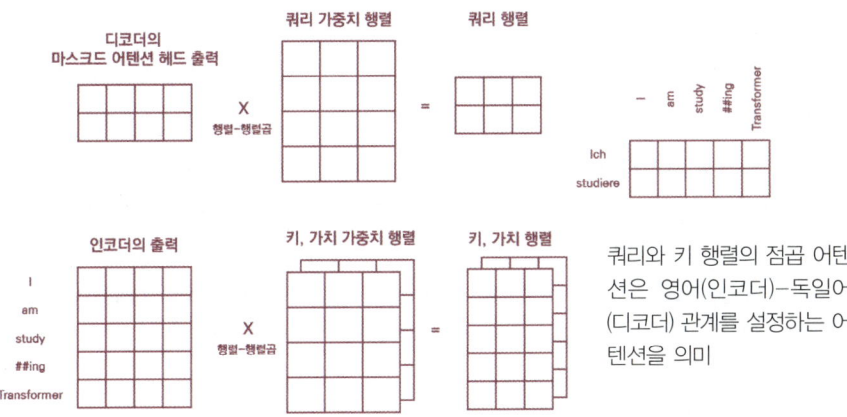

쿼리와 키 행렬의 점곱 어텐션은 영어(인코더)-독일어(디코더) 관계를 설정하는 어텐션을 의미

19 트랜스포머의 출력

번역할 토큰의 예측

이제 "I am studying Transformer"라는 문장에서 독일어 번역이 "Ich studiere"까지 되어 있다고 가정하자. 디코더의 결과물인 2개 토큰에 대해 512차원 벡터는 Transformer라는 토큰을 예측하기 위한 정보를 포함하고 있을 것이다. 트랜스포머에서 다루는 토큰은 3만 개 수준인데 반해, 디코더의 결과물은 토큰 수만큼의 512차원 벡터이다. 따라서 디코더의 결과를 3만 개로 변환시키는 작업이 필요한데 트랜스포머에서는 이러한 과정을 Linear(선형)으로 정의한다. 디코더 이후의 선형 층에 대한 구조를 명시하고 있지는 않지만 입력은 512차원이고, 출력은 어휘 사전의 토큰 수(예를 들어 3만 개)로 표현될 수 있는 512×30,000 크기의 행렬로 이해할 수 있다. 이것은 512차원의 입력과 30,000차원의 출력 사이를 모두 연결된 층으로 구성하는 것과 동일하다. 여기에서 디코더의 최종 출력은 2개 토큰에 대한 512차원의 벡터임을 상기시켜 보자.

특히, 마스크드 멀티헤드 어텐션을 보면 Ich라는 토큰은 studiere 토큰에 대한 관계를 설정할 수 없기 때문에 Ich 토큰에 대해 512차원 벡터를 선형 층의 입력값으로 할당하면 그다음 단어인 studiere를 출력할 가능성이 높다. 따라서 번역하고자 하는 Transformer 토큰을 예측하기 위해서는 마지막 독일어 단어인 studiere에 대한 512차원 벡터를 선형 층의 입력값으로 넣어야 한다. 그러면 3만 차원의 벡터가 산출되고, 해당 벡터를 구성하는 원소를 0과 1 사이의 확률값으로 변환하는 소프트맥스 함수를 거치게 된다. 그 결과 가장 큰 확률을 갖는 원소에 해당하는 토큰이 바로 다음으로 번역될 단어이다.

손실 함수와 학습

트랜스포머의 손실 함수는 딥러닝의 전형적인 크로스 엔트로피를 사용한다. 크로스 엔트로피는 실제 값과 예측 값이 같으면 0이고, 다르면 다를수록 값이 커지도록 설계한 함수이다. 예시에서 출력이 3만 차원의 확률 벡터인 경우를 살펴보자. 만약 예측해야 하는 단어가 100번째에 있다고 한다면 실제 값은 3만 차원의 벡터에서 100번째만 1이고, 나머진 0이다. 크로스 엔트로피 손실 함수는 예측 값이 실제 값의 분포와 유사할수록 작아지기 때문에 예측한 확률 벡터의 100번째 값이 얼마나 1에 가까운지가 가장 큰 관건이다. 해당 손실 함수를 통해 트랜스포머는 6개의 인코더와 디코더에 역전파되어 어텐션 메커니즘을 구현한 쿼리, 키, 가치 가중치 행렬과 결합 가중치 행렬 그리고 앞먹임신경망의 가중치와 편향 등을 순차적으로 학습시킨다. 트랜스포머는 불어와 독일어 데이터에 대한 기계 번역을 테스트하여 논문 발간 당시 가장 우수한 성능(State-Of-The-Art)을 달성하게 된다.

⦿ 트랜스포머의 출력

트랜스포머의 출력은 디코더로 입력된 번역 문장에서 다음에 오는 토큰을 예측 결과값에서 가장 높은 원소에 해당하는 토큰인 트랜스포머를 출력

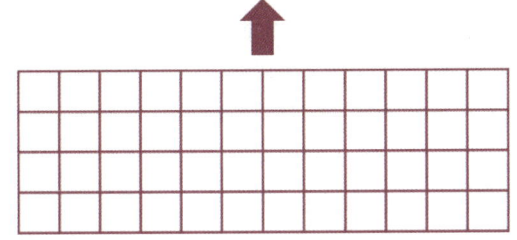

37,000차원의 벡터를 확률값으로 반환하는 소프트맥스 함수

임베딩 벡터를 토큰 차원의 벡터로 확장하기 위한 선형 층 (학습가능한 모수)
차원 : 512 x 37,000(모든 토큰의 수)

다음 토큰을 예측하는 것으로 두 개의 벡터에서 두 번째(마지막) 벡터가 선형 층의 입력

입력
Ich studiere 두 토큰에 대한 최종 특징 벡터

⦿ 트랜스포머에서 인코더와 디코더

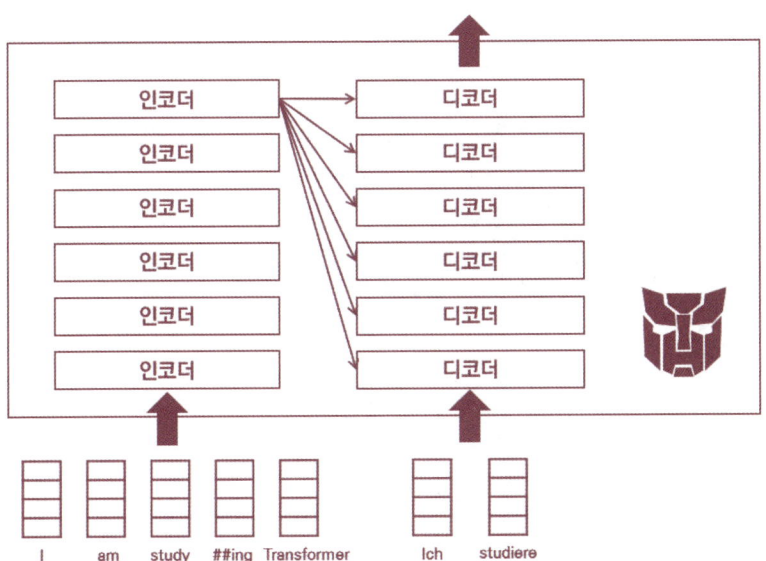

어텐션 메커니즘의 이해(시험 준비와 형광펜)

어텐션 메커니즘은 트랜스포머 모델의 핵심 요소로 자연어 처리에서 중요한 역할을 담당합니다. 하지만 처음 접하는 독자에게는 다소 어렵게 느껴질 수 있습니다. 이를 쉽게 이해하기 위해 어텐션 메커니즘을 시험 준비에서 사용하는 형광펜의 역할에 비유해 보겠습니다.

시험 공부를 위해 두꺼운 교재를 마주했다고 가정해 보겠습니다. 모든 내용을 꼼꼼히 읽고 외우는 것은 비효율적이며, 현실적으로도 불가능합니다. 따라서 우리는 중요한 문장이나 단어를 형광펜으로 표시하면서 요점을 정리합니다. 이후 복습할 때는 형광펜으로 강조한 부분을 중심으로 빠르게 내용을 파악할 수 있습니다. 어텐션 메커니즘도 이와 유사하게 입력된 데이터 전체를 처리하기보다는 특정 단어나 문장에 높은 가중치를 부여하여 중요한 정보를 강조합니다.

예를 들어 '어제 도서관에서 매우 흥미로운 책을 읽었어요.'라는 문장을 처리한다고 가정해 보겠습니다. 해당 문장에서 어텐션 메커니즘은 '도서관'과 '책'이라는 단어에 높은 가중치를 부여합니다. 반면에 '어제'나 '매우'와 같은 단어는 상대적으로 낮은 가중치를 받습니다. 이는 우리가 시험 준비를 하면서 덜 중요한 내용을 건너뛰고, 핵심 정보를 형광펜으로 하이라이트하는 과정과 동일합니다.

멀티 헤드 어텐션은 이러한 과정을 한 단계 더 발전시킵니다. 서로 다른 어텐션이 각각 다른 관점에서 데이터를 분석한다고 볼 수 있는데 이는 서로 다른 색의 형광펜으로 비유할 수 있습니다. 각 색은 특정 정보를 강조하며, 다양한 관점에서 문맥을 이해할 수 있도록 도와줍니다. 이러한 다각적 분석은 트랜스포머 모델이 한 번의 처리로도 복잡한 정보를 효율적으로 학습할 수 있는 이유를 설명합니다.

제 3 장

사전 학습 언어 모델

기계 번역 분야에서 트랜스포머의 성공은 인공지능 분야에 지대한 영향을 미쳤다. 그 본격적인 시작은 트랜스포머를 언어 모델 개발에 적용하는 것이다. 앞서 살펴본 대로 성공적인 언어 모델은 다양한 자연어 처리 과업을 수행할 수 있는 범용성을 갖는다는 점에서 트랜스포머 기반의 언어 모델은 여러 가지 실험을 통해 범용성을 증명하였다. 이러한 범용성은 기계 번역, 질의응답, 감성 분석 등 다양한 자연어 처리 과업을 재학습하는 과정으로 진행된다. 이미 학습된 언어 모델을 재학습하여 주어진 과업을 처리한다는 점은 바로 트랜스포머 기반의 언어 모델이 사전 학습 언어 모델이라 불리는 이유이다. 사전 학습 언어 모델의 시작은 트랜스포머를 개발한 구글 연구진의 BERT이며, BERT의 성공 이후 많은 사전 학습 연구 결과가 공개되었다. 이번 장에서는 다양한 사전 학습 언어 모델이 어떠한 차별점으로 범용성을 획득했는지에 대하여 이해해 보고자 한다.

01 사전 학습 언어 모델의 개요

🔹 트랜스포머를 활용한 언어 모델

트랜스포머는 기계 번역이라는 특정한 분야를 수행하는 인공지능 모델이다. 트랜스포머의 성공은 다양한 시도로 이어져 자연어 처리 분야에서 가장 어렵다고 알려진 언어 모델에 적용하게 된다. 언어 모델은 주어진 문장이나 글 다음에 오는 단어를 예측하는 것으로 쉽게 이해할 수 있는데 성공적인 언어 모델을 구현한다는 것은 곧 사람과 유사한 수준의 언어를 구사한다고 볼 수 있다. 예를 들어 '이 뉴스는 정말 도움이 많이 됐습니다.'라는 온라인 뉴스 댓글에 대한 긍정/부정 예측을 고려해 보자. 성공적인 언어 모델이라면 '이 뉴스는 정말 도움이 많이 됐습니다. 지금의 댓글은 긍정일까? 부정일까?'라는 입력에 '긍정입니다.'라는 단어를 생성할 것이다. 즉, 언어 모델이 사람 수준의 언어를 구사할 수 있다면 다양한 자연어 처리 과업을 수행할 수 있는 범용성을 획득할 수 있으므로 궁극적인 인공지능에 이르는 매우 중요한 기술이다. 하지만 언어 모델은 자연어 처리 과업에 대한 잠재적인 범용성이 있다는 것이지 그 자체만으로 올바른 단어를 예측한다고 보장할 수는 없다.

🔹 사전 학습 언어 모델의 중요성

사전 학습 언어 모델(Pre-trained Language Model, PLM)은 ChatGPT의 기반이 되는 거대 언어 모델이 등장하기 이전에 사용된 개념이다. 사전 학습 언어 모델은 대량의 말뭉치 데이터를 사용해 특정 토큰을 예측하는 방식으로 언어 모델을 학습하는데 이런 언어 모델을 학습하는 과정을 사전 학습(Pre-training)으로 표현한다. 사전 학습 과정을 통해 구현된 언어 모델은 이후 다양한 자연어 처리 과업(Downstream Task라고 표현)에 재학습하는 과정을 거친다. 해당 과정은 미세 조정(Fine-tuning)이라고도 불리는데 이런 부분에서의 가정은 언어 모델이 성공적으로 언어를 구사하는 능력을 가졌다고 보는 것이다. 예시로 들었던 온라인 뉴스 댓글에 대한 긍정/부정 예측을 위해서는 일정 수준의 긍정/부정 데이터셋을 확보한 뒤 이미 구현된 언어 모델에 재학습시키는 과정이 필요하다. 결국 사전 학습 언어 모델의 관건은 미세 조정인 재학습 과정에서 얼마나 많은 데이터를 필요로 하면서 그 성능이 어떠한 지에 달려 있다. 즉, 재학습에 필요한 데이터가 적을수록, 요구되는 연산량이 낮을수록, 성능지표가 높을수록 우수한 모델이라고 볼 수 있다. 세 가지 핵심 지표는 본질적인 언어 모델의 성능에 따라 좌우될 가능성이 높기 때문에 어떠한 접근법으로 트랜스포머 기반의 언어 모델을 학습했는지가 핵심이다. 사전 학습 언어 모델이 중요한 이유는 딥러닝의 트렌드를 '개별 과업 특화'에서 '범용성 획득'으로 전환시키기 때문이다. 뉴스 댓글의 긍정/부정 예측 모델의 경우 기존에는 뉴스 댓글 수십만 건을 확보하여 특화 모델을 만들었다면 사전 학습 언어 모델을 적용할 때는 수천 건의 재학습 데이터만으로도 과업 수행이 가능하게 되었다.

이미지를 살펴보자!

◉ 우수한 언어 모델

우수한 언어 모델이란 다양한 지식을 바탕으로 사람이 구사하는 언어를 모방하는 것

언어 모델의 입력

(긍부정 예측)
이 뉴스는 정말 도움이 많이 됐습니다.
라는 댓글은 긍정일까? 부정일까?

(질의 응답)
이순신 장군은 언제 태어났을까?

(질의 응답)
호주의 수도는 어디일까?

트랜스포머 기반

언어 모델

다양한 분야의 어휘 구사 필요
== 범용성

언어 모델의 출력

(긍부정 예측)
긍정입니다.

(질의 응답)
1545년

(질의 응답)
캔버라

◉ 사전 학습 언어 모델

사전 학습 언어 모델의 중요성은 대량의 텍스트 언어 모델을 사전에 학습시키는 것

입 력

(예시 - 특정 단어를 예측)
나는 배가 고팠다. 그래서 ___ 먹었다.

(예시 - 항상 다음에 올 단어 예측)
나는 배가 고팠다. 그래서 사과를 ___

(예시 - 특정 단어들을 예측)
나는 배가 고팠다. ___ ___ 먹었다.

트랜스포머 기반

언어 모델

빈 칸 맞추기로 언어 모델 학습

출 력

(예시 - 특정 단어를 예측)
밥을 50%, 사과를 30%, ...

(예시 - 항상 다음에 올 단어 예측)
먹었다 80%, 깎았다 10%, ...

(예시 - 특정 단어들을 예측)
밥을 차려 50%, 그래서 밥을 30%, ...

02 사전 학습 언어 모델의 접근 방법

🔴 사전 학습 언어 모델과 트랜스포머

사전 학습 언어 모델은 대부분 트랜스포머를 기반으로 한다. 구체적으로 살펴보면 트랜스포머의 핵심인 점곱 어텐션을 기반으로 어텐션 메커니즘을 직접 활용하거나 약간 변형된 형태를 사용하기도 한다. 사전 학습 언어 모델을 제대로 이해하기 위해서는 트랜스포머가 어떠한 방식으로 작동하는지 알고 있어야 한다. 사전 학습 언어 모델은 2018년부터 2020년 사이에 고안된 방법론으로 결과적으로는 거대 언어 모델에 이르는 과도기적인 기술로도 해석할 수 있으나 여전히 활용 가능성은 높다. 사전 학습 언어 모델의 구조는 크게 트랜스포머와 같은 인코더-디코더 구조 혹은 인코더만 사용한 구조와 디코더만 사용한 구조로 나눌 수 있다. 세 가지 접근은 구조적으로 명백히 다르지만 사전 학습 언어 모델을 구현한다는 점에서 모두 다양한 자연어 처리 과업의 범용성을 보유하고 있다. 일부 다른 부분이 있다면 특정 유형의 자연어 처리 과업에 대한 예측 성능에서 강점을 가질 수 있다는 점이다.

🔴 인코더-디코더 구조

트랜스포머에서 활용한 인코더-디코더 구조는 전형적인 시퀀스(예시 : 한국어)에서 시퀀스(예시 : 영어)로 변환하는 과정 시 우수한 성능을 보인다. 즉, 인코더-디코더 모델은 입력과 출력이 모두 유사한 시퀀스 데이터가 되는 경우에 강점을 갖는다. 인코더-디코더 모델이 작업할 수 있는 대표적인 분야로는 기계 번역, 요약, 챗봇 등이 있다.

🔴 인코더 구조

인코더 구조는 입력된 말뭉치를 구성하는 토큰 간의 셀프 어텐션에 집중하는 방식으로 언어의 구조와 문맥을 학습할 수 있다. 따라서 문장 분류, 감성 분석, 질의응답 등 문맥을 이해하고 단어 표현을 학습하는데 강점을 갖는다. 인코더 구조는 언어 모델의 범용성을 확보할 수 있다는 점에서 초기의 사전 학습 언어 모델에 주로 활용되었다.

🔴 디코더 구조

디코더 구조는 입력된 말뭉치의 시계열적인 속성을 바탕으로 다음 토큰을 예측하는데 집중하는 방식이다. 디코더 구조는 문장의 문맥적인 이해보다는 생성에 집중하는 구조로 특정 시점까지의 정보를 바탕으로 다음을 예측하는 전형적인 언어 모델의 형태를 가지고 있다. 디코더 구조는 이후 거대 언어 모델에서 주요한 구조로 채택되어 활용되는데 생성에 집중한 언어 모델이 모든 자연어 처리 과업을 성공적으로 수행할 수 있다는 것을 실험적으로 증명하였다.

 **이미지를 살펴보자!**

◉ **트랜스포머 기반의 언어 모델(인코더-디코더 구조)**

인코더-디코드 구조는 트랜스포머 원형과 동일하며 번역, 요약, 챗봇 등 seq2seq 과업에 우수

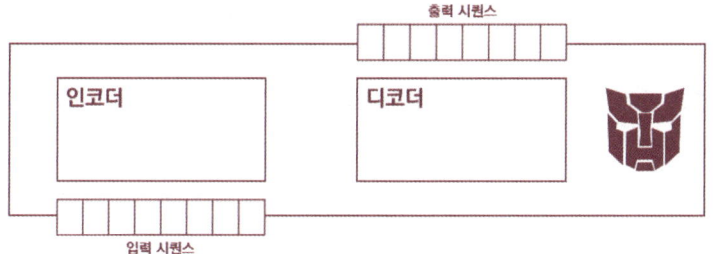

◉ **트랜스포머 기반의 언어 모델(인코더 구조)**

인코더 구조는 빈칸을 예측하기 위해 앞/뒤 문맥을 모두 참조하며 문장 분류, 감성 분석, 질의응답에서 우수한 성능을 보유

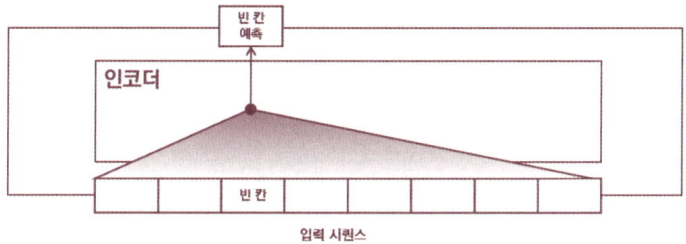

◉ **트랜스포머 기반의 언어 모델(디코더 구조)**

디코더 구조는 주어진 문장이나 글 다음에 오는 단어를 예측하며 본질적인 언어 모델과 유사하고, 생성 과업에 특화

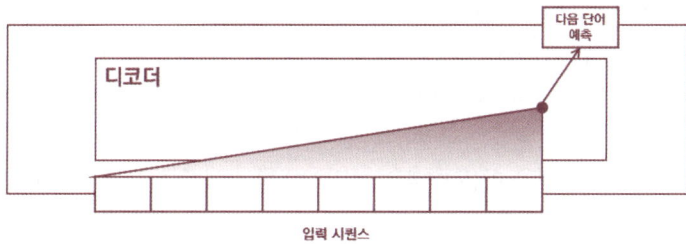

03 다양한 자연어 처리 과업

자연어 처리 과업

특정 인공지능 모델에서 다른 모델과의 우열을 비교하기 위해서는 기준점이 필요하다. 인공지능 학계는 연구용 데이터셋과 과업을 공개하고, 이를 기준으로 얼마나 성능이 우수한지를 비교한다. 트랜스포머 이전의 자연어 처리 과업은 서로 파편화되어 특정 과업에 특화된 모델을 개발해 왔으나 사전 학습 언어 모델의 등장으로 그 지평이 바뀌게 된다. 즉, 특정 사전 학습 언어 모델이 얼마나 효율적으로 특정 자연어 처리 과업을 수행할 수 있는가가 판단 기준이 되었다고 볼 수 있다.

하나의 문장 분류

다양한 자연어 처리 과업 중 가장 간단한 것은 하나의 문장에 대한 분류이다. 여기에서 말하는 문장(Sentence)의 범위는 하나의 문장이 될 수도 있고, 크게는 하나의 문서로도 볼 수 있는데 보다 정확한 표현은 말뭉치(Corpus)이다. 하나의 문장 분류 과업의 예시는 영화 리뷰의 긍정, 중립, 부정을 분류하는 감성 분석, 뉴스 기사의 분야 분류, 특정 문장이 올바른 문법인지의 여부 분류 등이 있다. 요약하면 하나의 말뭉치를 다양한 분류에 대응시키는 과업으로 이해할 수 있다. 다음은 인공지능 분야에서 자주 활용되는 데이터셋이다. 먼저 영화 리뷰를 제공하는 IMDb 데이터셋은 5만 건의 영화 리뷰에 대한 긍정과 부정의 이진 분류 데이터로 구성된다. AG 뉴스 데이터셋은 3만 개의 뉴스가 월드, 스포츠, 비즈니스, 과학기술의 네 가지 분류로 구분되어 있다. CoLA(The Corpus of Linguistic Acceptability) 데이터셋은 주어진 영어 문장이 올바른지의 여부를 분류한 것으로 약 1만 개의 문장으로 구성되어 있다.

> Internet Movie Database로 미국의 영화 정보 모음 사이트

두 개의 문장 분류

두 개의 문장 분류 과업은 두 개의 말뭉치 관계를 통해 분류하는 과업이다. 예를 들면 주어진 두 개의 문장이 서로 상반되는 의미인지, 유사한 의미인지를 판단할 수 있을 것이다. 또한, 문장의 범위를 문서로 넓혀 두 문서가 동일한 주제를 다루고 있는지에 대한 분류도 생각할 수 있다. 다음은 두 개의 문장 분류와 관련된 데이터셋이다. 자연어 처리 과업의 종합적인 성능을 측정하기 위해 데이터셋인 GLUE(General Language Understanding Evaluation)에서는 9개의 자연어 처리 과업과 이에 해당하는 데이터를 제공한다. 여기에서 두 개의 문장 분류에 해당하는 데이터셋은 MRPC, QQP, MNLI, QNLI, RTE가 있다. 예를 들어 MNLI(Multi-Genre Natural Language Inference)는 주어진 문장에 대해서 가설 문장이 참인지, 중립인지, 모순인지를 분류하는 과업이다. 만약 주어진 문장이 '고양이가 매트 위에 있습니다.'라고 한다면 '고양이는 밖에 있습니다.'라는 가설은 서로 모순되는 관계에 있는 것이다.

이미지를 살펴보자!

⦿ 하나의 문장 분류 과업

하나의 문장 분류 과업은 특정 말뭉치(Corpus)를 특정한 분류로 구분하는 것을 의미

과업	입력 예시	출력 예시	데이터
감성 분석	이 영화는 GOAT!!!	긍정	IMDb 영화 리뷰
뉴스 분야 구분	오늘 프로야구 경기는...	스포츠	AG News Dataset
문법 오류	I is good for...	오류	CoLA
댓글의 독성	아주 잘 했어요.	거의 없음	Jigsaw Toxic Commnet
스팸 메일 구분	이 종목에 투자...	스팸	Enron-Spam

⦿ 두 개의 문장 분류 과업

두 개의 문장 분류 과업은 두 개의 말뭉치가 어떠한 관계를 가지고 있는지를 분류하는 것

과업	입력 예시	출력 예시	데이터
동일 여부	사람이 차에 있어요. 차에 사람이 있어요.	동일	MRPC
동일 여부	Python에서 파일을 여는 방법은? Python에서 폴더 목록을 얻는 방법은?	다름	QQP
추론	고양이가 매트 위에 있습니다 고양이는 밖에 있습니다.	모순	MNLI
추론	프랑스의 수도는? 파리는 프랑스의 수도입니다.	함축	QNLI
유사도	한 사람이 말을 타고 있습니다. 한 남자가 자전거를 타고 여행합니다.	유사도 (2.8)	STS

04 전형적인 자연어 처리 과업

질의응답

전형적인 자연어 처리 과업은 입력과 출력이 모두 시퀀스로 이루어진 것으로 영어로는 sequence-to-sequence라고 부르며, 이를 줄여서 seq2seq로 표현한다. 질의응답은 입력은 질문으로, 출력은 그에 대한 대답으로 구성되어 있다. 질의응답은 자연어 처리에서 매우 중요한 과업 중 하나로 과거 IBM에서 개발한 왓슨이나 우리나라 ETRI에서 개발한 엑소브레인은 질의응답의 과업을 수행하기 위한 인공지능이다. 질문의 요지를 이해해야 하고, 나아가서는 일종의 추론도 필요하다는 점에서 언어 모델과 더불어 매우 어려운 과업이다. 대표적인 질의응답 데이터셋은 SQuAD(Stanford Question Answering Dataset)가 있다. SQuAD 데이터셋은 위키백과에 등록되어 있는 500여 개의 문서에서 사람이 직접 도출한 10만 개 정도의 질의-응답 쌍으로 구성된다. 특히, SQuAD 2.0 데이터셋에서는 응답할 수 없는(Un-answerable) 질문도 추가하여 어려움의 정도를 높였다.

기계 번역

기계 번역(Machine Translation)의 입력과 출력은 서로 다른 언어로 표현된 문장이다. 기계 번역은 트랜스포머 이전에도 꾸준히 발전해 온 분야로 우리가 쉽게 사용하고 있는 구글 번역기 역시 기계 번역 데이터를 학습한 일종의 인공지능으로 볼 수 있다. 기계 번역의 대표적인 데이터셋은 트랜스포머에서도 활용된 WMT 데이터셋으로 기계 번역 학회에서 연구 목적으로 공개하고 있다. 2023년 데이터셋인 WMT23의 범용 기계 번역 과업은 뉴스를 서로 다른 언어로 번역한 데이터를 제공하면서 중국어, 독일어, 히브리어, 일본어, 러시아어, 우크라이나어의 6개 언어에서 영어로 번역한 데이터셋과 그 반대도 포함된다.

문서 요약

문서 요약(Text Summarization)은 주어진 문서 수준의 입력을 적절한 수준으로 요약하는 것이다. 문서 요약은 뉴스 요약을 대표적인 예로 들 수 있으며, 현재 인터넷 포털 등에서도 기사 요약 서비스를 제공하고 있다. 문서 요약의 대표적인 데이터셋으로는 CNN/Daily Mail이 있다. 해당 데이터셋은 글로벌 언론 매체인 CNN과 Daily Mail에서 생산된 뉴스와 그 요약으로 구성되어 있으며, 규모는 약 30만 건 수준이다. 입력이 되는 뉴스 원문은 약 30문장 정도이며, 출력이 되는 요약문은 3문장 정도이다.

 **이미지를 살펴보자!**

질의응답의 과업

질의응답은 질문의 의도를 이해하고, 다양한 도메인 지식을 학습해야 하므로 매우 도전적인 과업

[입력]
호주의 수도는?
이순신 장군이 태어난 년도는?
만유인력의 법칙을 발견한 사람은?

[출력]
캔버라
1545년
아이작 뉴턴

대표적인 데이터셋	설명
SQuAD	500여 개의 제대로 작성된 영문 위키백과에서 사람이 직접 도출한 10만 개의 질의–응답 쌍 데이터
SQuAD2.0	SQuAD 데이터셋에서 응답할 수 없는 질문을 추가하여 어려움의 정도를 높임
KorQuAD2.0	한국어 위키백과에서 추출한 10만 개 이상의 질의–응답 쌍 데이터

요약의 과업

요약 과업은 대표적으로 기사 요약이 있으며, 인터넷 포털이나 언론사에서 제공할 만큼 보편화된 기술

[입력]
○○○ 선수가 ××× 클럽과 최장 5년의 장기 계약에 합의했다. ×××는 이번 ○○○와의 계약으로 클럽에 더 오랫동안 머물게 되어 기쁘다고 밝혔다. ○○○ 또한 팀 동료들과 함께 좋은 경기를 이어나갈 것을 약속했다.

[출력]
○○○ 선수가 ××× 클럽과 연장 계약에 합의했다.

대표적인 데이터셋	설명
CNN/Daily Mail	글로벌 언론 매체인 CNN과 Daily Mail에서 수집된 뉴스와 그 요약으로 구성됨
Gigaword	언론 기사 – 헤드라인 쌍으로 구성된 데이터로 크기는 약 4백만 건 (영어)
Webis-TLDR-17	Too Long; Didn't Read의 의미로 Reddit에서 수집된 긴(장문) 글에 대한 요약 데이터

05 BERT의 구조와 특징

🔵 사전 학습 언어 모델 시대를 알린 BERT

BERT는 양방향 인코더 표현 트랜스포머(Bidirectional Encoder Representation Transformer)의 약어 표현이다. BERT는 2018년 구글이 개발한 사전 학습 언어 모델로 공개 당시 인공지능의 혁신적인 성과로 인정받았다. 그 이유는 인공지능의 방향성에서 범용성을 보여주었기 때문이다. 이전에는 개별 과업에 최적화된 인공지능 모델을 개발하는 것이 주된 방향이었다면 BERT 이후에는 범용성을 갖는 언어 모델로부터 출발한다. BERT의 축약된 표현에는 상당한 정보가 들어있다. BERT의 E는 트랜스포머(BERT의 T)의 인코더를 의미한다. 인코더는 주어진 입력의 모든 토큰에 대해 상호간 관계를 표현한다(BERT의 R)는 점에서 특정 토큰을 기준으로 앞뒤 양방향의 토큰을 참조한다. 따라서 BERT의 B에서 양방향의 의미가 사용된 것이다.

🔵 BERT의 구조

BERT에서 트랜스포머 인코더를 12개 활용한 것이 BASE 모델이다. 이때, 임베딩 벡터의 차원은 768이고 하나의 인코더에 존재하는 어텐션 헤드의 수는 12개이며 어텐션 헤드를 구성하는 가중치 행렬의 크기는 트랜스포머와 동일하다. 즉, 하나의 어텐션 헤드를 거쳐 출력되는 64차원 특성이 12개의 어텐션 헤드와 합쳐져 768차원의 벡터로 표현된다. BERT LARGE 모델의 경우는 어텐션 헤드의 수가 16개로 늘어나 임베딩 벡터의 차원은 1,024가 되고 인코더의 수는 BASE 모델의 두 배인 24개가 된다. BERT의 구조에서 트랜스포머의 인코더 구조를 양적으로 확장한 것에 주목하면 BERT를 학습하기 위해서는 트랜스포머의 작동 원리를 이해해야 한다.

🔵 BERT의 특징

BERT는 언어 모델을 학습하기 위해 마스크드 언어 모델이라는 접근을 취하는데 이것은 입력된 임의의 토큰을 비워두고(마스크로 처리) 이를 예측하는 방식으로 학습한다. 여기에서 마스크로 처리된 빈 토큰은 앞뒤의 문맥으로 추론해야 한다는 점에서 양방향 접근을 취한다. 또한, 다양한 자연어 처리 과업에 대응하기 위해 두 개의 문장을 순차적으로 입력받아 <u>다음 문장 예측(Next Sentence Prediction)</u>의 언어 모델을 학습하는데 이는 두 문장 분류나 seq2seq를 처리하기 위한 과정으로 이해할 수 있다. 이러한 방식으로 학습된 BERT의 언어 모델은 11개의 서로 다른 자연어 처리 과업에 재학습하여 가장 우수한 성과(SOTA)를 달성했다. BERT는 우수한 언어 모델에서 일종의 범용성을 갖는다는 점을 실험적으로 증명한 모델로 사전 학습 언어 모델의 시작을 알리면서 다양한 BERT 계열 모델이 출현하는데 큰 역할을 했다.

> 두 문장이 연속인지, 아니면 무관한 문장인지를 예측하는 것으로 문장간 연결성을 학습

이미지를 살펴보자!

⊙ BERT의 구조와 특징
- BERT는 트랜스포머의 인코더만을 활용한 모델로 마스크드 언어 모델(MLM) 방식으로 언어 모델을 학습
- BERT는 다양한 자연어 처리 과업을 수행하기 위해 입력으로 두 개의 연속된 문장을 받음

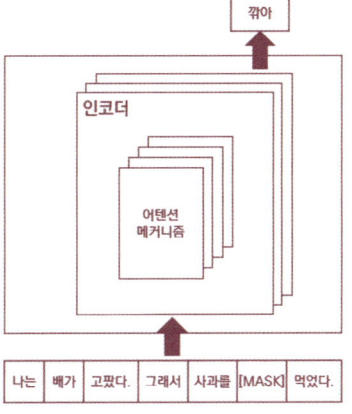

[MASK]는 일정한 기준에 의해 결정되는데 [MASK] 토큰은 전체의 15%를 무작위로 설정하고, 양방향 특성에서 오는 단점을 보완하기 위해 [MASK]로 지정된 토큰을 다음과 같이 변화시킴
- 80%는 그대로의 [MASK] 토큰
- 10%는 무작위의 토큰으로 변경
- 나머지 10%는 원본 그대로의 토큰으로 다시 변경

⊙ BERT의 성능
BERT는 학습된 언어 모델을 11개의 서로 다른 자연어 처리 과업에 재학습시킨 결과 논문 공개 당시 최고의 성능을 달성

데이터셋	과업 내용
GLUE-MNLI	두 문장이 함축, 중립, 모순의 관계인지 분류
GLUE-QQP	두 질문 문장이 서로 유사한지 여부 분류
GLUE-QNLI	질문에 대한 답이 적절한지 여부 분류
GLUE-SST-2	문장의 감성 분류(긍정, 부정)
GLUE-CoLA	문법이 올바른지 여부 분류
GLUE-STS-B	두 문장의 유사도를 1~5점으로 평가
GLEU-MRPC	두 문장이 서로 유사한지 여부 분류
GLUE-RTE	두 문장이 포함 관계에 있는지 여부 분류
SQuADv1.1	질의응답
SQuADv2.0	질의응답(어려운 정도를 높임)
SWAG	주어진 문장에서 4개의 이어지는 문장 중 가장 적절한 것을 선택

OpenAI의 GPT 구조

GPT의 개념

GPT(Generative Pre-trained Transformer)는 2018년 OpenAI에서 개발한 사전 학습 언어 모델로 ChatGPT의 근간이 되는 모델이다. BERT와는 다른 접근을 취하지만 모두 트랜스포머를 사용한다는 공통점이 있다. BERT가 빈칸을 예측하는 방식으로 언어 모델을 학습했다면 GPT는 주어진 문장을 바탕으로 항상 다음 단어(토큰)를 예측하는 방식이다.

디코더 모델

트랜스포머는 인코더-디코더 모델이다. GPT는 디코더만을 활용한 접근을 취하는데 인코더가 없으므로 인코더에서 출력된 정보를 처리하는 인코더-디코더 멀티어텐션이 생략된다. 따라서 GPT의 디코더는 마스크드 멀티헤드 어텐션과 앞먹임신경망으로 구성된다. 마스크드 멀티헤드 어텐션이 있다는 사실은 주어진 BERT와 같이 앞뒤 문맥을 고려한 것이 아닌, 시간적으로 과거에 있는 토큰만으로 어텐션 가중치를 도출한다고 이해할 수 있다. 즉, GPT는 언어 모델에서도 생성 능력에 중점을 둔 사전적 의미에서의 언어 모델에 좀 더 근접한 방식이다.

생성형 언어 모델의 효과

지금까지의 다양한 자연어 처리 과업은 대부분 생성형 언어 모델로 수행이 가능하다. 예를 들어 기계 번역의 과업에 있어서도 입력 문장이 "I am studying Transformer를 한국어로 번역하면?"이라면 차례로 "나는 트랜스포머를 공부하고 있습니다"가 순차적으로 출력될 것이다. 질의응답은 매우 직관적인 생성형 과업이며, 문장의 유사도나 긍정/부정 예측의 과업에도 생성형으로 접근할 수 있다.

GPT의 하위 과업 미세조정

BERT는 자연어 처리의 하위 과업을 수행하기 위해 의도적으로 두 개의 연속된 문장을 입력으로 받아 학습을 진행했다. 그러나 GPT는 구조적으로 두 개의 문장을 입력으로 받아 과업을 처리하기 어려운 점이 있기 때문에 다양한 방식으로 미세조정의 방안을 제시했다. 예를 들어 두 문장의 유사도를 분류하는 과업에서는 각 문장에 대해 GPT 모델의 결과를 도출하고, 두 개의 특성 벡터로 유사도를 판별하는 재학습을 진행한다. GPT는 디코더만을 사용한다는 점에서 인코더만을 사용하는 BERT와는 결이 다른 모델로 해석할 수 있는데 초기 사전 학습 언어 모델의 트렌드를 이끈 모델은 BERT이다. 그러나 GPT의 양적 확대(임베딩 벡터의 크기, 어텐션 헤드의 수, 디코더의 반복 횟수 등)를 통한 GPT-2, GPT-3의 등장은 생성형 언어 모델의 강점을 점진적으로 증명하게 된다.

트랜스포머와 GPT의 디코더

GPT는 트랜스포머의 디코더만을 활용한 모델로 언어 모델의 생성 능력에 초점을 맞춤

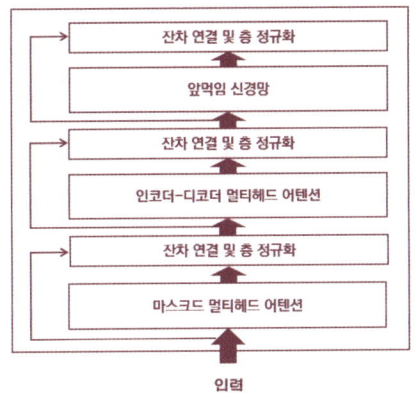

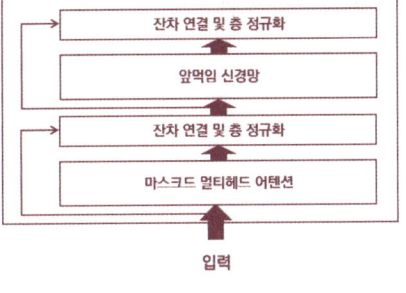

GPT에는 인코더가 없기 때문에 트랜스포머 구조에서 인코더-디코더 어텐션이 삭제됨

미세조정 과정

GPT는 생성 모델을 재학습시키기 위해 자연어 처리 하위 과업별로 미세조정(Fine-Tuning) 과정을 제안

07 GPT-2의 개념과 구조

GPT-2의 등장

GPT는 BERT와 함께 트랜스포머 기반의 사전 학습 언어 모델로 주목을 받았으나 BERT의 성능이 월등히 좋았다. BERT는 GPT가 공개된 이후에 개발되었는데 BERT가 상대적으로 우위에 있었기 때문에 이후 사전 학습 언어 모델의 트렌드를 주도하게 되었다. OpenAI는 2019년 2월에 생성 능력을 좀 더 극대화한 GPT-2를 오픈 소스로 공개하여 누구나 활용할 수 있는 강력한 언어 모델로 자리매김을 했다.

GPT vs GPT-2

GPT-2는 GPT와 구조적으로 거의 동일한 디코더 모델이다. GPT-2는 층 정규화의 위치를 변경하고, 모델 크기에 따라 잔차 연결의 가중치를 조정한다. 그 이외는 모두 동일하지만 모델의 양적 확대를 위해 임베딩 벡터의 차원, 마스크드 멀티헤드 어텐션의 독립적인 어텐션 헤드의 수, 디코더의 반복 횟수를 증가시켰다. GPT-2는 기본 모델부터 XLARGE 모델에 이르기까지 위에서 언급한 요소들에서 차이가 존재한다. GPT-2의 기본 모델은 768차원의 임베딩 벡터(은닉 벡터 크기와 동일), 12개의 어텐션 헤드, 12개의 디코더로 구성된다. 반면 XLARGE 모델의 경우는 1,600차원의 임베딩 벡터, 25개의 어텐션 헤드, 48개의 디코더로 구성되어 약 15.6억 개의 학습 가능한 모수를 갖는다.

양적 확대와 성능

GPT-2는 GPT를 양적으로 확대한 모델이지만 곧 학습해야 하는 모수의 수에 대한 증가로 이어지기 때문에 GPT-2에서는 학습할 데이터의 양 역시 증대시키는 한편 품질을 높이기 위한 추가적인 노력을 기울였다. GPT-2의 학습 데이터셋인 WebText는 8백만 개의 웹페이지에서 추출되었고, 크기는 약 40기가 바이트이다. 양적 확대의 우수성은 실험을 통해 귀납적으로 밝혀진 것이나 GPT-2는 GPT의 구조에서 아주 미미한 변화만을 취한 것이다. GPT-2는 BERT에서 요구하는 수천 건 수준의 재학습 데이터가 없어도 제로샷으로 번역이나 요약을 할 수 있다. 비록 GPT-2의 *제로샷* 성능은 최고 성능(SOTA)을 달성할 수는 없었으나 유의미한 수준의 성능은 보여주었다. 정리하면 잘 학습된 언어 모델은 그것만으로도 다양한 자연어 처리 과업을 수행할 수 있는 능력을 보유한 것이다. 특히, GPT-2는 디코더 모델이기 때문에 생성 능력이 매우 탁월하여 논리적인 글 작성 능력을 보유하고 있다. GPT에서 GPT-2의 확대는 곧 GPT-3로 이어지게 된다. GPT-3는 양적인 확대가 유효한 접근임을 방증한 결과로 지금 경험하고 있는 ChatGPT의 근간이 된다.

> 특정 과업에 대한 데이터를 한 번도 학습하지 않고 추론하는 경우

 **이미지를 살펴보자!**

◉ GPT의 디코더와 GPT-2의 디코더

GPT-2는 GPT에서 양적인 규모(학습 가능한 모수의 양)를 대폭 상승하여 효율적인 학습으로 층 정규화의 위치를 바꾸고 잔차 연결의 가중치를 변화시킴

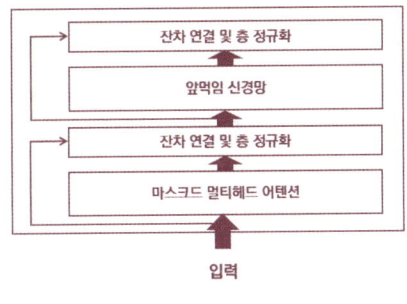

◉ GPT-2의 구조적 특징

- GPT-2는 디코더 기반에서 생성형 언어 모델의 접근이 양적인 확장성이 있다는 것을 실험적으로 증명
- GPT-2는 모델의 크기가 커질수록(학습 가능한 모수의 수가 커질수록) 유의미한 성능 향상을 실험적으로 밝힘에 따라 디코더 기반의 사전 학습 언어 모델이 양적인 확대에 따른 가능성을 시사하여 거대 언어 모델로 향하는 출발점이 됨

구분	GPT	GPT-2
학습 데이터	BookCorpus	WebText
학습 데이터의 크기	약 6GB	약 40GB
학습 가능한 모수의 수	약 1.17억 개	약 1.17억 개 약 3.45억 개 약 7.62억 개 약 15.42억 개

GPT-2의 모델 크기는 디코더의 반복 횟수와 워드 임베딩 벡터의 차원을 점차 증가시킴

제3장 사전 학습 언어 모델

08 RoBERTa의 성능과 구조

최적화된 BERT와 RoBERTa

다양한 BERT 계열의 접근법은 크게 두 가지로 볼 수 있는데 하나는 언어 모델 학습과 하위 과업 재학습에 대한 효율 및 성능을 높이는 접근이고, 다른 하나는 의료, 과학 같은 특정 도메인에 특화된 접근으로 볼 수 있다. 2019년 페이스북 AI 리서치에서는 BERT를 최적화한 RoBERTa(Robustly optimized BERT approach)를 공개했다. RoBERTa는 BERT에서 소홀했던 초모수에 대한 영향력을 분석하고, BERT의 언어 모델 구현에 활용되는 학습 데이터에 양적 확대와 최적화를 통해 성능 향상을 이끌었다. 여기에서 실험에 사용된 모델은 BERT BASE 모델을 동일하게 사용했다는 점에서 RoBERTa가 BERT보다 우수하다는 것을 증명했다.

RoBERTa의 주요 접근(양적 확대)

RoBERTa는 BERT와 동일한 구조를 사용하면서 개선을 위한 가장 기본적인 접근으로 언어 모델에 필요한 학습 데이터를 약 10배 확대했다. BERT에서는 구글에서 구축하고 있는 BookCorpus와 위키백과 등 약 16기가 바이트 규모의 데이터를 사용하는 반면, RoBERTa에서는 160기가 바이트의 텍스트 데이터를 활용해 언어 모델을 학습시켰다. RoBERTa의 이러한 접근은 트랜스포머 기반의 언어 모델에서 일종의 타당성을 증명한 것이다. 언어 모델 학습 데이터의 절대량이 늘어남에 따라 RoBERTa는 더 많은 토큰을 담은 어휘 사전을 구축했다. BERT의 어휘 사전은 약 3만 개 수준이고, RoBERTa는 약 5만 개 수준으로 좀 더 세밀한 표현이 가능하다. 또한, 기계 번역의 연구 성과를 바탕으로 큰 **배치 사이즈**를 도입하여 실험적으로 성능이 향상되었다.

> 인공지능 모델의 가중치를 갱신할 때 한 번에 학습하는 데이터의 양

RoBERTa의 주요 접근(학습 방법에 대한 조정)

BERT는 마스크드 언어 모델을 사용하여 주어진 토큰의 일부를 마스크로 처리하고, 이를 예측하는 방식으로 언어 모델을 학습한다. BERT는 입력값에 대한 마스크의 위치가 정적으로 고정된 반면, RoBERTa는 마스크의 위치를 동적으로 변화시켜 성능 향상을 달성했다. 또한, RoBERTa는 실험을 통해 기존 BERT에서 있었던 다음 문장의 예측을 삭제했을 때 좀 더 좋은 성능을 보인다는 사실을 밝혀 가능한 긴 문장을 입력으로 넣어 학습하는 방식을 선택했다. RoBERTa는 많은 데이터와 큰 배치 사이즈를 도입했기 때문에 필연적으로 BERT보다는 더 많은 계산을 요구한다고 볼 수 있다.

 **이미지를 살펴보자!**

◉ RoBERTa의 양적 확대

- RoBERTa는 BERT를 개선하기 위한 목적으로 언어 모델을 학습시키기 위해 데이터의 양을 증대
- 어휘 사전의 크기가 늘어날수록 더 많은 토큰의 관계 설정이 가능하지만 많은 계산량을 필요로 함

구분	BERT	RoBERTa
학습 데이터	BookCorpus, Wikipedia	BookCorpus, Wikipedia, CC-News, OpenWebText, Stories
학습 데이터의 크기	16GB	160GB
어휘 사전의 크기 (토큰의 수)	약 3만 개	약 5만 개

◉ RoBERTa의 학습 방법에 대한 조정

RoBERTa는 BERT의 구조적인 형태와 동일하지만 동적 마스킹, 다음 문장의 예측 제거 등 개선 방안을 제안

BERT는 [MASK]가 고정된 정적 마스킹 활용

나는	배가	고팠다.	그래서	사과를	[MASK]	먹었다.
나는	배가	고팠다.	그래서	사과를	[MASK]	먹었다.
나는	배가	고팠다.	그래서	사과를	[MASK]	먹었다.

RoBERTa는 [MASK]가 변화하는 동적 마스킹 활용

나는	배가	고팠다.	그래서	사과를	[MASK]	먹었다.
나는	배가	[MASK]	그래서	사과를	깎아	먹었다.
나는	배가	고팠다.	[MASK]	사과를	깎아	먹었다.

BERT는 다음 문장의 예측 기법을 적용하여 두 개의 문장이 서로 구분되어 입력되었다면 RoBERTa는 이를 제거하고 하나의 긴 문장을 입력하는 접근을 선택하여 성능 향상을 유도함(RoBERTa는 이러한 접근이 타당하다는 것을 다양한 실험을 통해 도출)

09 ALBERT의 접근과 구조

ALBERT의 접근법

ALBERT(A Light BERT)는 BERT를 경량화한 모델로 2019년 구글에서 개발하였다. 모델의 이름에서도 알 수 있듯이 ALBERT는 BERT의 크기를 줄이면서 성능을 유지할 수 있는지가 가장 큰 관건이다. ALBERT는 1.08억 개의 학습 가능한 모수를 갖는 BERT BASE 모델을 1,200만 개 수준으로 낮추면서도 성능을 유지하기 위한 기법들을 소개하여 사전 학습 언어 모델에 대한 효율성을 높이는 접근법을 취한다.

임베딩 벡터의 차원 조정

BERT BASE의 경우 임베딩 벡터의 차원은 768이고, 인코더의 입력과 출력은 모두 768로 같은 차원을 갖는다. 여기에서 토큰 임베딩 벡터는 BERT의 어휘 수인 약 30,000개에 대한 768차원의 임베딩 벡터이므로 30,000×768차원의 행렬, 즉 2,300만 개 수준의 가중치를 가지고 있다. ALBERT에서는 임베딩 벡터의 차원을 줄이는 접근법을 취한다. 예를 들면 ALBERT의 임베딩 벡터 차원을 768이 아닌 64나 128로 지정하는 것이다. 따라서 토큰 임베딩 행렬은 30,000×64(12배)나 128(6배)로 줄어들게 된다. 그러나 인코더에서는 토큰 간의 관계를 설정한다는 점에서 인코더의 입력과 출력을 768로 유지하는 것이 효과적인데, ALBERT에서는 이를 위해 조정된 임베딩 벡터 차원(64나 128)×768차원의 행렬을 도입하였다. 정리하면 기존 BERT의 토큰 임베딩 행렬이 30,000×768이었다면 ALBERT의 토큰 임베딩 행렬은 30,000×128과 128×768의 두 개 행렬로 분할한 것을 사용한다.

인코더의 모수 공유

ALBERT는 인코더의 모수를 공유하는 전략으로 학습 가능한 모수를 기존의 BERT보다 9배 정도 낮추게 된다. BERT BASE 모델의 경우 12번의 인코더가 반복되는데 해당 인코더들은 서로 다른 가중치를 갖도록 학습된다. 반면, ALBERT BASE 모델의 경우 12번 반복되는 인코더들을 재귀적으로 반복하는 접근을 취하여 인코더 한 개 수준의 모수만 학습하는 전략을 취한다. ALBERT에서는 다양한 실험을 거쳐 인코더의 모수를 공유하더라도 성능의 큰 저하가 없는 것을 밝혔고, BERT보다 9배 이상 적은 모수를 활용하였다. 또한, 한 번 학습된 인코더는 반복 시 동일하게 사용할 수 있으므로 인코더의 반복 횟수와 성능간 상관관계에 대해 실험한 결과 일정 수준까지는 성능이 개선되었지만 많은 반복 횟수가 성능 향상에 영향을 미치지는 않았다.

 **이미지를 살펴보자!**

◉ BERT와 ALBERT의 임베딩 행렬

ALBERT는 BERT 모델을 경량화하는 접근으로 가장 기본적인 토큰 임베딩 벡터의 크기를 축소

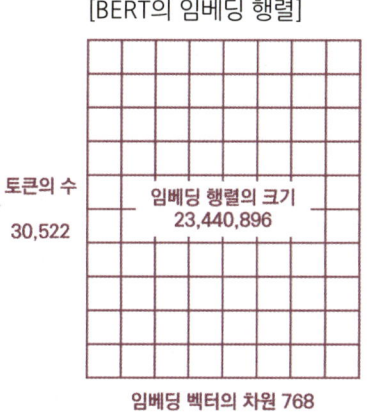
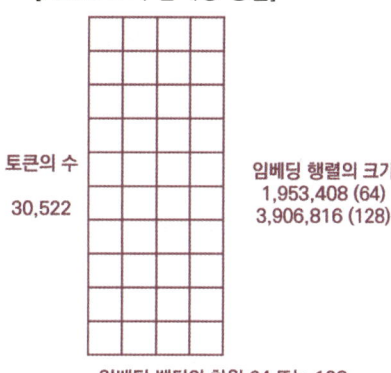

◉ BERT와 ALBERT의 비교

ALBERT는 토큰 관계를 설정하는 인코더의 가중치를 공유하는 전략으로 모델의 크기를 획기적으로 줄임

BERT는 BASE의 경우 12개의 서로 다른 인코더가 순차적으로 연산

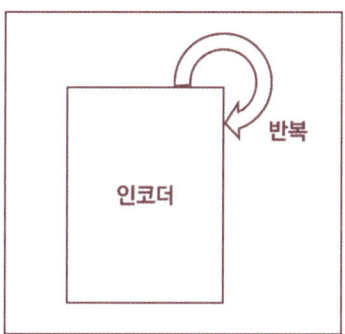

ALBERT는 하나의 인코더를 재귀적으로 반복하는 기법을 통해 경량화

DistilBERT의 접근과 성능

지식 증류(Knowledge Distillation)

지식 증류는 딥러닝의 대부인 제프리 힌튼 교수가 고안한 것으로 큰 모델(선생님 모델)에서 학습된 정보를 작은 모델(학생 모델)로 이전시키는 방법론이다. 예를 들면 이미지 인식에서 강아지를 닮은 고양이가 있다고 가정하자. 이미지는 강아지이기 때문에 강아지에 해당하는 라벨이 1인 원 핫 벡터로 출력되지만 실제 학습된 모델의 결과는 강아지 90%, 고양이 9.9%가 될 수 있다. 결과물에서 일종의 지식이 내포되어 있다고 가정하면 이것을 라벨로 작은 모델을 학습시킬 수 있을 것이며, 그 결과로 효과적인 지식 전이가 될 수 있다.

DistilBERT의 접근법(지식 증류)

BERT는 우수한 성능에도 불구하고 여전히 많은 계산이 필요했다. 인공지능 연구계에서는 BERT의 규모를 점진적으로 확장시키는 한편, 경량화하는 연구도 진행했는데 DistilBERT 역시 BERT를 효율적으로 구현하기 위한 접근법을 취한다. DistilBERT는 2019년 허깅페이스(Huggingface)에서 공개되었다. 허깅페이스는 인공지능 오픈 소스 커뮤니티로 지금까지 공개된 다양한 트랜스포머 모델을 공유하는 라이브러리를 개발한 곳이다. DistilBERT는 모델명에서 알 수 있듯이 지식 증류 기법을 사용했다. 지식 증류에는 선생님 모델과 학생 모델이 있는데 선생님 모델은 통상적으로 과업을 잘 수행하는 큰 모델이고, 학생 모델은 선생님 모델보다 작은 경량화 모델을 의미한다. DistilBERT에서는 학생 모델로 BERT와 대비하여 인코더의 반복 횟수를 반으로 줄였다. 즉, BERT BASE의 경우 인코더가 12회 반복되는 반면, DistilBERT의 학생 모델은 인코더가 6회 반복된다. DistilBERT의 선생님 모델로는 BERT BASE의 결과물을 사용한다. DistilBERT의 최종 결과물은 인코더가 절반이 된 학생 모델이며, 선생님 모델인 BERT BASE에서 계산된 최종 출력을 결과값으로 학생 모델을 학습하게 된다.

DistilBERT의 성능

지식 증류 기법으로 학습된 DistilBERT는 BERT에 대비하여 40% 수준의 가중치를 활용하면서 성능은 BERT 모델의 97% 수준을 달성한다. 또한, DistilBERT의 추론에 소요되는 시간은 기존의 BERT 대비 60% 정도 절감한 결과를 보여준다. DistilBERT는 성능이 기존의 BERT와 비교하여 97% 수준을 달성했다는 점에서 가장 직관적으로 모델을 경량화시킨 접근으로 볼 수 있다. DistilBERT는 ALBERT와 더불어 BERT 모델의 경량화에 대한 가능성을 높여 향후 모바일이나 엣지 장치에서 활용의 문을 열게 되었다.

 이미지를 살펴보자!

◉ 지식 증류의 이해

지식 증류는 모델의 지식 전이에 대한 방법론으로 선생님 모델 - 학생 모델의 개념으로 학습

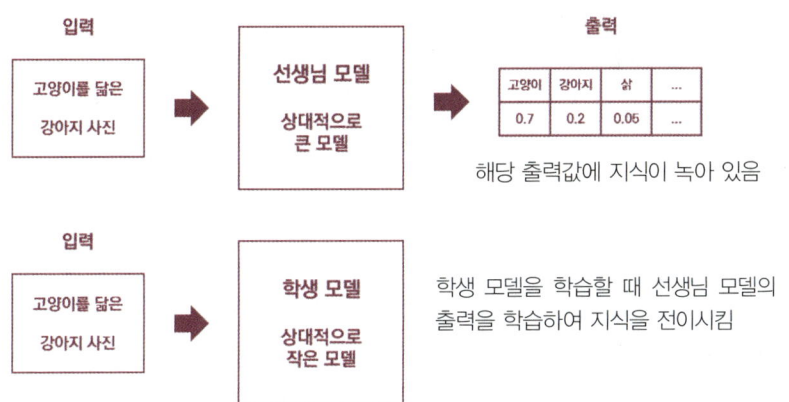

◉ BERT BASE와 DistilBERT의 비교

DistilBERT는 BERT 대비 40% 수준의 모델 크기로 성능은 BERT의 97% 수준을 달성

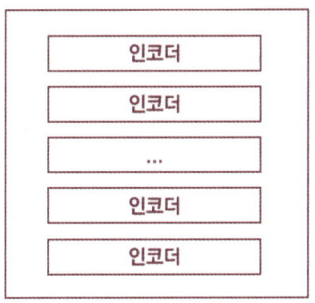

BERT는 BASE의 경우 12개의 서로 다른 인코더가 순차적으로 연산

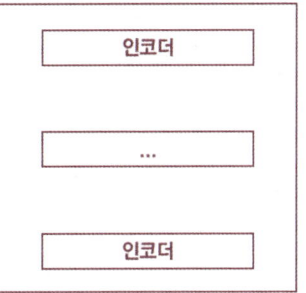

DistilBERT는 6개의 인코더를 갖는 경량화된 모델

11 MobileBERT의 개념과 특징

MobileBERT의 개요

MobileBERT는 2020년 구글이 개발한 BERT 계열 모델로 BERT의 경량화된 모델이다. BERT는 약 1.1억 개의 모수를 가지고 있는 모델로 상당한 수준의 계산량을 요구하기 때문에 모바일과 같은 소형 장치에서의 활용이 크게 제한된다. 이를 극복하기 위한 접근이 지금까지 살펴본 ALBERT나 DistilBERT로 볼 수 있고, MobileBERT는 모바일 장치에 특화된 BERT 모델로 이해할 수 있다.

모델 경량화

모델 경량화의 기본적인 목표는 계산량을 줄이는 것이다. 계산량은 전력 소비와 직결되는 문제로 많은 계산을 요구하는 딥러닝 모델의 특성상 경량화는 지속적인 연구 개발이 이루어져 왔다. 계산량을 줄이는 방법은 학습 가능한 모수의 수를 줄여 모델 크기를 소형화하는 것이다. 또 다른 방법으로는 모수를 표현하는 정밀도를 변화하는 것인데, 보통 딥러닝 모델에서는 32bit 부동 소수점(단정밀도)이 사용된다. 해당 정밀도를 16bit 혹은 8bit로 줄인다면 저장 공간도 줄일 뿐만 아니라 단순한 사칙연산 회로를 사용할 수 있다는 점에서 전체적인 전력 소비를 줄일 수 있다. 그러나 모델을 인위적으로 경량화시키는 접근은 성능 저하가 수반된다. 따라서 모델을 줄이면서 성능을 확보할 수 있는 방책이 중요한데 ALBERT, DistilBERT, MobileBERT는 서로 다른 전략을 취하면서 BERT 모델의 경량화 방법론을 제안한다.

MobileBERT의 특징

MobileBERT는 BERT LARGE 모델을 경량화시킨다는 기본 방침으로 BERT BASE 모델을 경량화한 다른 모델보다 성능에서 이점을 확보한다. MobileBERT는 지식 증류 기법을 사용하기 위해 선생님 모델로 BERT LARGE 모델을 활용하는데, 여기에서 경량화를 위해 구조를 변경한다. 변경된 구조는 역변환 병목 BERT(Inverted Bottleneck BERT, IB-BERT)이며, 임베딩 벡터의 크기를 확대 및 축소하는 선형변환을 통해 BERT LARGE의 임베딩 벡터 크기를 1,024에서 512로 줄이는 방안을 모색한다. MobileBERT에서는 IB-BERT LARGE 모델을 선생님 모델로 학습시킨다. 이후 유사한 형태로 경량화된 MobileBERT 모델에서 전이 학습이 진행되는데 전이하는 항목은 멀티어텐션 헤드와 각 인코더의 출력으로 구성된다. MobileBERT는 약 2,530만 개의 학습 가능한 모수를 가지는데 BERT BASE 대비 4.3배 감소 되었고, 5.5배 빠른 성능을 보인 동시에 특정 과업에서는 BERT BASE를 상회한다. MobileBERT는 일반적인 노트북에서도 수십 분 정도면 재학습이 가능하다는 점에서 매우 유용하게 사용할 수 있다. 해당 내용은 QR 코드에서 제공하는 github를 통해 실습할 수 있다.

이미지를 살펴보자!

● 모델 경량화의 접근법

모델 경량화는 실제로 딥러닝을 활용하기 위한 필수적인 과정으로 다양한 접근법을 통해 저장 공간과 계산량을 줄일 수 있음

접근법	설명
모델 구조의 축소	기존의 큰 모델과 유사한 모델 구조를 가지면서 규모를 작게 만드는 접근으로 큰 모델 수준의 성능을 달성하기 위해서는 반복적이고 다양한 시도가 필요
학습 가능한 모수의 데이터 구조 변경	일반적으로 학습 가능한 모수는 32-bit 단정밀도를 활용하지만 이를 16-bit나 8-bit 수준으로 낮추게 되면 공간과 계산에 이점
프루닝	가장 쉽게 접근할 수 있는 방법으로 학습이 종료된 모수가 0에 가깝다면 이를 제거하는 방식

● MobileBERT의 구조

MobileBERT는 모델의 경량화를 위해 단순한 모델 구조의 축소가 아닌 효과적으로 축소하기 위한 방안을 제시

MobileBERT를 활용한 영화 리뷰의 긍정/부정 예측 자료와 영상
- github : https://github.com/hschu/finetuning_mobilebert
- 유튜브 : https://www.youtube.com/watch?v=XlEK0ULeeB8

12 SpanBERT의 개념과 특징

SpanBERT의 개요

SpanBERT는 2019년 페이스북에서 개발한 사전 학습 언어 모델이다. SpanBERT의 가장 큰 특징은 BERT에서 사용한 빈칸(마스크)을 하나의 토큰이 아닌 연속적인 토큰들(Span으로 표현)로 설정한 것이다. 따라서 SpanBERT는 BERT와 대비하여 긴 답변을 요구하는 질의응답 과업에서 우수한 성능을 달성하며, 추론의 영역에서도 강점을 보였다.

SpanBERT의 Span 마스크 설정

SpanBERT는 BERT에서 하위 과업에 대응하기 위해 선택했던 다음 문장 예측(Next Sentence Prediction)을 생략하고, 하나의 문장으로만 학습을 진행한다. SpanBERT에서는 일련의 토큰들을 마스크로 표현한 Span 마스크를 설정하기 위해 짧은 Span(예시 : 연속된 토큰 1개 또는 2개) 마스크에 더 높은 확률을 부여한다. 그 이유는 짧은 Span에 유용한 정보가 담길 가능성이 높고, 전체적인 정확도와 학습 속도 향상에 기여하기 때문이다. 실제로 Span 마스크를 설정하는 방식은 BERT와 동일하며, Span 마스크 전체의 15%를 마스킹한다. 15%의 80%(전체의 12%)는 [MASK] 토큰으로 대체되고, 10%는 무작위 토큰으로 변경하며 나머지 10%는 원본 그대로를 유지한다.

Span 경계 목적(Span Boundary Objective)

SpanBERT의 성능을 높이기 위해 연구진은 Span 마스크의 경계를 활용한 추가적인 손실 함수를 고안하였다. 여기에서 경계(Boundary)의 의미는 Span 마스크의 바로 전과 후에 있는 토큰을 말한다. 예를 들어 "I am studying Transformer to improve my knowledge"라는 문장에서 Span 마스크가 "I [MASK] [MASK] [MASK] to improve my knowledge"로 설정되었다면 경계 토큰은 Span 마스크 전후에 있는 I와 to가 될 것이다. Span 경계 목적은 일종의 학습을 위한 손실 함수로 이해할 수 있다. 앞의 예시에서 studying이라는 토큰을 예측할 때 손실 함수는 I와 to 사이에 있는 3개의 마스크 중 두 번째로 오는 토큰이 얼마나 studying과 유사한지를 나타낸다. 즉, Span 마스크의 길이에 따라 상대적인 위치 정보를 고려하여 마스크를 예측하는데 활용한다. Span 경계 목적의 손실 함수를 직관적으로 표현하면 일련의 Span 마스크가 특정 어절이나 구문을 표현할 수 있게 도와준다고 해석할 수 있다. SpanBERT는 BERT의 구조적인 형태를 동일하게 가져가되 다음 문장 예측은 제거하고 학습한다. SpanBERT는 대표적인 질의응답 데이터셋인 SQuAD 등에서 BERT를 상회하는 성능을 달성하였다. 다른 대부분의 하위 과업에서도 SpanBERT는 기존의 BERT보다 우수한 성능을 보여주었다.

이미지를 살펴보자!

⦿ SpanBERT에서 연속된 마스크의 수

- SpanBERT는 BERT에서 마스크를 부여하는 기법을 일련의 연속된(Span) 토큰으로 마스킹하여 언어 모델의 성능 향상을 고안
- 연속된 마스크는 ##ing와 같은 subword로 나뉘는 것을 방지하기 위해 완전한 하나의 단어로 조정
- [MASK] 토큰을 부여하는 방식은 BERT와 동일하나 SpanBERT에서는 개별적인 토큰이 아닌 일정 수의 연속된 토큰을 [MASK]로 지정

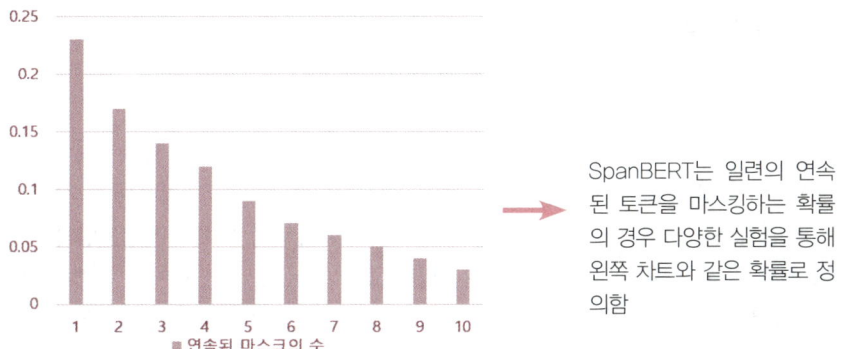

SpanBERT는 일련의 연속된 토큰을 마스킹하는 확률의 경우 다양한 실험을 통해 왼쪽 차트와 같은 확률로 정의함

⦿ SpanBERT에서 마스크의 구조

SpanBERT는 [MASK] 토큰을 성공적으로 예측하기 위해 경계 토큰 정보를 활용한 손실을 별도로 고안

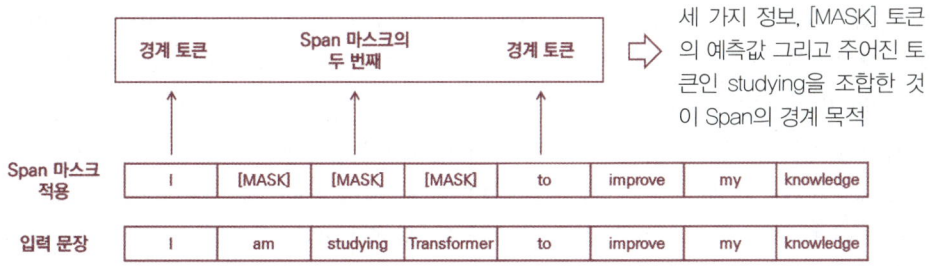

세 가지 정보, [MASK] 토큰의 예측값 그리고 주어진 토큰인 studying을 조합한 것이 Span의 경계 목적

13 ELECTRA의 개념과 활용

ELECTRA의 개요

ELECTRA는 2020년 구글이 개발한 사전 학습 언어 모델로 BERT 계열 모델 중 효율과 성능을 향상시켰다. ELECTRA는 적대적 생성 신경망(Generative Adversarial Network, GAN) 기법을 언어 모델에 적용시킨다. ELECTRA는 이것을 <u>교체된 토큰 탐지(Replaced Token Detection)</u>로 구현하여 BERT의 성능을 상회하고, 1,400만 개 수준의 학습 가능한 모수를 갖는 ELECTRA SMALL 모델도 공개하여 효율성을 확보하였다. ELECTRA는 BERT와 마찬가지로 한국어 전용 모델인 KOELECTRA를 공개하여 누구나 쉽게 사용할 수 있게 하였다.

> 모든 단어가 원래 단어인지 대체된 단어인지를 판별(모든 입력으로 효율성을 높임)

적대적 생성 모델

적대적 생성 모델은 2014년 처음 제안된 이래로 2016년부터 본격적으로 활용되기 시작했다. 먼저 생성(Generation)이라는 점을 주목해 보면 GAN이라는 딥러닝 모델은 데이터를 학습하여 이와 유사한 데이터를 '생성'하는 기능을 갖는다. 생성된 데이터 품질을 높이기 위해 GAN은 임의로 만드는 생성기(Generator)와 이것의 진위 여부를 판단하는 판별기(Discriminator)가 서로 적대하는(Adversarial) 방식으로 학습한다. GAN의 대표적인 예는 위조지폐로 볼 수 있다. 생성기는 최대한 실제 지폐와 같은 데이터를 생성하고, 판별기는 특정 지폐가 위조되어 있는지의 여부를 판단한다. 학습이 종료되는 조건은 모델마다 상이한 부분이 있으나 위조지폐 여부를 판단하는 이진 분류 문제에서는 판별기의 예측 정확도가 50%에 이르기까지 학습한다. 즉, 50%라는 말은 판별기가 진짜 지폐나 위조지폐를 구분하는 능력은 없고, 무작위 예측을 하는 것과 마찬가지로 본다는 것이다.

교체된 토큰 탐지

ELECTRA에서는 BERT의 마스크드 언어 모델 대신에 교체된 토큰 탐지 기법을 활용해 언어 모델을 학습한다. 교체된 토큰 탐지에서는 일반적인 GAN과 마찬가지로 생성기와 판별기를 학습시킨다. 생성기의 경우에는 일반적인 마스크드 언어 모델을 학습하여 교체된 토큰을 생성시킨다. 이후 판별기는 특정 토큰의 교체 여부를 판단하는 방식으로 학습한다. 이러한 기법을 통해 ELECTRA는 BERT가 가지고 있었던 언어 모델 구현과 미세 조정 과정에서의 불일치를 해소하여 높은 성능을 확보한다. ELECTRA는 교체된 토큰 탐지 기법으로 작은 모델에서도 우수한 성능을 달성한다. ELECTRA SMALL은 1,400만 개의 모수를 사용하는 반면, 자연어 처리 과업에서는 BERT BASE 모델에 육박하는 성능을 보유하여 활용 가능성을 높였다.

이미지를 살펴보자!

◉ 적대적 생성 신경망의 구조

적대적 생성 신경망(GAN)은 가짜 데이터를 만드는 생성기와 이의 진위 여부를 판단하는 판별기가 서로 적대하며 학습하는 방식

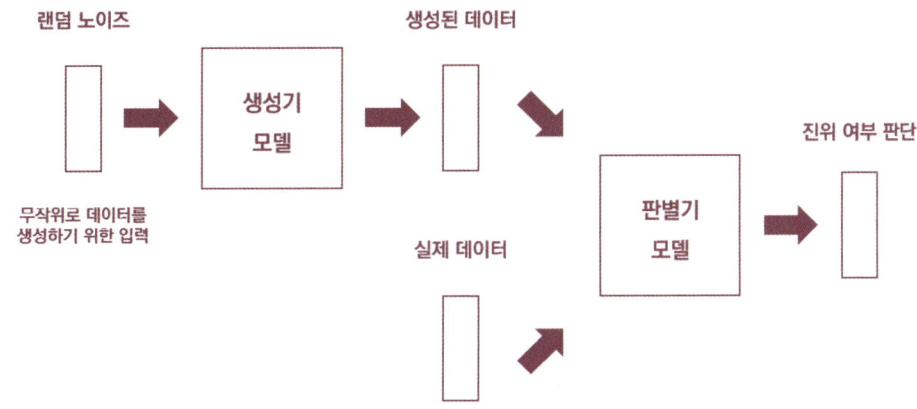

◉ ELECTRA와 GAN의 관계

- ELECTRA는 GAN 기법을 활용해 특정 토큰이 생성기를 통해 만들어진 토큰으로 교체되었는지의 여부를 판단하여 학습
- ELECTRA에서 사용된 GAN은 랜덤 노이즈가 없는 것이 다른 점이고, 생성기에서 [MASK] 토큰을 예측한 토큰이 입력과 동일하면 교체된 토큰으로 예측하지 않음

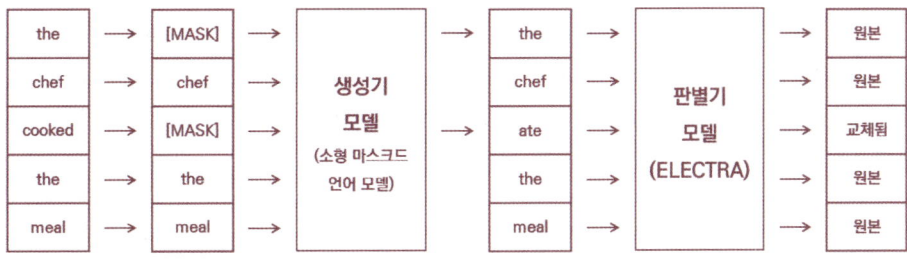

14 DeBERTa의 개념과 기능

DeBERTa의 개요

DeBERTa(Decoding-enhanced BERT with disentangled attention)는 2020년 마이크로소프트가 개발한 사전 학습 언어 모델이다. DeBERTa는 BERT의 앞뒤로 추가된 용어들에서도 추정할 수 있다시피 분리된 어텐션(Disentangled Attention)과 강화된 마스크 디코더(Enhanced Mask Decoder) 기법을 활용한다.

분리된 어텐션

분리된(Disentangled)이라는 표현이 익숙하지 않을 수 있는데 인공지능을 비롯한 기계 학습에서는 빈번하게 사용되는 용어이다. 소위 '분리된 표현'에서 많이 쓰이는데 특정 데이터셋을 인코더로 특징화한 잠재 변수(Variable)들이 서로 명백히 구분될 수 있다면 이것을 분리된 표현이라고 말한다. 예를 들어 자동차 사진이 있을 때 첫 번째의 잠재 변수 변화는 자동차의 위치이고, 두 번째는 자동차의 색 변화 그리고 세 번째는 배경 색의 변화 등으로 이해할 수 있다. DeBERTa에서의 분리된 어텐션은 BERT 입력층에 있는 토큰 임베딩과 위치 인코딩을 합산하는 대신 분리된(Disentangled) 개념으로 보는 것이다. 즉, 토큰의 상대적 위치에 따라 달라지는 의미를 입력층에서 고려한 것으로 BERT보다 위치 인코딩에 대한 중요성을 강조한다.

강화된 마스크 디코더

DeBERTa는 BERT와 동일한 마스크드 언어 모델로 학습을 진행하는데 토큰의 위치 정보를 고도화하기 위한 추가적인 방안으로 강화된 마스크 디코더 기법을 사용한다. 예를 들어 "a new store opened beside the new mall"이라는 문장에서 store와 mall이 빈칸으로 마스킹된다고 가정하자. DeBERTa는 토큰의 상대적 위치를 사용하기 때문에 new 다음에 오는 단어로 store와 mall을 구분하기 어렵다. 이러한 단점을 보완하기 위해 DeBERTa는 BERT의 기본적인 구조에 토큰의 절대 위치를 제안하는 강화된 마스크 디코더 층을 추가로 도입하여 성능 향상을 고려한다.

DeBERTa v2와 v3

DeBERTa는 논문 공개 이후 지속적으로 업그레이드를 추진했다. DeBERTa v2는 위치 정보의 최적화를 통해 성능을 개선했고, DeBERTa v3은 언어 모델을 학습시킬 때 적용한 마스크드 언어 모델을 ELECTRA에서 소개한 교체된 토큰 탐지(Replaced Token Detection) 기법으로 사용했다. 이러한 개선으로 DeBERTa v3은 사전 학습 언어 모델에서 가장 우수한 성능을 갖는 모델 중 하나로 평가받고 있다.

이미지를 살펴보자!

◉ 분리된 표현의 개념

분리된 표현(Disentangled Representation)은 특정 데이터를 압축한 잠재 변수의 변화가 데이터 특성을 독립적으로 변화시킨다는 것을 의미

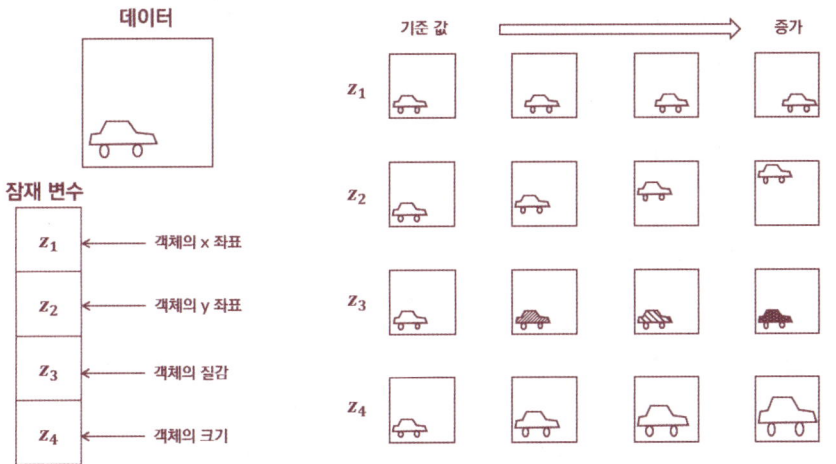

◉ DeBERTa의 특징과 예시

DeBERTa는 토큰의 위치 정보에 더 많은 가치를 부여하기 위해 토큰의 의미와 위치 정보를 분리(Disentangled Attention)

[상대적인 위치 정보 부여]

트랜스포머나 BERT는 토큰의 위치 정보를 부여하기 위해 이미 계산된 위치 인코딩을 활용하는 반면 DeBERTa에서는 [MASK] 토큰을 기준으로 상대적인 위치 정보를 부여하는 기법을 활용

DeBERTa는 "deep"이라는 토큰에 대해 자주 연결되는 토큰인 "learning"에 더 큰 어텐션을 부여할 수 있음

[상대 위치 정보를 보완하기 위한 강화된 마스크 디코더]

(예시)
a new store opened beside the new mall.

(마스킹)
a new [MASK] opened beside the new [MASK].

상대 위치만으로는 같은 단어 new 뒤에 오는 위치 정보가 동일하므로 이를 강화하기 위해 절대 위치 정보를 추가로 고려

15 TransformerXL의 등장과 성능

🔹 TransformerXL의 등장 배경

트랜스포머 기반의 언어 모델은 어텐션 메커니즘을 활용해서 언어 모델 구현의 가장 큰 장벽인 장기 의존성(Long-Term Dependency) 문제를 일부 해소할 수 있다. 그러나 트랜스포머의 입력은 고정된 수의 토큰을 입력으로 받을 수 있다는 점에서 장기 의존성 문제는 여전히 존재한다. 또한, 긴 문장의 경우 문장 중간에서 토큰이 끊어질 수도 있기 때문에 문맥적 이해의 파편화(Context Fragmentation)가 발생할 수 있다. TransformerXL에서는 매우 긴 입력도 처리할 수 있는 능력을 확보하기 위해서 XL(eXtremely Large)이라는 용어를 사용한다.

> 고정 길이의 세그먼트를 생성함으로써 문장이나 다른 경계를 고려하지 않을 때 발생

🔹 세그먼트 레벨 순환

TransformerXL은 매우 긴 입력을 처리하기 위해서 세그먼트 레벨 순환(Segment-Level Recurrence)을 제안했다. 여기에서 하나의 세그먼트란 트랜스포머가 입력받을 수 있는 최대 토큰의 개수(예 : 512)로 볼 수 있다. TransformerXL은 매우 긴 입력을 처리하기 위해 다수의 세그먼트 학습 방식을 제안했는데 그것이 세그먼트 레벨 순환이다. 순환이라는 용어가 사용되었듯이 첫 번째 세그먼트로 계산된 어텐션이 두 번째 세그먼트로 순환하는 형태에서 정보가 전달된다. 이러한 방식은 트랜스포머라는 구조를 동일하게 가져가면서 문맥의 파편화를 보완할 수 있다는 것을 의미한다.

🔹 상대적인 위치 인코딩

TransformerXL은 입력이 다수의 세그먼트로 표현될 수 있기 때문에 각 세그먼트를 구성하는 토큰의 위치 인코딩을 고려해야 한다. 그러나 기존 트랜스포머에서는 절대적인 위치 인코딩을 고려하기 때문에 TransformerXL에서는 상대적인 위치 인코딩을 제안한다. 예를 들어 "The cat sat on the mat"이라는 문장에서 sat이라는 단어를 기준으로 cat은 -1, on은 +1의 위치를 나타낸다. 이러한 접근은 문장이 길어지더라도 상대적인 위치를 고려할 수 있기 때문에 TransformerXL에서 채택할 수 있는 유효한 접근법이다. 위치 인코딩을 부여하는 방법은 트랜스포머와 동일하게 삼각함수를 사용한다.

🔹 TransformerXL의 성능

TransformerXL은 개발 취지와 부합하게 장기 의존성에 대한 해결책을 제시했다. 그 근거로 장기 의존성이 존재하는 WikiText-103에서 기존 모델 대비 우수한 성능을 달성하였다. 이러한 결과는 TransformerXL의 생성 능력에도 기여했는데, 별다른 처리 없이 일관성 있는 문맥의 글을 작성하는 결과를 보여주었다.

> 위키백과에서 잘 작성된 장문의 내용을 담은 데이터셋

이미지를 살펴보자!

⦿ TransformerXL의 기능

TransformerXL은 매우 긴 입력을 처리하기 위해 고안된 것으로 트랜스포머의 디코더만으로 구성된 생성 중심의 사전 학습 언어 모델

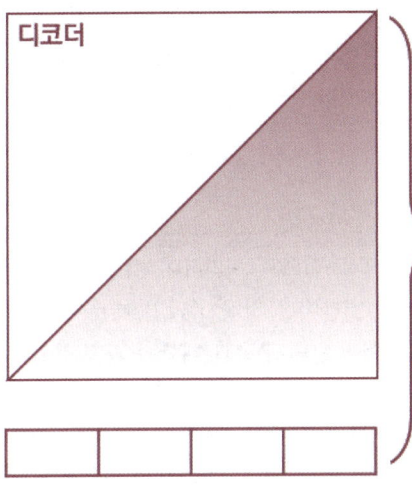

- 일반적인 트랜스포머 디코더는 고정된 크기의 토큰으로 입력을 처리하기 때문에 장기 의존성에 여전히 취약
- TransformerXL에서는 긴 입력을 다수의 세그먼트(고정된 크기의 입력 토큰)로 분할하고, 주어진 디코더에 각 세그먼트를 순차적이고 재귀적으로 연산을 처리함으로써 긴 문장에 대한 토큰 관계를 설정

⦿ TransformerXL의 세그먼트

TransformerXL은 세그먼트 길이에 따라 절대 위치가 크게 변하기 때문에 상대 위치를 사용하는 접근을 취하며, 트랜스포머와 동일하게 삼각함수로 정의

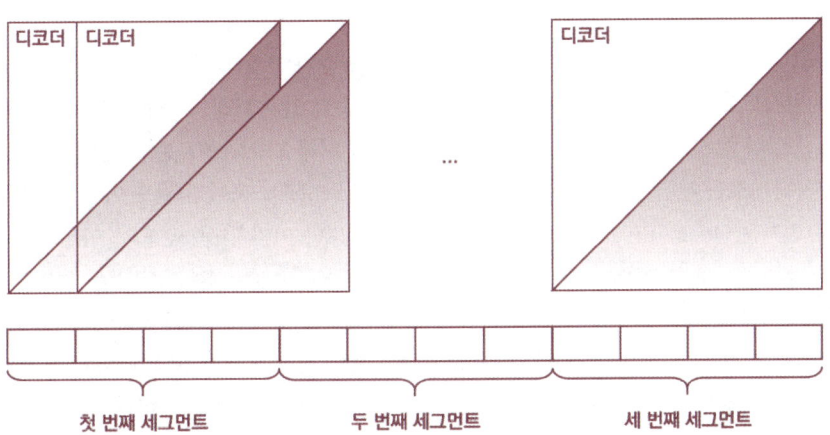

16 XLNet의 개념과 성능

XLNet의 개요

XLNet은 사전 학습 언어 모델의 두 가지 구현 방식인 BERT와 GPT에 대해 대안을 제시한 모델로 2019년 출시 당시 20개의 자연어 처리 과업에서 BERT를 상회하는 결과를 보여주었다. BERT는 양방향 모델로 특정한 입력 토큰을 예측하는 방식으로 학습한다면 GPT는 다음 단어만을 예측하는 구조로 자동회귀적인(Autoregressive) 특징을 갖는다. XLNet은 이러한 두 가지 접근을 융합하여 성능을 향상하였다.

순열 언어 모델

BERT의 마스크드 언어 모델은 토큰의 일부를 빈칸(마스크)으로 처리하여 이를 예측하면서 언어 모델을 구축하지만 재학습을 위한 미세조정 단계에서는 빈칸이 등장하지 않기 때문에 불일치가 발생한다. 반면 디코더를 사용하는 자동회귀 모델인 GPT는 언어 모델 구축과 재학습 과정이 일치하지만 하나의 방향으로 학습하기 때문에 문맥 이해가 어려운 단점이 있다. XLNet에서 제안하는 순열 언어 모델(Permutation Language Model)은 다양한 토큰 순서로 문맥을 학습하는 언어 모델을 제안한다. 여기에서 다양한 토큰 순서는 주어진 토큰을 순열로 표현하여 학습하는 전략을 취한다. 예를 들어 5개의 토큰이 입력으로 주어졌다면 5개의 순열로 표현될 수 있는 토큰 순서는 5!(팩토리얼)개로 총 120개의 경우를 고려한다. 순열 언어 모델은 주어진 토큰의 다양한 순열(순방향과 역방향)로 특정 토큰을 예측하도록 관계를 설정한다.

Two-Stream Self-Attention

XLNet에서는 마스크드 언어 모델이 가지고 있는 단점을 탈피하기 위해 언어 모델을 구축할 때 빈칸(마스크)이 없는 방식으로 학습을 진행한다. 그러나 XLNet은 순열 언어 모델을 사용하기 때문에 동일한 정보를 토대로 서로 다른 정보를 예측해야 한다. 이를 해결하기 위해 XLNet에서는 트랜스포머 인코더의 셀프 어텐션을 두 단계로 구분한다. 하나는 Content Stream으로 트랜스포머의 셀프 어텐션과 동일한 의미를 가지고, 두 번째는 Query Stream으로 예측하고자 하는 토큰 이외의 정보만으로 이루어진 어텐션이다.

XLNet의 성능

XLNet은 당시 주류를 이끌었던 BERT와 GPT 계열 모델의 장점을 모두 고려하였다. 따라서 성능 역시 매우 큰 폭으로 개선되었는데 중고등학생의 질문에 대한 전문가 답변으로 구성된 RACE 데이터셋에 대하여 예측 정확도는 80%를 상회하였다. 그 밖에 SQuAD, GLUE에서도 거의 모든 과업에 대해 우수한 성능을 달성하여 또 다른 지평을 열었다고 볼 수 있다.

이미지를 살펴보자!

● **XLNet의 특징**

XLNet은 BERT와 GPT의 특성을 융합하기 위해서 순열 언어 모델(Permutation Language Model)을 제안함

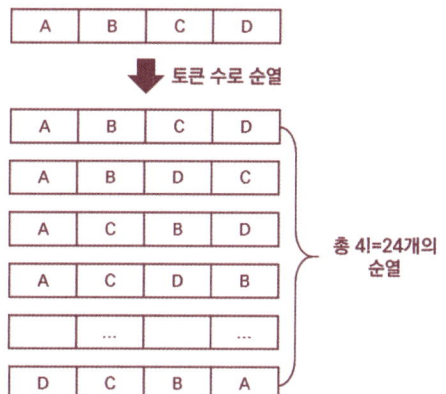

- 위의 순열에서 B를 예측하기 위해서는 일반적인 GPT 계열의 생성 모델로는 A만 참조가 가능한 반면, XLNet에서는 모든 순열을 고려함으로써 B 이후에 나오는 C와 D의 정보를 활용함
- 마스킹이 없으므로 BERT에서 제기된 사전 학습과 미세조정의 불일치도 해소함

● **콘텐츠 스트림과 쿼리 스트림**

XLNet은 순열 언어 모델에서 발생할 수 있는 단점을 보완하기 위해 Two-Stream 어텐션을 제안

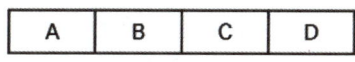

[콘텐츠 스트림]

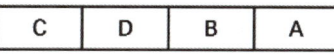

[쿼리 스트림]

- 특정 순열에서 B를 예측하기 위해서는 B보다 앞에 있는 C와 D 그리고 B에 대한 어텐션 연산을 통해 콘텐츠 스트림을 생성
- 모든 순열을 고려하게 되는 경우 트랜스포머 인코더의 셀프 어텐션과 유사한 역할을 함
- 특정 순열이 제시된 C, D, B, A인 경우와 C, D, A, B인 경우를 고려해 보면 세 번째 토큰을 예측할 때 모두 C와 D의 정보를 사용해야 한다는 점에서 모순이 발생
- 쿼리 스트림은 이러한 경우를 보완하기 위해 토큰의 위치 정보를 부여

17 BART의 개념과 특징

BART의 개념

BART는 Bidirectional Auto-Regressive Transformer의 약자로 양방향 자동회귀 트랜스포머를 의미한다. BERT와의 차이는 '양방향'과 더불어 '자동회귀'도 사용한다는 것인데 자동회귀는 OpenAI의 GPT 모델 계열이 주로 사용한다. 자동회귀를 직관적으로 이해하면 트랜스포머의 디코더인데 이는 언어 모델의 생성적 특성을 활용한다는 것이다. 양방향(Bidirectional)은 특정 토큰의 앞뒤 문맥을 전부 고려하는 반면, 자동회귀는 하나의 방향으로만 참조한다. BERT는 양방향의 인코더만 사용하지만 BART는 양방향의 인코더와 자동회귀인 디코더를 모두 사용하는 것으로 이해할 수 있다. 즉, BART는 구조적으로 최초의 트랜스포머가 제안한 인코더-디코더 구조를 사용하여 BERT와 GPT를 합쳐놓은 형태로 볼 수 있다.

BART의 특징

BART는 트랜스포머의 인코더-디코더 구조를 사용하지만, 그 목적이 기계 번역이 아닌 언어 모델의 구현에 있다. BART는 입력 데이터에 잡음(Noise)을 넣어 훼손한 후 입력 데이터의 원형을 복원하는 방식으로 언어 모델 학습을 진행한다. 여기에서 잡음을 넣는 방식을 다양하게 고려하였는데, BERT에서 사용했던 마스킹(특정 토큰을 빈칸인 [MASK]로 표기), XLNet에서 사용했던 순열 언어 모델(BART에서는 문장 단위의 순열), SpanBERT와 같이 연속된 토큰의 마스킹(빈칸 역시 [MASK] 토큰을 부여하여 빈칸을 예측), 토큰을 임의로 제거하는 방식, 토큰의 순서를 임의로 변경하는 문서 변환 방식을 사용한다. BART는 그간의 사전 학습 언어 모델을 동일한 조건에서 구현하고, BART의 잡음을 넣는 방식을 서로 다르게 구현하여 성능을 비교해 본 결과 연속된 토큰 마스킹 접근이 가장 일관된 성능을 달성하였다. BART는 RoBERTa와 같이 대량의 데이터와 큰 배치 사이즈를 활용한 학습 환경에서 비교를 수행하며, 잡음을 넣는 기준으로 연속된 마스킹과 문장 순서 변경을 활용한다. 그 결과 BART는 요약 과업에서 정확한 문법을 담은 요약으로 우수한 성과를 달성하는 동시에 다른 과업에서도 기존과 유사한 성능을 달성하였다.

학습 데이터의 양과 학습하는 반복 횟수 등

사전 학습 언어 모델과 인공지능의 모델 이름

BERT는 미국의 어린이 TV 프로그램인 세서미 스트리트의 캐릭터 이름과 일치한다. 또한, 이 책에서는 설명하지 않았지만 장단기 기억 기반의 언어 모델인 ELMo라는 이름도 세서미 스트리트의 캐릭터이다. 2019년 페이스북 AI 연구소는 BART라고 명명된 사전 학습 언어 모델을 공개했는데 BART(심슨 가족에 나오는 캐릭터 이름)는 성격이 다른 BERT의 쌍둥이 형제로 그 모델의 속성 역시 상당 부분 닮았지만 다른 부분이 있다고도 볼 수 있다.

이미지를 살펴보자!

⦿ BART의 구조
BART는 BERT의 인코더와 GPT의 디코더 기능을 융합한 모델로 트랜스포머의 인코더-디코더 구조를 취함

[인코더-디코더 형태의 BART 모델]

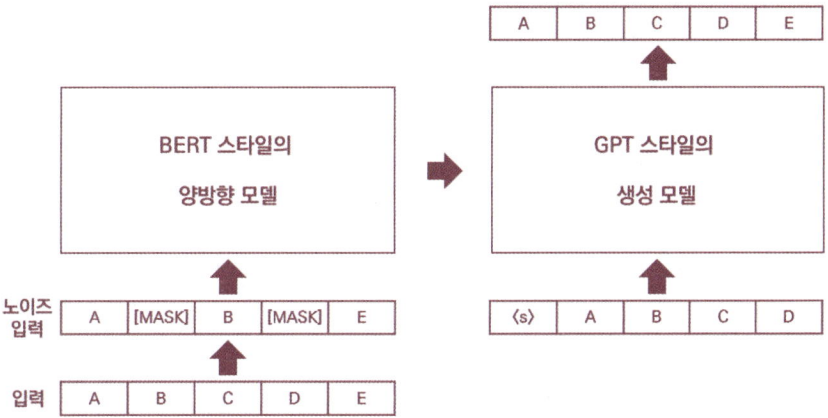

⦿ BART의 기능
- BART는 입력에 노이즈를 추가하는 방안을 다양하게 실험하고, 이를 인코더-디코더로 다시 복원하는 방식으로 언어 모델을 학습
- BART는 노이즈 추가 방식을 실험한 결과 문장 순열(문장 순서 바꾸기)과 텍스트 추가 기법으로 언어 모델을 학습

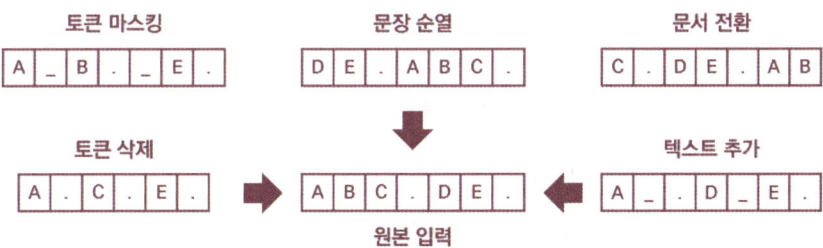

18 CTRL의 개념과 특징

CTRL의 개요

CTRL(Conditional TRansformer Language)은 Salesforce에서 개발한 사전 학습 언어 모델이다. CTRL은 모델명에서 알 수 있듯이 트랜스포머 기반의 언어 모델에 '조건부'라는 속성을 추가한 것이다. 여기에서 말하는 조건부는 생성 영역에서 특정한 조건을 부여하는 것으로 이해할 수 있으며, 이것을 제어 코드(Control Code)로 명명한다.

제어 코드

CTRL은 위키백과, 도서, 아마존 리뷰, OpenWebText, WMT 번역 데이터, 뉴스, 질의응답 등 140기가 바이트에 달하는 데이터를 활용해 학습한다. 제어 코드는 데이터가 수집된 항목으로 부여되며, OpenWebText에 포함된 reddit 데이터의 경우 유머, 호러, 게임 등 41개의 주제로 구분된 제어 코드를 부여한다. 제어 코드는 학습 데이터의 형태에 따라 다르게 부여되고, reddit에서 제공하는 하위 주제도 언어 모델 학습에 부여된다. CTRL 모델은 전형적인 디코더 기반의 트랜스포머를 사용하고, 제어 코드가 담긴 데이터로부터 언어 모델을 학습한다. 학습 시 제어 코드에 대한 기여를 계산하기 위하여 별도의 손실 함수를 정의한다. 제어 코드는 추론(생성)의 단계에서 여러 가지 조합으로 활용될 수 있는데 일반적으로 입력된 토큰의 가장 앞에 위치하고, 번역의 경우 번역할 대상 언어를 지정하는 방식이다. 제어 코드는 생성을 제어할 수 있는 가능성으로 이어지는데, 예를 들면 "A knife"라는 단어로 생성하는 제어 코드가 "Horror"로 지정되었다면 공포영화에 나오는 칼을 의미하는 내용이 생성된다. 혹은 "A knife"의 제어 코드가 "Reviews"라는 제어 코드를 만나면 도구로써의 칼에 대한 상품 리뷰 내용이 생성될 수 있다. 이러한 제어 코드는 조합을 통해 다양한 생성을 기대할 수 있다는 점에서 CTRL의 특징을 이해할 수 있다.

> OpenWebText: WebText 말뭉치를 오픈 소스로 재구성한 데이터셋

제어 가능한 생성

CTRL은 생성에 초점을 맞춘 언어 모델로 다음 토큰을 생성하는 전략에도 변화를 모색한다. 생성형 언어 모델의 결과물은 어휘 사전에 있는 각 토큰에 대한 확률이 계산되는데, CTRL의 토큰 수는 약 25만 개로 25만 차원 벡터가 결과물이 된다. 여기에서 생성의 대상이 되는 토큰은 확률이 큰 순서대로 특정 k개를 추출하여 그 확률 분포로 추정하는 것이 일반적이다. CTRL에서는 보다 정확한 예측을 위해 특정 k개를 추출하기보다는 특정 확률까지의 토큰들에서 샘플링하는 접근(예 : 도합 0.5의 확률을 갖는 상위 j개 토큰)을 취하며, 추가적인 가중치를 설정하여 특정 토큰이 지나치게 반복되는 현상을 완화한다.

이미지를 살펴보자!

⦿ CTRL의 제어 코드

- CTRL은 디코더 기반의 생성형 언어 모델에 일종의 조건인 제어 코드를 부여하여 조건부 생성의 전략을 취함
- CTRL은 데이터를 활용해 언어 모델을 학습할 때 제어 코드를 데이터의 맨 앞에 추가하여 어떠한 데이터셋인지 조건을 부여
- CTRL은 조건을 학습하기 위해 제어 코드에 대한 추가적인 손실 함수를 고려하여 효과적인 학습 방법을 제안

제어 코드	설명	제어 코드	설명
Wikipedia	영문 위키백과	Questions	MRQA
Books	프로젝트 구텐베르크의 책	Explain	Eli5
Reviews	아마존 리뷰 데이터	Alone	sub-reddit 데이터 독신
Translation	WMT 번역 데이터	Atheism	sub-reddit 데이터 무신론
News	CNN/Daily News, NYT 등	…	41개의 sub-reddit 주제
multilingual	독어, 스페인어, 불어 위키백과	Writing	sub-reddit 데이터 작문

⦿ CTRL의 프롬프트와 예시

CTRL 모델은 제어 코드에 따라 주어진 프롬프트를 다르게 해석하여 생성한다는 점에서 언어 모델의 생성을 제어

프롬프트	생성된 문장 예시
WikipediaAnarchism is	is a political philosophy that advocates the abolition of all forms of hierarchy and domination, including capitalism, patriarchy, racism, sexism, heterosexism and other oppressive social structures.
BooksAnarchism is	the only true and practical form of Socialism. It has been said that Socialism will never be established until it can be proved to work in practice. The same may be said, with equal truth, about Anarchism.
Horror A knife	handle pulled through the open hole in the front. I jumped when the knife hit. Eyes widened in horror. Her scream was the only sound I heard besides her sobs.
Reviews A knife	is a tool and this one does the job well. Rating: 4.0 I bought these for my husband who has been using them to cut up his own meat since he got them.

19 T5의 구조와 성능

T5의 개요

T5는 Text-To-Text Transfer Transformer의 약자로 T가 5번 반복된다는 의미에서 T5로 명명되었다. T5는 2020년 구글이 개발한 언어 모델로 자연어 처리의 모든 과업을 텍스트-텍스트(Text-to-Text) 문제로 바라보는 것이 특징이다. 달리 표현하면 질의응답, 요약, 번역, 문장의 유사도 등 모든 자연어 처리 과업은 입력과 출력이 동일한 형태의 데이터인 텍스트로 정의하여 논의를 전개한다. 이렇게 자연어 처리 과업을 하나의 과업(Text-to-Text)으로 정의한다면 동일한 모델에서 모든 자연어 처리 과업에 대응할 수 있다는 가능성을 염두에 두고, T5를 제안하게 된다.

T5의 구조와 학습 방법

T5가 정의한 자연어 처리 접근법인 텍스트-텍스트는 기계 번역을 위해 개발된 최초의 트랜스포머와도 유사하다. T5는 트랜스포머 구조와 동일한 인코더-디코더 구조를 취하는데, 내부적으로는 층 정규화의 적용 시점 변경과 위치 인코딩에 대한 변화에서 미미한 차이가 있다. 또한, 모델의 크기를 다양하게 실험하여 모델 크기와 성능의 상관관계를 분석했다. T5는 언어 모델 학습을 위해 새로운 학습 데이터인 C4(Colossal Clean Crawled Corpus)를 구축하고 공개했다. C4는 온라인에서 수집된 말뭉치 데이터를 무료로 공개하는 Common Crawl 데이터셋을 기반으로 약 20TB 규모의 데이터를 특정 기준으로 정제했다. T5는 언어 모델의 학습 방법을 설정하기 위해 지금까지 다양한 방법론을 검토한 결과 BERT의 접근법인 마스크드 언어 모델을 기반으로 SpanBERT와 같이 연속된 토큰의 마스킹을 고려한다. 여기에서 마스킹된 토큰은 랜덤하게 변조되는 방식(Corrupted)에서 이것을 제대로 예측(Denoising)하는 방식으로 학습한다. T5는 다양한 하위 과업에 대응하기 위해 과업에 해당하는 CTRL 모델과 유사한 접두어를 고려한다. 예를 들어 "I am studying Transformer"를 독일어로 번역하기 위해 "translate English to German: I am studying Transformer"로 입력하는 방식이다. 이러한 방식으로 요약, 문장의 유사도 분류, 질의응답 과업에 적용한다.

> 임베딩 벡터의 차원, 어텐션 헤드의 수, 인코더-디코더의 반복 횟수 변경

T5의 성능

T5는 모델의 양적 확장과 성능의 상관관계를 분석한 결과 110억 개의 학습 가능한 모수를 갖는 가장 큰 모델이 대부분 우수한 성능을 달성하여 모델 크기가 성능에 기여를 한다는 사실을 밝혔다. 특히, 인공지능 모델에서 다루기 어려운 SuperGLUE 데이터셋에서 사람 수준에 가까운 성능을 보여줄 정도로 탁월한 언어 이해 능력을 보여주었으며, 일정 길이의 빈칸을 채우는 생성 영역에서도 매우 우수한 성능을 달성하였다.

 이미지를 살펴보자!

T5의 입력과 출력

T5 모델은 지금까지 개발되어 온 사전 학습 언어 모델을 총체적으로 분석하여 자연어 처리 과업을 텍스트-텍스트로 정의하여 인코더-디코더 구조를 활용

입력 : 텍스트

- translate English to German: That is good
- cola sentence: The course is jumping well.
- stsb sentence1: The rhino grazed on the grass. setence2: A rhino is grazing int a field

입력에는 CTRL과 같이 제어 코드가 부여됨

→ 인코더-디코더 구조의 T5 →

출력 : 텍스트

- Das ist gut
- not acceptable
- 3.8

T5는 자연어 처리 과업을 텍스트로 입력받아 텍스트로 출력하는 Text-to-Text를 정의하고, seq2seq의 전형적인 모델이자 트랜스포머의 접근법인 인코더-디코더를 활용

T5의 학습 방법

T5는 양질의 학습 데이터를 확보하기 위해 C4라는 데이터셋을 구축하고, 특정 길이의 빈칸을 채우는 과업에서 탁월한 성능을 보임

T5를 학습하기 위한 데이터셋인 C4는 Common Crawl 데이터에서 하기의 조건으로 정제	T5는 seq2seq의 특성으로 주어진 문맥에 다양한 길이의 빈칸을 채우는데 탁월한 성능을 보유
↓	↓

조건	
마침표, 느낌표, 물음표, 따옴표 등의 구두점으로 끝나는 줄 포함	I love peanut butter and N*[MASK] sandwiches
문장이 3개 이하의 문서는 삭제(문장은 5개 단어 이상이면 포함)	N = 1 I love peanut butter and jellysandwiches
나쁜 단어가 포함된 웹페이지 제거	N = 4 I love peanut butter and jelly, which is what makes good sandwiches
Javascript라는 단어가 포함된 모든 줄 제거	
loremipsum 문구가 포함된 페이지 제거	N = 16 I love peanut butter and bread. Thanks!! This looks delicious I love all types of peanut butter, but especially peanut butter/jam sandwiches
중괄호가 포함된 모든 페이지 제거	
인용 표시는 모두 제거	
상용구 정책 공지(쿠키 정책, 쿠키 사용 등) 줄 제거	
세 문장이 반복될 경우 제거	

HuggingFace와 Transformers

HuggingFace의 개요

허깅페이스는 인공지능 확산에 주요한 역할을 한 기업으로 다양한 인공지능 모델을 무료로 공개하여 활용 가능성을 높였다. 인공지능 학계는 논문 발간과 더불어 모델 자체를 깃허브(Github)에 공개하여 성능을 직접 재현할 수 있는 기회를 제공한다. 그러나 각 연구자별로 선호하는 프로그래밍 언어나 환경이 상이하기 때문에 개인이 이를 활용하기 위해서는 많은 장벽이 존재한다. 허깅페이스는 이러한 어려움을 해소하기 위해 최신 연구 논문에서 제안한 인공지능 모델을 일괄적인 형태로 가공하여 활용할 수 있는 기반을 마련하였다.

> 소스 코드나 데이터를 업로드하고 관리하는 온라인 저장소

사전 학습 언어 모델 패키지 - transformers

인공지능 분야에서 허깅페이스가 남긴 큰 업적은 사전 학습 언어 모델을 사용자가 쉽게 사용할 수 있는 transformers라는 패키지이다. transformers 패키지에서는 지금까지 다룬 대부분의 사전 학습 언어 모델을 지원하는데 비지도 학습 기반의 언어 모델 구축부터 자연어 처리 하위 과업까지 모두 실험해 볼 수 있다. transformers는 인공지능 분야에서 대표적으로 활용되는 파이썬(Python) 프로그래밍 언어를 통해 제공하며, 딥러닝의 프레임워크인 Tensorflow와 PyTorch를 사용하여 활용할 수 있다.

> 딥러닝과 관련된 다양한 기능을 담은 프로그램 패키지

MobileBERT의 실습

transformers 패키지를 가장 쉽게 활용할 수 있는 방법은 자연어 처리 하위 과업에서 미세조정(Fine-Tuning)하는 것이다. 미세조정의 과업은 transformers에서 지원하는 모델별로 함수가 존재하고, 그 활용에 대한 방법을 웹 문서로 제공한다. 이 책에서는 사전 학습 언어 모델인 MobileBERT를 활용하여 영화 리뷰의 긍정/부정을 예측하는 소스 코드를 제공한다. 이를 직접 따라해 볼 수 있는 영상도 함께 제공하여 초심자도 쉽게 실행해 볼 수 있을 것으로 기대한다. 학습 데이터는 영화 리뷰 사이트인 IMDb에서 수집된 5만여 건의 영화 리뷰가 긍정과 부정으로 분류되어 있는 것을 활용한다. 여기에서 긍정과 부정 리뷰를 각각 500건씩 추출하여 총 1,000건의 데이터를 바탕으로 MobileBERT에 미세조정하는 과정을 실험해 볼 수 있다. 요약하면 1,000건 정도의 데이터로 학습된 영화 리뷰의 긍정/부정 분류 모델을 학습시키고, 그 모델을 5만여 건의 전체 데이터에 적용했을 때 어느 정도의 정확도를 달성할 수 있는지를 확인함으로써 언어 모델의 성능과 가능성에 대해 체감할 수 있을 것이다.

 **이미지를 살펴보자!**

◉ 허깅페이스의 역할

- 허깅페이스(Huggingface)는 다양한 사전 학습 언어 모델을 오픈 소스로 제공하여 인공지능의 생태계에 역동성을 기여함
- 허깅 페이스는 서로 다른 연구진이 공개한 인공지능 모델을 일관된 API에서 이용하는 패키지로 어려운 인공지능을 쉽게 활용할 수 있는 환경을 제공

가장 대표적인 패키지인 transformers는 현재 인공지능의 개발 프레임워크인 Tensorflow와 Pytorch에 대응하여 사용자의 편의성까지 증대시킴

[허깅페이스 로고]

◉ 사전 학습 언어 모델의 목록

Huggingface의 대표적인 사전 학습 언어 모델 패키지인 transformers는 지금까지 논의한 모델을 포함하여 다양한 모델을 제공

BERT	XLM-RoBERTa	RoBERTa	MarianMT
GPT	FlauBERT	DistilBERT	Pegasus
GPT-2	BART	CTRL	Longformer
GPTNeo	BARThez	CamemBERT	MBART
TransformerXL	DialoGPT	ALBERT	Lxmert
XLNet	Reformer	T5	DeBERTa
XLM	M2M100	Funnel Transformer	LayoutLM

[모델은 모델 크기별, 대소문자 구별 등의 하위 모델이 있음]

재미있는 인공지능 모델의 이름

인공지능 모델의 이름에는 개발자들의 유머와 창의성이 담겨 있는 경우가 많습니다. 특히, 자연어 처리(NLP) 모델들 사이에서는 미국의 어린이 프로그램 세서미 스트리트(Sesame Street)에서 영감을 얻은 이름들이 눈에 띕니다. 대표적인 예로는 BERT, ELMo, ERNIE 등이 있습니다. 모델들의 이름이 왜 이렇게 정해졌는지 그리고 이런 이름들이 어떤 의미를 담고 있는지 살펴보겠습니다.

◎ BERT(Bidirectional Encoder Representations from Transformers)

BERT는 구글이 개발한 혁신적인 NLP 모델로 트랜스포머 아키텍처를 기반으로 하고 있습니다. 이름은 세서미 스트리트의 캐릭터 '버트(Bert)'에서 가져왔습니다. 버트는 항상 어니와 함께 등장하는 캐릭터로 이름이 친근하면서도 기억에 남기 쉽기 때문에 학계와 산업계에서 널리 사용되고 있습니다.

◎ ELMo(Embeddings from Language Models)

ELMo는 세서미 스트리트의 '엘모(Elmo)'에서 이름을 가져왔습니다. 해당 모델은 문맥에 따라 단어 임베딩을 동적으로 생성합니다. 이름이 귀엽고 발음하기 쉬워 모델의 특성과 잘 어우러진다는 평가를 받고 있습니다. '엘모'라는 이름 덕분에 학문적 분위기가 딱딱하지 않게 느껴진다는 점도 장점 중 하나입니다.

◎ ERNIE(Enhanced Representation through Knowledge Integration)

ERNIE는 바이두(Baidu)에서 개발한 NLP 모델로 이름은 세서미 스트리트의 '어니(Ernie)'에서 가져왔습니다. ERNIE는 기존의 BERT 모델을 확장 형태로 대량의 지식을 통합해 더 정교한 언어 이해를 가능하게 합니다. 어니와 버트가 항상 짝을 이루는 것처럼 ERNIE 역시 BERT와 관련이 깊습니다.

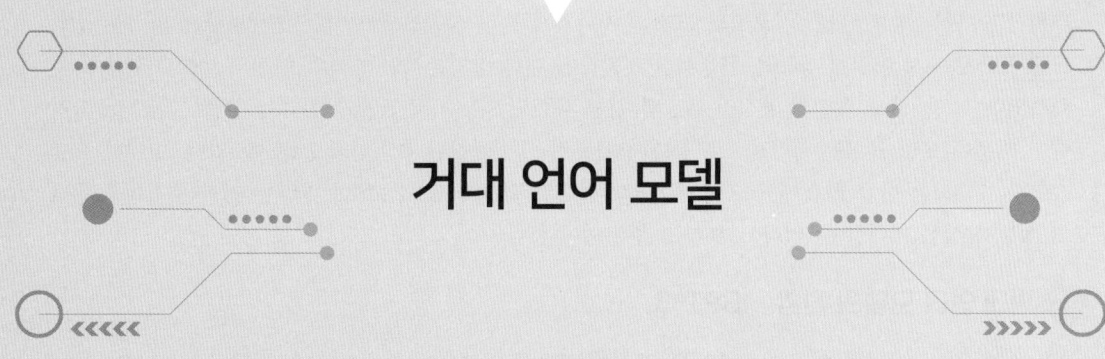

제 4 장

거대 언어 모델

트랜스포머의 성공은 사전 학습 언어 모델로 이어졌다. 그 시작을 알린 BERT와 GPT는 각각 트랜스포머의 인코더와 디코더 기반 모델로 사전 학습 언어 모델의 확산에 기여했다. 사전 학습 언어 모델은 고성능 PC 한 대에서 사용할 수 있을 정도의 규모는 유지하되 그 성능을 향상시키기 위한 경쟁으로 고도화되었다. 한편 사전 학습 언어 모델은 모델의 양적인 확대가 성능에 유의미한 결과를 도출함에 따라 대규모 언어 모델에 가능성을 내포했다. 이러한 양적인 확장에 적극적인 태도를 취하고 있었던 OpenAI의 GPT는 GPT-2를 넘어 2020년 7월 GPT-3를 공개하게 된다. GPT-3는 GPT-2보다 10배 이상 양적으로 확대된 모델로 학습과 추론에 있어 막대한 계산량을 요구한다. 그러나 GPT-3는 탁월한 언어 모델의 능력을 보여줌에 따라 글로벌 테크 기업들은 거대 언어 모델을 향한 경쟁 구도를 형성하게 된다. 이번 장에서는 다양한 거대 언어 모델에 대해 그 특징을 이해해 보고자 한다.

01  거대 언어 모델의 개요

🌀 사전 학습 언어 모델

사전 학습 언어 모델은 2018년 BERT로 시작해 2020년 T5가 공개될 때까지 상대적으로 짧은 기간 동안 주류를 이루었다. 사전 학습 언어 모델을 살펴보면 고성능 GPU 한 장이 탑재된 PC에서 무리 없이 <u>추론</u>할 수 있는 정도였다. 즉, 모델의 크기를 지나치게 늘려 성능을 확보하는 접근보다는 일정 수준의 <u>모델 규모</u> 안에서 어떻게 성능을 향상시킬 것인가에 대한 방법론적인 변화와 양질의 데이터 확보에 주력하였다. 또한, 규모 측면의 양적인 확장과 성능 사이의 양의 상관관계가 있다는 점을 실험으로 파악했기 때문에 모델 규모를 획기적으로 증대시키는 접근은 예견된 결과라고도 볼 수 있다. 그러나 모델 규모가 증대되는 만큼 학습에 필요한 데이터의 절대량 및 품질도 확보해야 한다는 점과 무작정 늘린다고 성능 향상을 기대할 수 없다는 부분도 주목해야 한다.

> 추론: 이미 학습된 모델을 활용
> 모델 규모: 십억 개 수준의 학습 가능한 모수의 수

🌀 거대 언어 모델의 전환 - GPT-3

3장에서 살펴본 바와 같이 OpenAI의 GPT-2는 GPT를 양적으로 확대한 것으로 볼 수 있다. OpenAI는 2020년 7월 GPT-3를 공개하게 되는데 여기에서도 양적 확대에 치중하였다. 그러나 그 규모가 매우 컸는데 GPT-2의 학습 가능한 모수의 수가 약 15억 개 수준이었다면 GPT-3는 1,750억 개라는 것이다. 10배 이상의 모수의 수가 확대된 만큼 막대한 계산량을 요구하면서 사람 수준으로 언어를 구사하는 언어 모델이 탄생하게 되었다.

🌀 거대 언어 모델의 특징

사전 학습 언어 모델은 준지도학습을 채택하여 언어 모델을 사전에 학습하기 위한 비지도학습을 자연어 처리 하위 과업에 재학습하면서 지도학습을 활용하였다. 여기에서 사전 학습 언어 모델은 하위 과업에 미세조정을 하기 위하여 수천 건의 데이터가 필요했다. 거대 언어 모델은 사전 학습 언어 모델과 마찬가지로 준지도학습의 형태를 취한다. 그러나 지도학습의 단계에서 요구되는 재학습 데이터의 양을 대폭 줄였는데, 수십 개 수준(퓨샷 학습이라고도 말함)의 데이터만으로도 하위 과업을 수행할 수 있다는 것이 특징이다. 어떻게 보면 거대 언어 모델은 몇 가지의 입력만 보여주는 것만으로도 자연어 처리 과업을 수행할 수 있다고 해석할 수 있다. 또한, 거대 언어 모델은 명시적으로 학습하지 않았던 데이터에 대한 추론도 가능하다. 이것을 소위 창발 효과라고도 하며, 학습한 데이터를 적절히 조합하여 새로운 개념을 다룰 수 있는 특징을 보유하였다.

이미지를 살펴보자!

● **사전 학습 언어 모델별 모수의 수와 메모리 용량**

사전 학습 언어 모델은 데스크톱 PC 수준에서 원활한 실행이 가능하고, 경량화 모델은 스마트폰과 같은 저전력 장치에서도 사용 가능

사전 학습 언어 모델	학습 가능한 모수의 수	메모리 용량 (단정밀도 기준)
BERT BASE	1.1억 개	440메가 바이트
BERT LARGE	3.4억 개	1.36기가 바이트
GPT-2 XLARGE	15.6억 개	6.24기가 바이트
ALBERT BASE	1,100만 개	44메가 바이트
MobileBERT	2,500만 개	100메가 바이트
ELECTRA BASE	1.1억 개	440메가 바이트
TransformerXL	2.57억 개	1.03기가 바이트
BART LARGE	4.06억 개	1.62기가 바이트
T5 BASE	2.2억 개	880메가 바이트

● **사전 학습 언어 모델과 거대 언어 모델의 구조**

거대 언어 모델은 사전 학습 언어 모델을 양적으로 확장

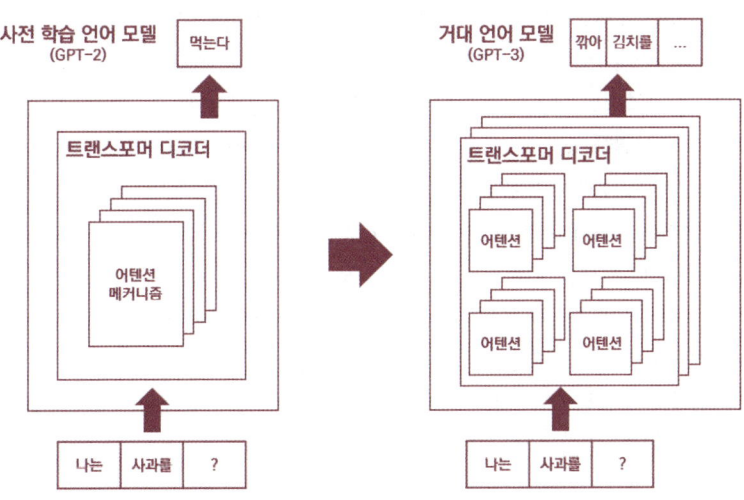

02 거대 언어 모델의 규모

🔹 슈퍼컴퓨터급의 계산이 필요한 거대 언어 모델

GPT-3는 사전 학습 언어 모델에서 거대 언어 모델로의 전환을 알린 시초가 되었다. 사전 학습 언어 모델에서도 규모와 성능 향상의 비례 관계를 실험적으로 확인하였으나 GPT-3와 같이 급격한 규모 확장은 선례가 거의 없었다. 그 주된 걸림돌은 계산에서 찾아볼 수 있다. 트랜스포머를 비롯한 딥러닝에서는 막대한 계산을 처리하기 위해 가속기인 GPU(Graphical Processing Unit)를 주로 활용한다. 사전 학습 언어 모델 개발에 활용된 GPU의 규모는 대부분 수십 장에서 수백 장 정도가 일반적이었다. 고성능 컴퓨터의 수로 따지자면 1대에서 많아야 20대 수준이다. OpenAI는 마이크로소프트에서 투자를 유치하면서 마이크로소프트의 클라우드 컴퓨팅 인프라인 애져(Azure)를 사용하게 되는데, GPT-3 개발에 GPU 1만 장을 탑재한 AI 슈퍼컴퓨터를 활용하였다. AI 슈퍼컴퓨터는 장비값만으로도 수천억 원이며, 이를 운영하기 위해서는 막대한 자금이 필요하다. 이렇게 슈퍼컴퓨터급의 장비를 갖추고 개발한 GPT-3는 사전 학습 언어 모델의 가능성을 큰 폭으로 개선했다. GPT-3가 가장 혁신적이라고 할 수 있는 대목은 특정 과업을 수행하기 위해 필요한 재학습 데이터의 절대량을 줄인 것이다. 이것은 양질의 소수 데이터가 확보된다면 충분히 해당 과업을 수행할 수 있는 가능성으로 이어지기 때문에 막대한 계산량의 단점보다도 우수한 성능에 대한 기대감이 커졌다고 해석할 수 있다.

> MS가 제공하는 퍼블릭 클라우드 플랫폼으로 웹 앱, 가상 컴퓨터, 모바일 백엔드, SQL DB 등이 가능

🔹 거대 언어 모델의 규모 경쟁

거대 언어 모델의 기준은 GPT-3에서 학습 가능한 모수의 수인 1,750억 개로 보는 것이 일반적이다. 이렇게 거대한 모델을 학습시키기 위해서는 OpenAI가 개발한 바와 같이 대규모 컴퓨팅 인프라가 필요하다. 이러한 슈퍼컴퓨터급 인프라를 조달할 수 있는 기업은 매우 극소수였는데, 소위 글로벌 테크 기업들이 도전할 수 있는 영역으로 인식되었다. GPT-3 출시 이후 글로벌 테크 기업들은 앞다투어 거대 언어 모델을 순차적으로 출시했다. 인공지능 분야에서 가장 많은 기여와 지분을 보유하고 있는 구글은 거대 언어 모델을 둘러싼 규모 경쟁에 합류하였다. 구글은 자사뿐만 아니라 알파고를 개발한 딥마인드도 거대 언어 모델을 개발하여 LaMDA, PaLM, Gopher 등을 출시하였다. OpenAI에 투자를 했던 마이크로소프트는 딥러닝용 GPU 시장을 반독점하고 있는 NVIDIA와 협력하여 Megatron-Turing NLG를 공개했고, 중국의 글로벌 테크 기업인 화웨이는 1조 개의 학습 가능한 모수를 갖는 거대 언어 모델을 개발하였다. 우리나라 역시 한국어 거대 언어 모델 개발에 대응하여 네이버, 삼성, LG 등 국내 주요 대기업들이 거대 언어 모델을 개발하였다. 거대 언어 모델은 ChatGPT가 공개된 2022년 말까지 약 2년의 기간 동안 치열한 규모 경쟁이 일어났다.

 **이미지를 살펴보자!**

● GPT-3의 개발 규모

OpenAI가 GPT-3를 개발할 수 있었던 원동력은 마이크로소프트로부터 10억 달러 규모의 파트너십을 체결

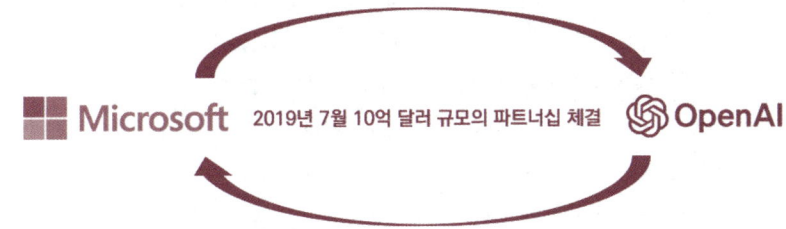

● GPT-3의 규모 경쟁

GPT-3는 거대 테크 기업간 거대 언어 모델의 규모 경쟁을 촉발시킴

03 거대 언어 모델의 구조

사전 학습 언어 모델에서 트랜스포머의 다양한 변형

사전 학습 언어 모델의 시대(2018~2020)에서는 다양한 방식의 트랜스포머를 활용했다. 사전 학습 언어 모델의 시작을 알린 BERT는 트랜스포머의 인코더를, 언어 모델의 생성을 강조한 GPT는 트랜스포머의 디코더를 사용했다. 또한, 트랜스포머 자체인 인코더-디코더 구조를 사용한 T5에 이르기까지 사전 학습 언어 모델은 트랜스포머의 다양한 변형을 통해 성능이 향상되었다. 이렇게 다양한 사전 학습 언어 모델은 그 성능의 우열을 가늠하기 위하여 제3장에서 살펴본 바와 같이 특정 하위 과업을 수행하기 위한 공개 데이터셋을 활용한다. 성능의 우열이 절대적인 지표라고 볼 수는 없으나 일종의 기준점을 정해준다는 부분에서 의미가 있다. 또한, 트랜스포머의 인코더와 디코더 조합에 따라 잘할 수 있는 과업이 나뉠 수 있다는 점에서 어떠한 접근이 절대적으로 우세하다고 판단하기는 어렵다. 딥러닝에서 우수한 모델이라는 것은 당시를 기준으로 특정 과업에 대해 얼마나 우수한 성능을 보유하고 있는가로 판단된다. 혹은 계산량을 현저히(약 5~10배) 줄이면서 일정한 성능 수준을 달성할 수 있는가로도 말할 수 있다. 준지도 학습 기반의 언어 모델은 특정 자연어 처리 과업을 수행하기 위한 미세조정(Fine-Tuning)의 경우 필요한 데이터가 적을수록 우수하다고 볼 수 있다.

트랜스포머의 디코더

거대 언어 모델 구조는 트랜스포머의 디코더를 활용한 GPT 계열의 모델이 주류를 이루고 있다. 트랜스포머의 디코더 구조는 주어진 토큰에 대하여 다음 토큰을 예측하는 단순한 접근이다. 여기에서 디코더만 사용하는 방법론은 인코더가 없기 때문에 GPT와 같이 인코더-디코더 간의 어텐션을 계산하는 멀티헤드 어텐션이 없다. 따라서 디코더 모델은 토큰 관계를 설정하는 하나의 멀티헤드 어텐션이 있는데, 생성 모델의 특성상 과거의 정보를 바탕으로 어텐션을 설정한다는 점에서 마스크드 멀티헤드 어텐션이라 부른다. 트랜스포머의 디코더는 사전 학습 언어 모델을 거치면서 최적화를 위한 초모수(잔차 연결의 비중 등)의 조정과 층 정규화의 위치 변경 등에 변화가 있었다. 그러나 개념적으로는 어텐션 헤드로 토큰 간의 장기 의존성을 해소하여 토큰 간 다양한 관계를 설정했다는 것이 핵심이다.

거대 언어 모델은 단순히 디코더 기반 사전 학습 언어 모델의 양적 확대라고 해석할 수 있다. GPT-3의 경우 디코더 수가 96개, 하나의 디코더 멀티헤드 어텐션에서 어텐션 헤드의 수가 96개, 하나의 어텐션 특징 벡터는 128차원, 토큰 임베딩 벡터는 12,288차원으로 도합 1,750억 개의 학습 가능한 모수를 보유하고 있다. 이것은 GPT-2의 가장 큰 버전인 15억 개 보다 약 116배 큰 모델이다.

인코더와 디코더

사전 학습 언어 모델은 트랜스포머를 다양한 방식으로 구성하며, 보다 효율적인 계산으로 높은 성능을 달성하기 위해 경쟁

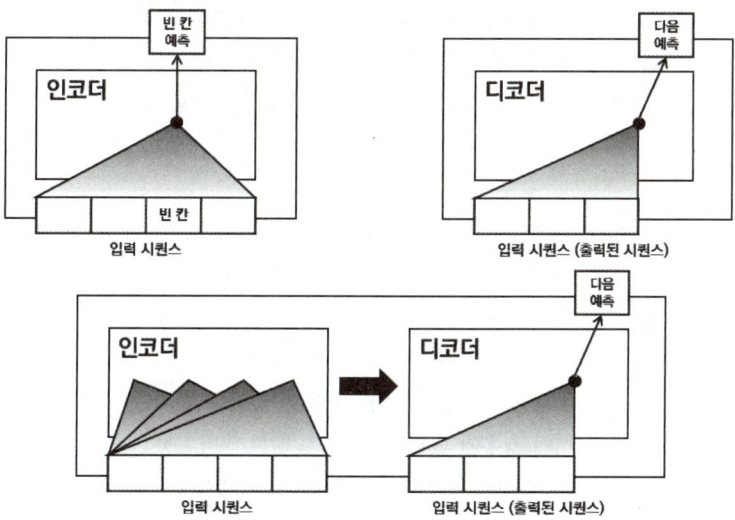

트랜스포머의 디코더 모델

- 거대 언어 모델은 트랜스포머의 디코더 모델을 채택하고 있으며, 사전 학습 언어 모델의 대표적 디코더 모델인 GPT-2를 양적으로 확장함
- 디코더 기반의 트랜스포머는 자동 회귀적인 접근으로 언어 모델의 근본적인 생성 능력에 집중하며, 사전 학습 언어 모델에서도 높은 범용성을 보유했으나 성능은 인코더 기반의 미세조정 모델에 비해 저조

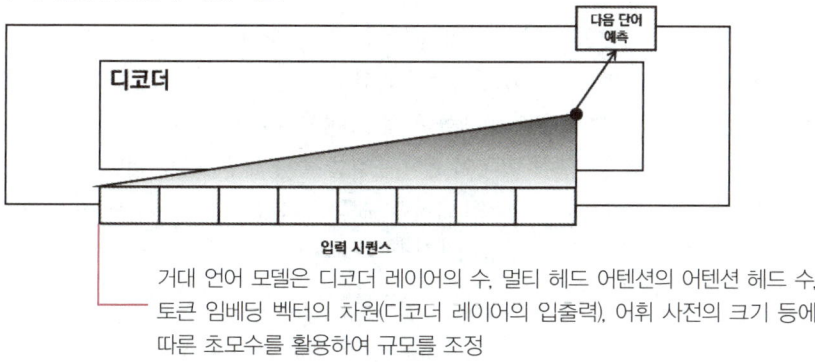

거대 언어 모델은 디코더 레이어의 수, 멀티 헤드 어텐션의 어텐션 헤드 수, 토큰 임베딩 벡터의 차원(디코더 레이어의 입출력), 어휘 사전의 크기 등에 따른 초모수를 활용하여 규모를 조정

거대 언어 모델의 특징과 재학습 방법

거대 언어 모델의 특징

GPT-3의 논문 제목은 [Language models are few-shot learners]이다. 직역하면 언어 모델은 퓨샷 러너(Few-Shot Learner)인데, 여기에서 퓨샷은 수십 개 수준의 학습 데이터를 의미한다. 즉, GPT-3는 수십 개 수준의 학습 데이터로 특정 자연어 처리 과업을 수행할 수 있는 능력을 가지고 있다. 이는 논문 제목에까지 활용될 만큼 GPT-3를 비롯한 거대 언어 모델의 특징을 한마디로 표현한 것이다.

데이터의 중요성

현재의 인공지능은 양질의 충분한 데이터가 확보되면 매우 높은 정확도로 해당 과업을 수행할 수 있다. 예를 들어 바다 낚시에서 잡은 물고기 사진으로 어종을 판별한다면 그 첫걸음은 낚시로 잡은 물고기의 사진 데이터를 확보하는 것이다. 여기에서 중요한 점은 물고기를 전문가가 보고 어종을 판단해야 하는 것이다. 물고기 사진에 대해 어종을 분류하는 작업은 사람의 지식이 필요하기 때문에 이는 비용과 직결된다. 또한, 개인정보의 경우 개인정보보호법에 의거하여 수집해야 한다는 점을 고려하면 양질의 데이터를 확보하는 것 자체가 도전적인 경우가 많다. 따라서 어떠한 인공지능 모델을 개발하려고 해도 결국, 양질의 데이터가 얼마나 확보되었느냐가 관건이다. 이러한 관점에서 GPT-3가 주는 시사점은 매우 크다. 사전 학습 언어 모델은 특정 과업을 처리하기 위해 데이터의 양이 대략 수천 건 정도 필요하다. 반면 GPT-3는 재학습에 필요한 데이터가 수십 건 정도로 줄어들었다는 점에서 적은 비용으로 인공지능 모델을 개발할 수 있는 가능성을 확인한 것이다. 물론, 막대한 계산량이 필요하지만 거대 언어 모델을 개발하는 대기업은 일종의 서비스 형태로 제공할 수 있다는 점에서 인공지능 분야의 새로운 비즈니스 모델을 개척했다고 볼 수 있다.

거대 언어 모델의 재학습 방법

거대 언어 모델은 그 규모만큼 다양한 분야의 지식을 담고 있다. 거대 언어 모델 자체는 범용성이 매우 높기 때문에 이를 한정된 영역으로 좁혀 특정한 과업을 시킬 수 있다. 예를 들어 영어-한국어 번역의 경우 입력으로 영어-한국어 번역 문장의 샘플 수십 개를 보여준 뒤 번역을 원하는 영어 문장을 설정하면 거대 언어 모델은 생성 모델을 통해 한국어 번역 문장을 출력 해주는 방식이다. GPT-3에서는 이러한 과정을 문맥 내 학습(In-Context Learning)이라 부르고, 해당 접근이 일반화되어 **프롬프트 엔지니어링**으로 부른다. 여기에서 프롬프트는 컴퓨터에서 명령을 받기 위해 깜빡거리는 문자를 의미하고, 엔지니어링과 만나 거대 언어 모델에 정교한 입력을 구성하면 그에 맞는 대답을 얻을 수 있다.

> 인공지능이 최상의 결과물을 만들어 낼 수 있도록 최적의 프롬프트를 설계하고 수정하는 작업

이미지를 살펴보자!

◉ 거대 언어 모델의 장점

거대 언어 모델은 자연어 처리 하위 과업을 수행하기 위해서 소수의 데이터(퓨샷)만 학습해도 가능 → 데이터 비용 절감 가능성 상승

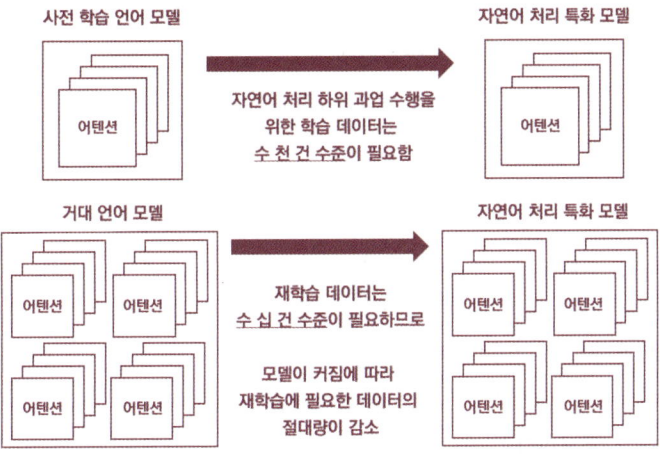

◉ 거대 언어 모델의 재학습

거대 언어 모델은 재학습 시 미세조정의 과정 없이도 특정 과업에 대한 소수의 예시를 프롬프트에 입력함으로써 해당 과업을 수행

입력 프롬프트

영어를 한국어로 번역하면

apple - 사과
banana - 바나나
carrot - 당근
dragon fruit - 용과
eggplant - _

입력에 번역 과업을 위한 소수의 예시를 보여줌

거대 언어 모델

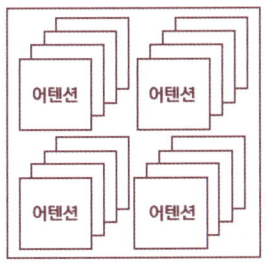

거대 언어 모델의 명시적인 모수 변경 없이 입력 프롬프트에 따른 출력을 생성

출력

가지

In-Context Learning
- 장점 : 모델의 모수를 조정하지 않아도 특정 과업을 수행
- 단점 : 입력 프롬프트로 항상 일련의 예시를 입력해야 함

05 거대 언어 모델의 한계

통계 기반의 확률 모델

거대 언어 모델은 출시 당시 사람 수준의 언어 구사 능력을 보유하고 있었다. 특히, 문법적으로 바른 문장을 작성할 수 있는 능력은 인공지능이 정말 사람과 유사하다고 착각할 수 있을 정도였다. 그러나 GPT-3를 비롯한 언어 모델의 학습 방법은 주어진 일련의 토큰 다음에 오는 토큰을 얼마나 높은 확률로 예측한 것인가로 학습하게 된다. 즉, 언어를 구사하는 방식을 습득한 기준이 단순하다는 점은 학습한 데이터에 따라서 그 생성 능력이 좌우될 수 있다.

데이터의 편향

예를 들어 '역대 대한민국 대통령 중에 가장 우수한 사람은 누구인가?'라는 질문을 거대 언어 모델에 입력했다고 가정하자. 거대 언어 모델은 수많은 어텐션 헤드와 디코더를 거쳐 특정 인물을 대답할 것이다. 이런 대답이 거대 언어 모델의 정치적 편향이 있다고 할 것인가에는 주의가 필요하다. 출력으로 얻은 특정 인물은 아마도 그 인물이 훌륭하다고 하는 학습 데이터가 상대적으로 많이 있을 것이라고 추정할 수 있다. 거대 언어 모델을 학습시키는 데이터는 언론 기사에서도 많이 활용된다. 우리가 흔히 접하는 뉴스는 정치, 경제, 지역, 종교 등의 민감한 주제에 따라 서로 다른 관점으로 사실을 해석하기 때문에 일종의 편향을 담고 있다고 볼 수 있다. 이러한 데이터를 기계가 학습하여 출력한다면 데이터의 절대량에 따라서 출력에도 편향이 있을 수밖에 없다.

유해성

개인의 가치관이나 선호도 측면에서의 데이터 편향은 받아들일 수 있지만 각종 범죄와 관련된 데이터는 매우 심각한 유해성을 가지고 있다. 'A라는 회사를 공격하기 위한 악성 코드는 어떻게 만들까?'라는 예시를 거대 언어 모델에 입력했다고 가정하자. 이런 경우 거대 언어 모델에 출력을 제어할 수 있는 장치가 없다면 사용자는 각종 유해 정보에 쉽게 노출될 수 있다.

진실성

거대 언어 모델은 어디까지나 확률적인 통계 모델이기 때문에 진실성을 담보하기 어렵다. 특히, 일반 상식에 큰 약점을 가질 수 있는데 시간적인 전후와 같은 물리적인 현상에 대해서 엉뚱한 단어를 생성할 수 있다. 예를 들면 '세종대왕이 쓰던 컴퓨터는 무엇이야?'라는 질문을 입력했다고 가정할 때 기대할 수 있는 대답은 '세종대왕 시대에는 컴퓨터가 없었습니다.'이겠지만 출력에 대한 별도의 제어가 없다면 그저 확률대로만 생성할 가능성이 높다.

이미지를 살펴보자!

◉ **거대 언어 모델의 단점**
- 거대 언어 모델은 필연적으로 대규모 학습 데이터가 필요한데 해당 학습 데이터에는 편향된, 거짓된, 유해한 내용이 담겨 있을 수 있음
- 거대 언어 모델을 학습하기 위해서는 수십 테라 바이트의 학습 데이터가 필요한데 이러한 데이터들이 수집된 면면을 살펴보면 편향되고 유해한 데이터가 포함될 가능성이 매우 높음

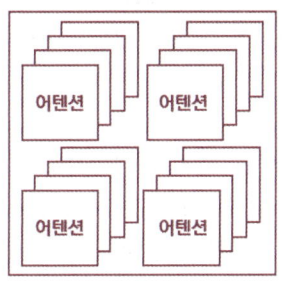

 언론 기사의 경우만 보더라도 정치적 편향에 따라 동일한 사건을 다르게 보도할 수 있음

거대 언어 모델의 학습 목표가 다음에 올 단어의 확률을 높이기 위한 것으로 데이터의 편향도를 학습

◉ **거대 언어 모델의 유해성**
- 거대 언어 모델을 직접 활용하기 위해서는 가장 큰 장벽인 유해성에 대한 대처가 필요함
- 환각(Hallucination) 효과로 볼 수 있는 진실성보다는 유해성과 편향성을 제거하고 완화해야 하는 것이 중요

가능한 유해성	
• 특정 사이트를 공격하기 위한 악성 코드 작성을 요청 • 특정인이나 기업을 비방하기 위한 댓글을 생성 • 인명 피해를 야기시킬 수 있는 방법에 대한 문의	→ 유해성을 차단하면서도 언어 모델의 생성 능력을 유지 시켜야 함

편향성 예시	
• 특정 국가의 대통령에 대한 평가 • 성별, 인종, 민족, 종교 등 개인정보에 대한 호불호	→ 입력된 데이터에 대한 생성 결과가 편향인지의 여부를 판단할 수 있어야 함

06 계산적 관점에서의 딥러닝

딥러닝과 계산

계산의 관점에서 딥러닝은 막대한 계산을 통해 사람의 지능을 모사하는 접근이다. 컴퓨터를 활용한 계산은 연산 처리 장치에서의 사칙연산으로 볼 수 있다. 막대한 양의 계산을 수행할 때 발생하는 열을 식히기 위해 전기를 사용한다는 점에서 계산은 곧 냉각을 위한 전기료로 볼 수 있다. 그렇다면 냉각 비용 대비 계산량(계산 성능과 같음)이 얼마나 되는지가 관건인데 이런 계산 성능이 무어의 법칙에 의해 곱절로 발전되어 왔다. 현재 무어의 법칙은 더 이상 통용되지 않지만 과거 계산 중심이었던 중앙 처리 장치(CPU)의 대안으로 계산에 특화된 가속기(Accelerator)를 사용함으로써 그 돌파구를 마련하였다.

가속기의 등장

가속기는 계산에 특화된 연산 처리 장치이다. 대표적으로 특정 과업(용도)에 최적화된 ASIC(Application-Specific Integrated Circuit), 프로그래밍이 가능한 FPGA(Field Programmable Gate Array), 가속기의 대표 주자인 GPU(Graphics Processing Unit) 등이 있다. 이러한 가속기는 소모 전력 대비 계산량은 CPU보다 우수하나 가속기 자체의 가격이 상당히 높은 편이다. GPU는 상대적으로 가격이 저렴하면서도 소모 전력 대비 계산량이 높다는 점에서 주목을 받았다. 그러나 GPU를 활용하여 유용한 계산을 하기에는 범위가 좁았는데 이러한 한계는 GPU를 슈퍼컴퓨터에 활용하면서부터 알려지기 시작했다.

GPU의 특징과 딥러닝

GPU는 대표적인 매니코어(Many-Core) 시스템으로 수십 개 수준의 코어를 갖는 멀티코어 CPU보다 월등히 많은 코어를 가지고 있다. 여기에서 코어(Core)라는 것은 사칙연산을 수행할 수 있는 단위이다. GPU 코어는 수천 개로 구성되며, 적절한 과정을 거치면 모든 코어에서 동시에 계산을 수행할 수 있다. 연산 처리 장치의 계산 성능은 초당 부동 소수점 연산 수라고 하는 플롭스(FLoating-point Operations Per Second, FLOPS)로 유사한 가격대의 CPU가 수백 기가 플롭스라면 GPU는 수십 테라 플롭스로 수십 배 월등한 성능을 보유하고 있다. 그러나 막대한 계산 능력을 갖는 GPU는 실제 이론에 가까운 성능을 달성하기 위해서 많은 제약 조건이 필요하다. GPU로 최대 성능을 달성할 수 있는 대표적인 알고리즘은 행렬곱인데 대부분의 딥러닝 알고리즘이 반복적인 행렬곱 연산이라는 점에서 GPU가 우위를 갖게 된다. 딥러닝에서는 GPU 시간(GPU Hour)을 도입하여 모델을 학습시키는데 소요되는 시간을 측정한다. GPU는 논문 발간 시점에 따라 다르지만 NVIDIA에서 생산하는 계산 전용 고성능 GPU인 Tesla 제품군이 일반적이다. 예를 들어 NVIDIA A100 8장을 40시간 활용하여 학습했다면 320 GPU 시간이라는 것이다.

이미지를 살펴보자!

◉ 무어의 법칙과 가속기

딥러닝이 막대한 수준의 사칙연산을 요구하므로 사칙연산을 수행하는 연산 처리 장치의 성능은 지속적으로 발전됨

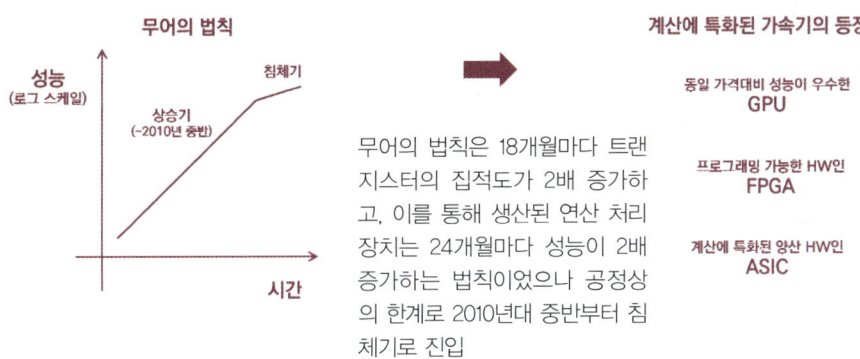

무어의 법칙은 18개월마다 트랜지스터의 집적도가 2배 증가하고, 이를 통해 생산된 연산 처리 장치는 24개월마다 성능이 2배 증가하는 법칙이었으나 공정상의 한계로 2010년대 중반부터 침체기로 진입

- 동일 가격대비 성능이 우수한 **GPU**
- 프로그래밍 가능한 HW인 **FPGA**
- 계산에 특화된 양산 HW인 **ASIC**

◉ GPU와 GPU Hour

- 딥러닝에서 가격 대비 성능이 가장 우수한 계산 자원은 GPU로 GPU 1장을 1시간 연산에 활용하는 GPU Hour 단위를 도입할 정도로 보편화
- 딥러닝 모델 학습에서의 행렬곱 연산은 컴퓨터 구조상 모든 연산 처리 장치에서 탁월한 성능을 나타내므로 비용 대비 성능이 높은 GPU가 두각을 보임

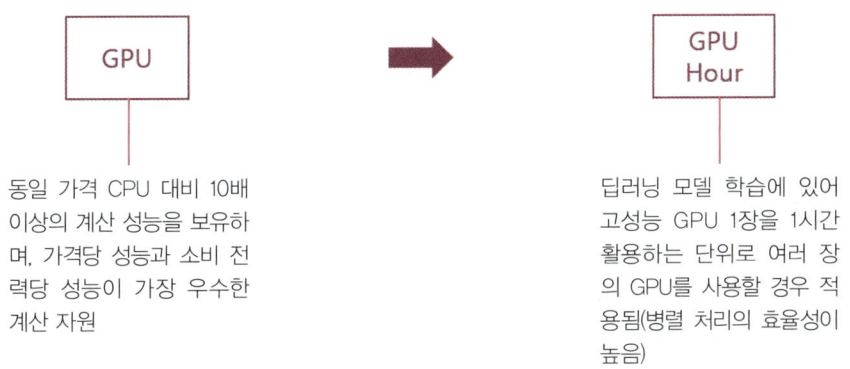

GPU: 동일 가격 CPU 대비 10배 이상의 계산 성능을 보유하며, 가격당 성능과 소비 전력당 성능이 가장 우수한 계산 자원

GPU Hour: 딥러닝 모델 학습에 있어 고성능 GPU 1장을 1시간 활용하는 단위로 여러 장의 GPU를 사용할 경우 적용됨(병렬 처리의 효율성이 높음)

07 행렬곱 연산

딥러닝과 행렬곱 연산

트랜스포머를 비롯한 딥러닝 모델이 어떻게 행렬곱 연산으로 이루어져 있는지를 알아보자. 딥러닝의 전형적인 모델 중 하나인 다층 퍼셉트론(Multi-Layer Perceptron)은 입력층에서 은닉층으로 정보를 전파하기 위한 과정을 수식으로 살펴보면 입력층은 벡터로, 입력층에서 은닉층을 연결하는 엣지는 행렬로 표현된다. 따라서 입력층에서 은닉층으로 정보를 취합하는 연산은 벡터-행렬곱 연산과 같다. 여기에서 다수의 입력은 서로 독립적으로 계산할 수 있으므로 다수의 입력으로 볼 수 있는 다수의 벡터를 하나의 행렬로 표현할 수 있다. 또한, 다층 퍼셉트론을 학습할 때 일정 수준의 배치 사이즈 단위로 진행된다는 점을 상기해 보면 다수의 입력은 행렬로 표현되고, 층 간의 엣지 역시 행렬로 표현되므로 행렬-행렬곱 연산으로 표현된다.

이미지를 인식하는 합성곱 신경망의 경우는 대부분 행렬곱 연산으로 이루어졌다고 볼 수 있다. 이미지에 합성곱 필터를 적용하는 방식은 엄밀히 벡터의 내적 연산이지만 중복을 일부 허용한다면 행렬-행렬곱 연산이 된다. 트랜스포머 역시 대부분 행렬곱 연산이다. 입력인 문장은 토큰으로 구분되고, 각 토큰은 특정 차원의 임베딩 벡터로 표현된다. 다수의 토큰은 동일한 차원의 다수 벡터이므로 행렬로 표현할 수 있다. 이런 행렬은 각각 쿼리, 키, 가치의 입력이 되고, 각 가중치 행렬과 곱해지기 때문에 모두 행렬-행렬곱 연산이다. 멀티 어텐션 헤드를 구성하는 각각의 어텐션 헤드는 서로 독립적으로 계산될 수 있다는 점에서 트랜스포머 기반 모델들은 병렬적인 행렬곱 연산을 요구한다고 볼 수 있다.

컴퓨터 구조와 행렬곱 연산

행렬곱 연산은 현존하는 거의 모든 연산 처리 장치를 십분 활용할 수 있는 알고리즘이다. 그 이유는 컴퓨터의 구조적인 측면에 있는데, 바로 연산 처리 장치의 계산 능력과 메모리 전송 속도의 불균형이다. 연산 처리 장치의 플롭스는 곱절의 비율로 향상되었지만 메모리 전송 속도는 상대적으로 낮은 비율로 향상되었다. 쉽게 말하면 계산할 대상의 정보들은 메모리(통상적으로 RAM을 의미)에서 연산 장치까지 이동하는데 필요한 시간이 계산에 소요되는 시간보다 길다는 것이다. 이로 인해 대부분의 연산 처리 장치는 캐시 메모리(Cache Memory)를 도입하여 용량은 작지만 연산 장치까지 이동하는 시간을 줄인다. 즉, 연산 처리 장치의 성능을 십분 활용하기 위해서는 캐시 메모리에 업로드된 데이터의 재활용성이 매우 중요한데, 행렬곱 연산이 이에 꼭 맞는 알고리즘이다. 따라서 행렬곱 연산은 CPU, GPU, AP 등 모든 연산 처리 장치에서 이론 성능을 최대한 끌어낼 수 있는 특성을 가진다는 점에서 가격 대비 성능이 가장 우수한 GPU가 주로 활용된다.

 **이미지를 살펴보자!**

⦿ 트랜스포머의 연산 과정

트랜스포머에서의 연산 과정을 살펴보면 쿼리, 키, 가치 벡터 계산, 어테션 가중치 산출, 앞먹임신경망 계산은 모두 행렬곱

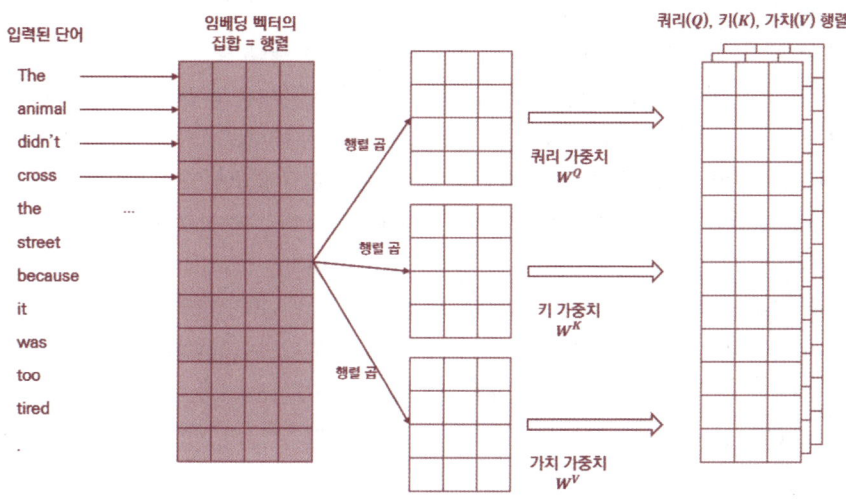

⦿ 연산 처리 장치의 성능

현대의 연산 처리 장치는 연산 능력의 수준에 대비하여 상대적으로 낮은 메모리 전송 속도의 향상으로 계산의 밀집도가 높은 연산에 최적임

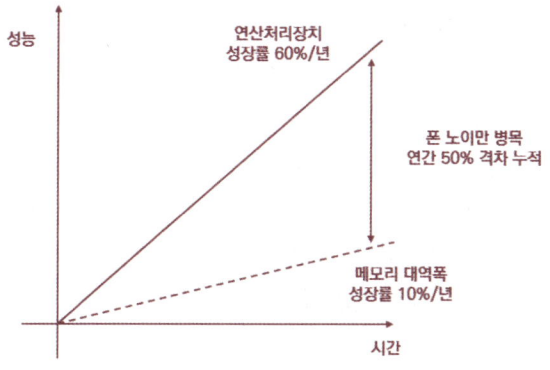

계산강도 = 계산량 / 메모리 전송량

행렬곱 연산은 성능 저하 없이 병렬 처리할 수 있는 연산 중 하나로 현대 연산 처리 장치의 실제 계산 성능을 좌우하는 지표인 계산 강도가 행렬 크기에 비례하여 연산 처리 장치를 최대한 활용 가능

08 거대 언어 모델의 계산량과 효과

거대 언어 모델의 계산량

딥러닝은 막대한 행렬곱 계산을 통해 사람 수준의 지능을 구현한다고 이해할 수 있다. 행렬곱 연산에 가장 최적화(비용 대비 성능)된 계산 장치는 GPU로 거대 언어 모델을 비롯한 딥러닝 모델에서 GPU를 많이 사용한다. GPU 이외에는 구글에서 개발한 딥러닝 전용 계산 자원인 TPU(Tensor Processing Unit)를 활용하며, 이것 역시 행렬곱에 최적화된 장치이다. 딥러닝은 학습 데이터를 여러 차례 반복하면서 학습 과정을 진행한다. 1,750억 개의 모수를 갖는 GPT-3를 예로 들어보면 막대한 계산량을 확인할 수 있다. GPT-3의 학습 데이터는 총 3천억 개의 토큰으로 구성되어 있고, 한 번에 학습하는 데이터의 양을 의미하는 배치 사이즈는 약 320만 개이다. GPT-3의 학습에 필요한 계산량을 모두 합하면 약 314제타 플롭스(3.14×10^{23}, 3,140해(垓)번 연산)이 필요하다. 이것은 NVIDIA의 고성능 GPU인 V100 한 장을 약 355년 동안 사용하는 것으로 클라우드 컴퓨터 활용 시 460만 달러(약 62억 원)가 소요된다. 여기에서 GPT-3 모델이 GPU 규모에 비례하여 학습이 가능하다고 가정한다면 355장의 V100을 활용할 경우 1년의 시간이 소요되고 5,000장을 활용하면 약 1달 정도가 필요하다. 연구 논문에 따르면 V100의 다음 세대 GPU인 A100 1,024장을 활용하면 GPT-3에 약 한 달의 학습 시간이 필요하다고 밝혔다. GPU 1,000장 규모의 컴퓨터를 직접 구축한다면 대략 300~500억 원의 예산이 필요하며, 전기료나 유지 보수 비용까지 합하면 글로벌 테크 기업 정도가 도입할 수 있는 수준이다.

> 약 28테라 플롭스의 성능을 보유, 반정밀도(Half-Precision) 기준

막대한 계산으로 인한 파급 효과

딥러닝에서는 큰 모델이 더 좋은 성능을 보일 것이라는 암묵적인 동의가 있었다. 이것은 어디까지나 귀납적인 결론으로 이론적인 근거가 빈약하다. 이론이라면 학습 가능한 모수의 수를 10배 늘렸을 때 성능은 몇 배가 증가할 것인지에 대해 규명된 것을 의미한다. 그러나 딥러닝에서는 성능 향상에 대한 변수가 너무 많기 때문에 모델의 크기와 성능의 관계성은 있으나 절대적인 요인으로 해석하기에는 무리가 있다.

OpenAI의 GPT-3는 절대적인 규모의 확장으로 성공적인 언어 모델을 개발했다. 또한, OpenAI는 글로벌 테크 기업의 경쟁으로 서로 더 큰 모델을 개발하기 위한 목표로 이어지게 된다. 이로 인해 그간 논문을 통해 적극적으로 기여하던 인공지능 연구 생태계가 산업적 활용에 염두를 둔 거대 테크 기업 간의 경쟁으로 전이되었다. 이는 거대 언어 모델을 무기로 플랫폼 경쟁으로 이어질 가능성이 높다는 점에서 우려할 만한 상황이다. 여기에 막대한 전기를 사용한다는 점에서 환경 문제도 자유로울 수 없다.

 **이미지를 살펴보자!**

● GPT-3의 학습 비용

거대 언어 모델인 GPT-3를 학습하기 위해서는 막대한 계산과 이를 감당할 수 있는 인프라가 필요

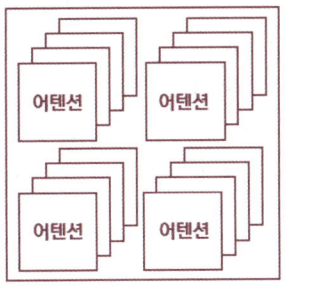

GPT-3 언어 모델의 학습 비용
- 학습해야 하는 모수 : 1,750억 개
- 학습 데이터 : 3,000억 개 수준의 토큰
- 배치 사이즈 : 320만 개
- 학습 계산량 : 3.14 × 1,023(314 제타 플롭)
- NVIDIA GPU V100 1장 사용 시 학습에 필요한 시간 : 355년
- NVIDIA GPU A100 1,024장 사용 시 학습에 필요한 시간 : 약 한 달

● 거대 언어 모델의 파급 효과

거대 언어 모델이 성능과 범용성에 있어 유의미한 지표를 달성했으나 모델의 산업적 활용이 가능한 주체는 거대 테크 기업으로 제한

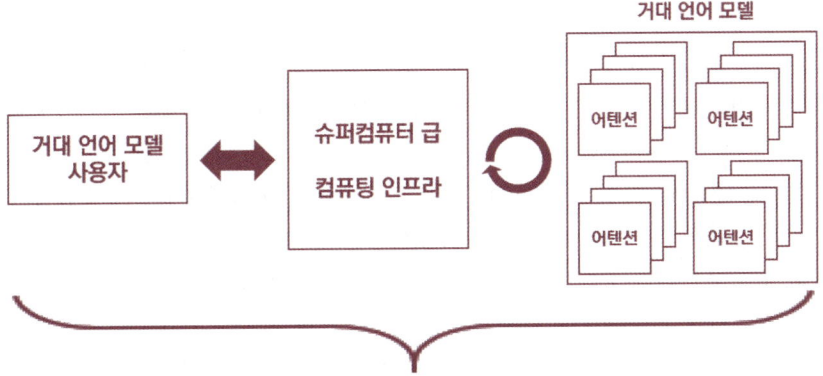

거대 언어 모델을 서비스하기 위해서는 모델 경량화와 더불어 최대한 많은 수의 GPU를 탑재한 컴퓨팅 인프라를 구축해야 함 → 모델의 규모가 커짐에 따라 성능 향상과 범용성을 기대할 수 있으나 컴퓨팅 인프라의 조달 및 운영이 가능한 기업이 소수의 거대 테크이고, 사용자가 증가함에 따라 막대한 전력 소비도 환경에 악영향

09 거대 언어 모델의 활용

GPT-3의 유해성

OpenAI가 GPT-3를 출시한 이후 GPT-3 Playground를 공개하면서 사용자들이 직접 활용해 볼 수 있는 기회를 만들었다. GPT-3를 활용해 본 경험자들에 따르면 일단 GPT-3는 문법에 맞게 글을 작성하고, 내용의 유해성이나 진실성은 차치하고서라도 일관된 작문 능력을 보여준다고 언급하였다. 그러나 사용자들이 가장 큰 문제점으로 지적한 것은 유해성인데 학습 데이터에 담겨있는 각종 차별이나 욕설, 정치적 편향 등에 대해서 자유롭지 못하다는 것이다. 즉, GPT-3가 답변하는 내용은 기술 자체로서의 가능성은 높으나 실제 활용에 있어서는 유해성이 존재한다는 것이다. 그러나 사람이 만들어낸 데이터가 편향이 있으면서 인공지능이라는 기계에게 편향과 차별이 없음을 기대하는 것은 모순이다. 그렇다면 인류가 추구하는 보편적이면서 이상적인 가치와 인공지능 기술이 서로 일치해야 한다는 가치의 정렬 문제를 해결해야 한다. 가치 정렬 문제를 해결하기 위해서는 GPT-3의 작동 기제를 충분히 파악하고, 문제가 되는 부분을 수정해야겠지만 어디를 고쳐야 하는지는 알 수 없다. 그 이유는 1,750억 개의 학습 가능한 모수에서 어디를 수정해야 하는지 알 수 없는 블랙박스 모델이기 때문이다.

ChatGPT의 시작

이제 GPT-3로 시작된 거대 언어 모델의 규모 경쟁으로 범위를 좁혀 논의를 전개하고자 한다. 시기적으로는 GPT-3가 공개된 2020년 7월부터 ChatGPT가 나오게 된 2022년 12월까지의 기간이다. ChatGPT가 인공지능, 나아가 사회와 산업을 변화시킬 게임 체인저로 등극한 이유는 바로 GPT-3가 가지고 있었던 유해성을 대폭 완화했다는 점이다. 여기에서의 핵심은 1,750억 개의 모수에서 어떤 것이 편향된 생성을 하는지에 중점을 둔 것이 아니라 GPT-3가 대답할 것과 대답하지 말아야 할 것을 재학습 과정으로 진행했다는 점이다. 대중에게 공개된 ChatGPT는 말 그대로 혁신 그 자체이다. GPT-3만큼의 유창한 작문 능력과 소수의 샘플을 보여주면 해당 과업을 수행할 수 있는 프롬프트 엔지니어링과 무료로 공개되어 누구나 활용할 수 있다는 점은 인공지능의 지평을 바꾼 서비스라고 볼 수 있다.

플랫폼 경쟁

ChatGPT는 ChatGPT Plus라는 유료 서비스를 통해 막대한 수익을 올렸다. 또한, 지속적인 업그레이드로 GPT-4를 출시하고, GPT로 개발한 기능을 스마트폰 앱처럼 활용할 수 있는 GPTs 등이 출시되면서 앞으로의 인공지능 산업은 생성형 인공지능 플랫폼으로 이동하고 있다.

> GPTs: ChatGPT 사용자가 직접 특정 목적에 맞게 ChatGPT를 커스터마이징해서 만든 챗봇을 의미

 **이미지를 살펴보자!**

◉ **유해성 문제**
- 거대 언어 모델의 활용을 가로막는 가장 큰 장벽은 유해성 및 편향성으로 인공지능과 인류의 보편적 가치가 정렬되어야 함
- 인공지능이 사람의 지능을 모사한다는 점에서 의사결정 과정이 투명해야 하지만 거대 언어 모델을 비롯한 대부분의 인공지능은 블랙박스 모델로 입력과 출력의 인과관계를 논리적으로 설명하는데 한계가 있음

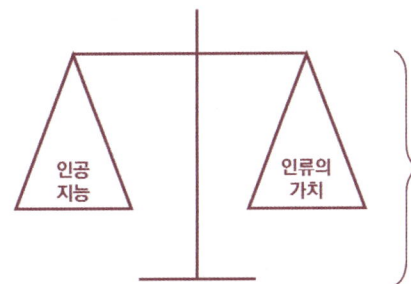

거대 언어 모델의 성능이 아무리 우수하더라도 유해성과 편향성이 있다면 사용 자체가 어려우며, 이를 완화시키기 위한 방법도 블랙박스 인공지능 모델의 특성상 도전적인 난제임

◉ **ChatGPT의 특징**
- ChatGPT는 유해성과 편향성을 완화시키고, 대중에 서비스할 정도로 거대 언어 모델을 최적화함
- ChatGPT는 GPT-3의 한계였던 유해성 및 편향성과 계산의 효율성을 모두 해결하여 대중에게 무료로 제공 → 이후 ChatGPT Plus라는 구독형 서비스로 막대한 수익을 올림에 따라 거대 테크 기업은 개발된 거대 언어 모델에서 ChatGPT와 같은 생성형 인공지능을 출시하면서 본격적인 경쟁 구도를 설정

인공지능 산업의 새로운 비즈니스 모델로 막대한 수익을 창출하였으나 거대 테크 기업 간의 생성형 인공지능 경쟁이 심화됨

10 GPT-3의 구조와 성능

GPT-3의 구조

GPT-3는 트랜스포머의 디코더를 사용한 구조로 GPT-2와 거의 동일하며, 어텐션 메커니즘을 구현할 때 계산량을 최적화하기 위해 희소 트랜스포머(Sparse Transformer)를 사용했다. GPT-3는 순차적인 디코더 96개로 구성되어 있고, 하나의 디코더에 있는 마스크드 멀티헤드 어텐션의 어텐션 헤드 수는 96개이다. 각 어텐션 헤드에서 추출된 특징은 128차원으로 96개의 어텐션 헤드와 병합되어 총 12,288차원의 벡터로 표현된다. 이것은 임베딩 벡터 차원과 동일하다. GPT-3의 어휘 사전 크기는 직접적으로 언급하고 있지 않으나 3천억 개 수준의 토큰으로 학습된다는 점을 고려해 볼 때 5만여 개의 어휘를 갖는 GPT-2보다는 훨씬 클 것으로 추정된다. 이러한 구조에서 학습해야 하는 모수의 수를 계산해 보면 약 1,750억 개 수준이다.

> 기존 트랜스포머에서 과도한 계산량을 줄이기 위해 개발된 변형 모델

GPT-3의 데이터

GPT-3는 거대 언어 모델의 시작인 만큼 대량의 데이터를 학습한다. GPT-3의 학습 데이터는 GPT-2에서 활용했던 WebText, 기본 데이터셋인 위키 백과와 도서 말뭉치를 포함한다. 이에 더하여 대규모 텍스트 데이터인 Common Crawl에서 45테라 바이트 수준의 데이터를 가공해 570기가 바이트를 확보했다. 이렇게 구축된 데이터는 약 5천억 개의 토큰으로 구성되고, 여기에서 일정한 비율로 학습 데이터를 3천억 개 정도 추출하여 언어 모델 사전 학습을 진행한다.

GPT-3의 특징과 성능

GPT-3의 가장 큰 특징은 수십 개 수준의 데이터만으로도 특정 과업을 수행할 수 있다는 것이다. 사전 학습 언어 모델의 미세조정(Fine-Tuning)과는 다르게 학습이 가능한 모수를 변화시키지 않고도 가능하다는 점이 주목할 만한 특징이다. GPT-3는 언어 모델의 성능을 평가하는 Penn TreeBank(PTB) 데이터셋에 대한 제로샷 성능에서 압도적인 우위를 선보였다. 여기에서 제로샷이라는 의미는 해당 과업을 전혀 모르는 상태에서 측정하는 성능을 의미한다. 또 다른 언어 모델의 성능 평가 데이터셋인 LAMBDA에서는 퓨샷의 경우 정확도가 기존의 최고 성능과 대비하여 18.4%가 향상되어 언어 모델에서 매우 우수한 성능을 달성하였다. 그 밖의 다양한 자연어 처리 과업(질의응답, 번역 등)에서는 퓨샷으로 유의미한 성능을 보여주었다.

이미지를 살펴보자!

◉ GPT-3의 모델 구조 및 학습 데이터

구분	내용
학습 가능한 모수의 수	1,750억 개
디코더 레이어의 수	96개
하나의 디코더에서 어텐션 헤드의 수	96개
임베딩 벡터의 차원	12,288차원
언어 모델 학습 컴퓨팅 인프라	마이크로소프트에서 제공하는 V100 GPU 클러스터
구조상의 특징	GPT-2와 동일한 디코더(층 정규화의 위치 변경, 잔차 연결의 가중치 변경) 및 희소 트랜스포머의 기법 활용
학습 데이터	WebText(GPT-2), 위키 백과, 도서 말뭉치, Common Crawl 등 총 45테라 바이트(정제 후 약 570기가 바이트, 5천억 개의 토큰)

◉ GPT-3의 특징

- GPT-3의 가장 큰 특징은 소수의 데이터(퓨샷)로 모수의 재조정 없이 특정 자연어 처리 과업을 수행하는 문맥 내 학습
- 학습된 모수의 미세조정 없이 소수의 학습 데이터를 입력 프롬프트로 전달하면 자동으로 해당 과업을 인지하여 해결

입력 프롬프트(덧셈)	입력 프롬프트(오타 정정)	입력 프롬프트(영어-불어)
5 + 8 = 13	gaot → goat	thanks → merci
7 + 2 = 9	sakne → snake	hello → bonjour
1 + 0 = 1	brid → bird	mint → menthe
3 + 4 = 7	fsih → fish	wall → mur

11 LaMDA의 구조와 특징

LaMDA의 개요

OpenAI와 함께 글로벌 인공지능의 트렌드를 주도하는 구글은 GPT-3를 추격하기 위해 다양한 노력을 시도했는데 그 시작은 2021년 5월 구글 블로그에 게시한 LaMDA(Language Models for Dialog Application)이다. LaMDA를 한마디로 정의하면 챗봇(Chatbot)이다. 인공지능 기반의 챗봇은 자동 고객 응대라는 관점에서 각종 콜센터를 대체할 수 있는 기술이다. 우리가 생각하는 챗봇의 궁극적인 지향점은 다양한 주제를 넘나들며 자연스럽게 대화하는 것인데, 구글이 개발한 LaMDA는 언어 모델을 활용해 좀 더 범용적인 챗봇을 지향한다. 특히, 언어 모델의 태생적 한계인 유해성을 완화하고 진실성을 확보하기 위해 노력하였다. LaMDA는 인류의 가치에 대한 측정 기준을 도입하여 유해하거나 편향된 대화를 완화시키는 안전성을 확보했다. 또한, 진실성을 담보하기 위하여 정보 검색 시스템이나 번역기, 계산기 등의 외부 자원을 활용하는 장치를 마련하였다.

LaMDA의 구조 및 학습 데이터

LaMDA는 GPT-3와 마찬가지로 디코더로만 이루어진 자동 회귀 구조를 가지고 있다. 구체적으로 64개의 디코더, 128개의 어텐션 헤드, 하나의 어텐션 헤드에서 산출되는 어텐션은 128차원 벡터이고, 토큰 임베딩은 <u>8,192차원</u>이다. 이렇게 구성된 LaMDA의 학습 가능한 모수의 수는 1,370억 개이다. LaMDA의 학습 데이터는 Infiniset이라고 부르며, 약 30억 개의 문서와 총 134억 개의 대화로 구성되어 있다. LaMDA의 어휘 수는 3.2만 개 수준인데 해당 데이터를 통해 일반적인 언어 모델을 학습한다.

> T5 모델에서와 같이 상대적 어텐션이 사용됨

LaMDA의 측정 기준 및 특징

LaMDA는 언어 모델의 유해성을 완화하고 진실성을 확보하기 위해 품질, 안전성, 진실성의 세 가지 측정 기준을 도입했다. 품질은 유연한 대화를 제공하기 위해 합리성, 구체성, 흥미성 요소를 고려했고, 안전성은 구글의 인공지능 원칙에 따라 기준을 설정했다. 마지막으로 진실성은 외부 정보 시스템을 활용하여 응답을 보정하는 기준을 마련했다. LaMDA는 이러한 측정 기준을 통해 사전 학습 모델을 미세조정하는 과정을 거친 것이다. LaMDA는 거대 언어 모델에서 가장 큰 한계인 유해성을 어느 정도 완화하였다. 여기에서 주목할 점은 안전성을 확보하기 위해 구글의 인공지능 원칙을 기준으로 사람이 직접 유해한 데이터인지를 판별하였다. 또한, LaMDA의 검증 과정 역시 사람이 직접 참여하여 안전성 확보에 노력을 기울인 결과 상당한 수준으로 유해한 발언이 경감되었다. 그러나 진실성에서는 여전히 개선할 사항이 필요했는데 조금 복잡한 대화의 경우는 진실성이 결여되었다.

이미지를 살펴보자!

⦿ LaMDA의 모델 구조 및 학습 데이터

구분	내용
학습 가능한 모수의 수	1,370억 개
디코더 레이어의 수	64개
하나의 디코더에서 어텐션 헤드의 수	128개
임베딩 벡터의 차원	8,192차원
어휘 사전의 수	약 32,000개
언어 모델 학습 컴퓨팅 인프라	구글 TPU v3 1,024장으로 57.7일간 학습
구조상의 특징	T5와 유사한 상대적 어텐션 기법을 활용하여 임베딩 벡터를 상대적으로 낮은 차원으로 유지
학습 데이터	약 30억 개의 문서와 145억 개의 대화로 구성된 Inifiniset으로 1,560억 개의 단어를 보유

⦿ LaMDA의 평가 지표

LaMDA는 다양한 평가 지표를 도입함으로써 Chatbot의 성능을 측정할 수 있는 기준과 방법을 제안

기본적인 측정 기준		내용
품질	일관성	대화의 대답이 합리적이면서 논리적인지 판단
	구체성	대답이 지나치게 단순한지의 여부로 판단
	흥미성	대답이 독창적이거나 유머가 있는 경우
안정성		Google AI Principles에서 고안된 측정 기준
진실성		대답에 대한 진실성 여부로 판단(경우에 따라 정보성과 참고문헌의 정확도 판단)

12 MT NLG의 개념과 성능

MT NLG의 개요

MT NLG(Megatron-Turing Natural Language Generation)는 Megatron이라는 언어 모델을 개발한 NVIDIA와 Turing NLG를 개발한 마이크로소프트가 협력하여 개발한 모델로 2021년 10월에 공개되었다. NVIDIA는 세계 최대의 GPU 생산 기업으로 인공지능 하드웨어 분야에서 압도적인 지분을 가지고 있다. 마이크로소프트는 윈도우즈나 오피스로 잘 알려진 기업으로 세계 최고 수준의 SW 개발 기술을 보유하고 있다. 마이크로소프트는 인공지능 분야에 과감한 투자를 통해 글로벌 인공지능 트렌드를 이끄는 연구 성과를 보유하고 있다. 이렇게 인공지능의 HW와 SW 분야에서 정점을 차지하고 있는 두 기업이 협력하여 개발한 MT NLG는 GPT-3에서 학습 가능한 모수의 약 3배인 5,300억 개로 구성되어 있다.

거대 언어 모델의 학습 문제

MT NLG에서는 GPT-3보다 큰 모델을 효율적으로 학습시킬 때 두 가지 어려움을 제시하였다. 첫 번째는 거대 언어 모델 학습의 단위 컴퓨팅 자원에서 GPU 하나의 메모리(VRAM) 용량이 한정되어 있어 다수의 GPU를 탑재한 다수의 서버를 동시에 활용해야 한다는 점이다. 즉, 5,300억 개의 모수를 학습하기 위해서는 모수 자체와 기울기 등 10테라 바이트 이상의 메모리가 필요하다. 두 번째는 거대 언어 모델을 학습하기 위해서 매우 긴 학습 시간이 필요한데 이를 줄이기 위해서는 알고리즘, SW, HW를 유기적으로 통합시켜야 한다는 것이다.

MT LNG의 하드웨어와 소프트웨어

MT LNG 모델을 학습하기 위한 HW는 NVIDIA의 딥러닝 전용 인프라인 DGX A100 서버를 560대로 구성한다. DGX A100 1대에는 NVIDIA에서 개발한 딥러닝 전용 GPU인 A100이 8장 탑재되어 총 4,480장의 A100 GPU로 구성되어 있고, 각 서버는 초고속 통신망으로 연결된 일종의 슈퍼컴퓨터이다. MT LNG의 SW는 NVIDIA의 Megatron-LM에서 고안된 모델 병렬화 기법과 MS에서 개발한 분산 처리 SW인 DeepSpeed가 융합되어 데이터, 텐서, 파이프라인 모델의 병렬 처리를 구현한다. 데이터 병렬 처리는 다수의 데이터(배치)에 동일한 연산을 하는 기법이고, 텐서 병렬 처리는 모델의 각 **블록**을 분할하여 계산하는 기법이며, 파이프라인 모델 병렬 처리는 디코더 층을 분할하여 동시에 처리하는 기법이다. MT LNG는 모델 크기만큼 GPT-3에 비해 탁월한 성능을 보여주었으나 3배 이상의 모수를 학습했음에도 획기적인 성능 향상이라고 볼 수는 없다. 그러나 MT LNG는 거대 언어 모델을 효율적으로 학습할 수 있는 병렬 처리 기법을 제안했다는 점에서 주목해야 한다.

> 셀프 어텐션 및 앞먹임신경망

이미지를 살펴보자!

● Megatron-Turing NLG의 모델 구조 및 학습 데이터

구분	내용
학습 가능한 모수의 수	5,300억 개
디코더 레이어의 수	105개
하나의 디코더에서 어텐션 헤드의 수	128개
임베딩 벡터의 차원	20,480차원
어휘 사전의 수	약 32,000개
언어 모델 학습 컴퓨팅 인프라	NVIDIA A100 4,480장
구조상의 특징	구조상의 특징은 두드러지지 않으나 학습하는 방법에서 3차원 병렬 처리를 활용
학습 데이터	약 800기가 바이트 수준의 고품질 데이터셋(Pile), Common Crawl 스냅샷 2개, Real News 등

● MT NLG의 구조

MT-NLG는 3차원 병렬 처리를 도입하여 GPT-3 대비 3배 이상의 큰 모델을 성공적으로 학습

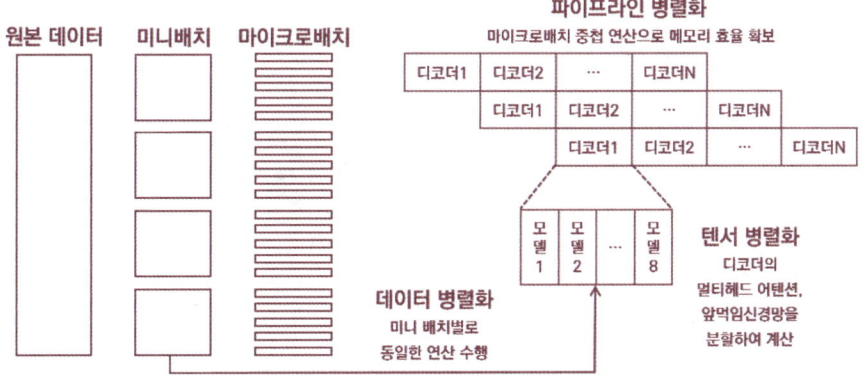

13 Gopher의 등장과 접근법

OpenAI와 딥마인드

딥러닝 이후 인공지능의 혁신을 이끈 양대 산맥을 선택하자면 OpenAI와 구글 딥마인드를 꼽을 수 있다. 두 기업은 세계 최고의 인공지능 연구자들이 모여 범용 인공지능(Artificial General Intelligence, AGI)을 개발한다는 목표로 연구개발을 추진하고 있다. 거대 언어 모델 이전에 두 기업의 경쟁 주제는 강화 학습이었다. 그중에서도 게임 인공지능 개발에 집중했는데 그 결과물이 바로 딥마인드가 개발한 알파고와 알파스타이다. OpenAI도 게임 인공지능에 주력했는데 Dota2 인공지능인 Five와 누구나 게임 인공지능을 개발할 수 있는 gym을 공개했다. 거대 언어 모델 이전의 게임 인공지능에서는 딥마인드가 우세하다고 판단할 수 있으나 OpenAI가 GPT-3를 개발한 뒤에는 OpenAI가 주도권을 가져왔다. 딥마인드 역시 세계 최고의 인공지능 연구개발을 진행하고 있고, 그 결과 자체 개발한 거대 언어 모델 Gopher를 공개했는데 학습 가능한 모수의 수는 2,800억 개로 구성되어 있다.

Gopher의 접근법

거대 언어 모델 Gopher의 구조는 GPT-3와 비슷하다. 즉, 트랜스포머의 디코더 모델을 기반으로 생성형 언어 모델에 집중한 것인데 Gopher는 모델의 크기와 성능의 상관관계를 엄밀하게 분석한 것이 가장 큰 특징이다. 다른 거대 언어 모델 역시 다양한 규모의 모델을 테스트하면서 가장 큰 규모의 모델이 가장 우수한 성능을 갖는다는 논리를 전개하고 있다. Gopher는 이러한 성능 향상을 제대로 측정하기 위해 152종에 달하는 자연어 처리 하위 과업을 활용하여 모델의 규모가 클수록 성능 향상을 기대할 수 있다는 사실에 객관성을 확보했다. 딥마인드가 개발한 Gopher는 모수의 수를 4,400만 개에서 2,800억 개까지 변화시켜 총 6개의 모델에 대하여 성능을 측정했다. 여기에서 Gopher는 2,800억 개의 모수를 갖는 모델을 의미한다. 모델 크기에 따라 성능의 변화를 공정하게 관측하기 위해서 딥마인드는 동일한 데이터로 추출된 동일한 토큰으로 언어 모델을 사전에 학습시켰다. 이후 다양한 자연어 처리 하위 과업 152종에 대하여 모델 크기에 따른 성능의 변화를 실험한 결과 16개를 제외한 136종의 하위 과업에서 Gopher 모델이 가장 우수하다는 것을 밝혔다.

거대 언어 모델의 윤리적/사회적 위험

딥마인드는 Gopher 논문에서 거대 언어 모델에 대한 윤리적, 사회적 위험에 대해서도 비중 있게 다루고 있다. 먼저 독성이나 편향을 측정하는 기준에서 명확한 한계가 있었다는 점이며, 실제로 고성능의 거대 언어 모델을 활용하기 위해서는 추가적인 작업을 통해 해악성을 완화 시켜야 한다는 필요성을 강조했다.

이미지를 살펴보자!

● **Gopher의 모델 구조 및 학습 데이터**

구분	내용
학습 가능한 모수의 수	2,800억 개
디코더 레이어의 수	80개
하나의 디코더에서 어텐션 헤드의 수	128개
임베딩 벡터의 차원	16,384차원
어휘 사전의 수	약 32,000개
언어 모델 학습 컴퓨팅 인프라	Google TPU v3 4,096장
구조상의 특징	GPT-2와 동일하나 층 정규화 대신 RMS 정규화와 TransformerXL의 상대 위치 인코딩을 활용
학습 데이터	MassiveText 데이터셋으로 10.5테라 바이트 수준의 23.5억 개의 문서(학습에는 3천억 개의 토큰을 활용)

● **Gopher의 윤리적/사회적 위험**

Gopher는 다양한 윤리적 및 사회적 위험을 강조하면서 거대 언어 모델의 개발과 활용에 대한 고려 사항을 언급

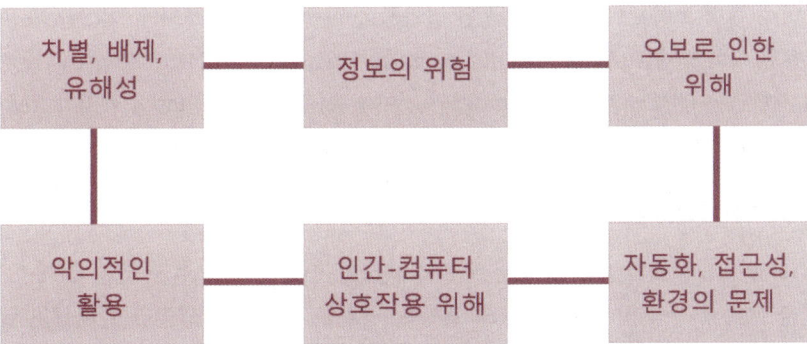

14 InstructGPT의 접근법과 특징

거대 언어 모델의 유해성과 도전 과제

앞서 거대 언어 모델의 근본적인 한계는 유해성이라고 언급했다. 그 이유를 다시 살펴보면 거대 언어 모델이 생성하는 언어가 독성이 있거나 편향이 있다면 사회에 많은 혼란을 야기시킬 수 있기 때문이다. 아무리 좋은 기술이어도 인간이 추구하는 보편적 가치와 인공지능의 기능이 일치하지 않는다면 사용할 수 없을 것이다. 이러한 이유에서 사람 수준의 언어 구사 능력을 갖는 거대 언어 모델이 출현해도 산업적 활용이 제한될 수밖에 없다. OpenAI와 딥마인드가 추구하는 범용 인공지능이 인간의 가치와 정렬되어야 한다는 문제는 지속적으로 언급하고 있다. 거대 언어 모델의 유해성을 완화 시키는 것은 도전적인 과제이다. 먼저 거대 언어 모델이 학습한 데이터 자체에 편향이 있다는 것에서부터 이를 학습한 모델이 편향을 가질 수밖에 없다는 사실은 자명하다. 그렇다면 모델을 어떻게 수정해야 이러한 편향을 제거할 수 있는지를 판단하기 위해서는 모델에 대한 설명 가능성이 보장되어야 하는데 거대 언어 모델 역시 일종의 블랙박스 모델로 의사결정 과정이 투명하지 않다.

InstructGPT의 접근법

GPT-3를 개발한 OpenAI는 유해성을 완화 시키기 위해 모델 자체의 설명 가능성을 확보하는 접근보다는 GPT-3를 인간의 가치와 정렬시키기 위해 추가적으로 학습하는 접근을 선택했다. 이는 사람이 직접 GPT-3가 생성한 답변을 피드백하는 방식이다. 먼저 임의의 GPT-3 프롬프트에 대해 사람이 답변한 데이터셋을 구축하여 GPT-3에 재학습 시킨다. 그리고 다양한 프롬프트에서 GPT-3 답변의 질적 우수성을 별도로 라벨링하여 보상 모델(Reward Model)을 학습시킨다. 이후 학습된 보상 모델은 강화 학습 기법을 활용하여 특정 프롬프트에 대해 생성된 결과물을 학습시키는 구조이다. 이러한 과정이 인간의 피드백을 활용한 강화 학습(Reinforcement Learning from Human Feedback, RLHF)이며, 해당 과정을 통해 재학습된 GPT-3가 InstructGPT인 것이다. 차후 논의할 ChatGPT 역시 RLHF 기법을 활용한 것으로 전반적인 과정은 InstructGPT가 제안한 RLHF를 따르게 된다.

> 보상 모델(Reward Model): 모델이 생성한 결과물에 대해 인간의 피드백을 평가하고, 이를 보상 신호로 활용하여 모델을 개선

InstructGPT의 특징

InstructGPT는 13억 개의 모수를 갖는 모델이지만 1,750억 개의 모수를 갖는 GPT-3보다 더욱 우수한 답변을 나타냈고, 진실성에 대해서도 훌륭한 성과를 달성했다. 그러나 유해성은 일부만 저감된 반면, 편향에 대해서는 완화 효과가 없었다. 즉, InstructGPT는 인간의 개입을 통한 재학습의 과정(RLHF)이 모델을 생성하는 언어의 유해성을 낮추고, 진실성은 높였으나 여전히 개선할 사항이 많이 남아 있다.

 **이미지를 살펴보자!**

● InstructGPT의 접근

InstructGPT는 GPT-3의 유해성 및 편향성을 완화 시키기 위해 별도의 모델을 고려하기 보다는 GPT-3를 재학습시켜 보완하는 전략을 취함

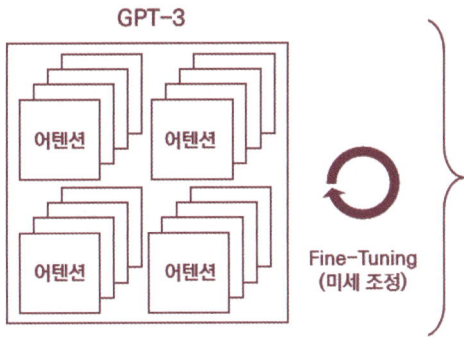

[문제 제기]
GPT-3의 학습 목표는 다음 토큰을 예측하는 단순한 구조로 되어있어 생성하는 언어에 대해 편향성, 유해성, 진실성을 확보하기 어려움

[해결 방법에 대한 접근]
인간이 개입하여 GPT-3를 미세조정하는 접근으로 강화 학습을 활용

● 단계별 강화 학습(RLHF)

인간의 피드백을 활용한 강화 학습(RLHF)을 통해 거대 언어 모델을 대중에게 서비스할 수 있는 계기를 확보

[1단계 : 지도 학습]

특정 프롬프트(입력)에 대해서 사람이 직접 작성한 답변으로 구성된 학습 데이터를 구축

이미 학습된 GPT-3 모델에 미세조정하는 방식으로 구축한 학습 데이터를 지도 학습 방식으로 학습

[2단계 : 보상 모델 학습]

1단계의 결과물인 GPT-3에 특정 프롬프트를 입력한 결과물에 대하여 해당 품질을 평가

결과물의 품질은 사람이 직접 평가하며, 이것을 보상 모델에 학습시키는 과정

[3단계 : 강화 학습]

1단계와 2단계의 결과물을 토대로 강화 학습을 수행하여 사람이 의도한 가치에 정렬되어야 함

강화 학습은 PPO 기법이 사용되는데 이는 작은 변화를 점진적으로 학습시키는 접근법

Ⓓ > Ⓑ = Ⓐ > Ⓒ

제4장 거대 언어 모델 | **137**

15 PanGu 알파의 배경과 특징

🔵 미국과 중국의 인공지능 경쟁

전 세계의 인공지능 기술력을 살펴보면 가장 선두에 있는 국가로 미국과 중국을 꼽을 수 있다. 미국은 민간 주도로 인공지능 기술력이 지속적으로 발전할 수 있는 생태계를 보유하고 있으며, 인공지능 기술과 관련된 질적/양적 지표 모두 세계 최고 수준을 유지하고 있다. 또한, 2016년부터는 미국 행정부에서 직접 인공지능 정책을 발표함에 따라 민간이 주도하고 정부가 뒷받침하는 환경에서 인공지능 발전의 원동력을 확보했다. 중국은 IT 분야에서 선진국의 기술을 모방하는 접근과 치열한 내수 산업의 주도권 경쟁을 통해 기술적 역량을 쌓아왔다. 중국 또한 2016년부터 국가의 정책 노선에 인공지능을 포함시키는데 상대적으로 후발주자인 중국은 정부가 주도하고 민간이 뒷받침하는 환경을 조성했다고 볼 수 있다. 특히, 정부의 역할이 컸기 때문에 개인의 이익보다는 사회 전체의 이익에 큰 중심을 두어 공공의 영역에서 인공지능을 활용하였다. 따라서 인공지능의 실질적인 활용에 있어서는 미국보다 한발 앞서 있다고 볼 수 있다. 미국과 중국은 2018년도에 촉발된 무역 분쟁으로 갈등이 심화되었는데 인공지능 분야에서도 예외는 아니었다. 미국의 가장 큰 제재는 중국의 주요 기업에 인공지능 HW를 수출 금지 품목으로 설정하여 딥러닝에 필요한 막대한 계산 자원을 수급하는데 어려움을 주었다. 그러나 인공지능 기술은 빠르게 공개되는 특성이 있기 때문에 SW적인 측면에서 중국은 여전히 경쟁력을 보유할 수 있었다.

🔵 PanGu 알파의 특징

중국의 글로벌 IT 기업 화웨이는 2021년 4월 OpenAI의 GPT-3에 대응하는 중국어 거대 언어 모델인 PanGu 알파를 공개했다. PanGu 알파는 2,000억 개의 학습 가능한 모수를 보유하고 있고, 전반적인 구조는 GPT-3가 채택한 트랜스포머의 디코더 기반 생성 모델이다. 모델의 아키텍처는 64개의 디코더 레이어, 하나의 디코더에 탑재되는 어텐션 헤드의 수는 128개, 임베딩 벡터의 크기는 16,384로 구성된다. PanGu 알파의 학습 데이터는 중국어로 구성된 1.1테라 바이트 수준의 고품질 데이터를 활용한다. PanGu 알파는 화웨이가 개발한 인공지능 전용 가속기인 Ascend 910을 2,048장 탑재한 대규모 클러스터에서 학습한다. 중국은 무역 분쟁으로 인해 인공지능 학습용 HW를 직접 구축해야 하는 도전 과제가 있었다. 이에 화웨이는 2019년 인공지능 HW를 자체 개발하는데 성공함에 따라 미국의 의존도를 낮추게 된다. 그 결과물로 PanGu 알파를 개발했다는 점은 중국의 인공지능 기술력이 자생할 수 있는 바탕을 마련했다고 해석할 수 있다. PanGu 알파는 화웨이의 인공지능 HW에 최적화된 5차원 병렬 처리를 통해 효율적인 학습 방법을 모색했으며, GPT-3와 유사하게 퓨샷 학습으로 충분한 수준의 자연어 처리 하위 과업을 수행할 수 있었다.

> Ascend 910 — 중국에서 자체 기술로 개발한 인공지능 학습용 HW

이미지를 살펴보자!

● PanGu 알파의 모델 구조 및 학습 데이터

구분	내용
학습 가능한 모수의 수	2,000억 개
디코더 레이어의 수	64개
하나의 디코더에서 어텐션 헤드의 수	128개
임베딩 벡터의 차원	16,384차원
어휘 사전의 수	약 40,000개
언어 모델 학습 컴퓨팅 인프라	Huawei Ascend 910 2,048장
구조상의 특징	전형적인 트랜스포머의 디코더 모델에서 추가로 쿼리 층을 도입
학습 데이터	중국어 말뭉치 데이터인 BaiDuQA, CAIL2018 등 약 80테라 바이트 데이터에서 정제된 1.1테라 바이트의 고품질 데이터를 활용

● 미중 무역 분쟁의 영향

미중 무역 분쟁은 중국의 기술적 독립을 야기시켰으며, PanGu 알파는 중국의 독자 기술로 구현한 거대 언어 모델

- 2018년부터 촉발된 미국-중국 간의 무역 분쟁은 최신 과학 기술에 대한 경쟁도 포함
- 인공지능을 포함한 대부분의 과학 기술 분야에서는 미국과 중국이 양대산맥을 이루고 있음
- 미국은 중국의 테크 기업을 블랙 리스트(Entity List)에 등재함에 따라 중국은 미국의 의존도를 낮추고 독자적인 기술 개발에 착수

- 화웨이는 중국을 대표하는 IT 기업으로 중국 정부의 전폭적인 지지에 다양한 사업을 추진
- 미중 무역 분쟁으로 화웨이는 각종 반도체의 파운드리 위탁 생산, 반도체 구매 등에서 제재를 받아 일부 항목에서는 독자 기술을 개발
- PanGu 알파 모델에 사용된 Ascend 910은 독자 개발한 인공지능 전용 가속기

16 PaLM의 개념과 특징

구글의 반격

거대 언어 모델 이전의 인공지능은 사실상 구글이 주도했다고 볼 수 있다. 구글은 알파고를 개발한 딥마인드를 인수했고 인공지능 전용 HW인 TPU를 개발하면서 클라우드 플랫폼을 운영함에 따라 딥러닝의 패러다임을 전환 시키고 있었다. 거대 언어 모델의 기반이 된 트랜스포머와 사전 학습 언어 모델의 시작을 알린 BERT는 모두 구글이 개발한 업적이다. 또한, 구글 딥마인드는 게임 인공지능 분야에서 탁월한 성과를 달성했으며 인공지능과 뇌 과학의 접목, 단백질 구조 예측에 활용되는 알파 폴드, 각종 의료 산업에 인공지능을 적용하는 등의 업적을 남겼다. 그러나 OpenAI가 GPT-3를 공개하자 인공지능의 주도권이 점차 넘어가고 있었고, ChatGPT를 출시하면서 생성형 인공지능은 OpenAI가 확고한 주도권을 잡게 된다. 이에 구글은 딥마인드가 개발한 거대 언어 모델인 Gopher에 이어서 2022년 4월 또 다른 거대 언어 모델인 PaLM(Pathways Language Model)을 공개한다.

PaLM의 개요

PaLM에서 학습 가능한 모수의 수는 5,400억 개로 GPT-3와 비교할 때 약 3배 이상 큰 모델이다. 모델의 크기만으로 평가할 때는 당시 5,300억 개의 MT NLG보다도 100억 개 큰 모델로 OpenAI와의 경쟁에서 우위를 다툴 수 있는 계기가 되었다. MT NLG에서도 언급했듯이 거대 언어 모델을 효율적으로 학습시키기 위해서는 HW와 SW가 긴밀히 통합된 환경이 필요하다. 구글은 딥러닝을 위한 전용 가속기인 TPU를 지속적으로 발전시켜 왔으며, TPU에서 거대 언어 모델을 학습시키기 위한 병렬 처리 기술로 Pathways 시스템을 고안했다. 여기에서 Pathways는 구글이 별도로 고안한 모델 개념으로 이해할 수 있다. PaLM 모델은 최대 6,144개의 TPU를 활용하여 학습했으며, 학습 효율은 46.2%를 달성해 기존의 30% 수준의 효율성을 상당한 폭으로 개선하였다.

PaLM의 특징

PaLM은 출시 당시 29개의 자연어 처리 과업 중 28개 분야에서 최고 성능을 달성하며 언어 모델의 성능을 향상시켰다. 또한, 자연어 처리에서 가장 어렵다고 할 수 있는 추리/논증 과업에서 성능을 향상시킬 수 있는 새로운 Chain-of-Thought(CoT) 프롬프트 기법을 소개했다. 예를 들면 수학 문제와 그 풀이 과정을 상세하게 작성한 예시를 프롬프트에 입력할 경우 입력된 과정에 따라 답변을 생성하는 특징을 가지고 있다. CoT를 실제 초등학교 수학 문제에 적용시킨 결과 8개의 퓨샷을 활용한 경우는 58%의 정확도를 달성하여 GPT-3가 7,500개의 데이터를 재학습하고 외부 자원으로 검증했던 55%의 정확도 보다 우수함을 증명했다.

> 거대 언어 모델에서 추론 능력을 지원하는 기법으로 문제 해결과 의사 결정 과정을 설명

이미지를 살펴보자!

⦿ PaLM의 모델 구조 및 학습 데이터

구분	내용
학습 가능한 모수의 수	5,400억 개
디코더 레이어의 수	118개
하나의 디코더에서 어텐션 헤드의 수	48개
임베딩 벡터의 차원	18,432차원
어휘 사전의 수	약 256,000개
언어 모델 학습 컴퓨팅 인프라	Google TPU v4 6,144장
구조상의 특징	앞먹임신경망의 활성 함수를 SwiGLU로 선택하고, 어텐션과 앞먹임신경망을 병렬 연산으로 처리
학습 데이터	LaMDA, GLaM 모델에서 구축된 7,800억 개의 토큰 (웹페이지, 책, 위키 백과, 뉴스, 소스 코드 등)

⦿ PaLM의 세부 기능

PaLM은 공개 당시 가장 큰 거대 언어 모델로 등극하면서 계산상의 효율을 확보했으며, Chain-of-Thought라는 프롬프트 기법을 제안

- 구글은 Pathway System과 다양한 최적화를 통해 거대 언어 모델의 사전 학습 중에서 가장 높은 효율을 달성
- 모델 FLOP 효율은 HW의 이론 성능 대비 사전 학습을 수행했을 때의 성능으로 산출

- Chain-of-Thought 기법은 추리/논증 과업에서 두드러진 성능 향상을 보임
- 다음 예시의 경우 추리 및 논증 과정을 프롬프트 예시로 입력함으로써 모델의 품질을 향상시킴

모델	모수의 수 (억 개)	가속기	모델 FLOP 효율
GPT-3	1,750	V100	21.3%
Gopher	2,800	4,096 TPU v3	32.5%
MT NLG	5,300	2,240 A100	30.2%
PaLM	5,400	6,144 TPU v4	46.2%

[예시 입력]
로저는 테니스 공 5개를 가지고 있다. 그는 2개의 테니스 공 캔을 구입했다. 하나의 캔에는 3개의 테니스 공이 있다. 로저는 테니스 공을 몇 개 가지고 있을까?

[예시 답변]
로저는 테니스 공 5개를 가지고 있다. 3개의 공이 들어 있는 테니스 공 캔 2개에는 총 6개의 공이 있다. 즉, 5 + 6 = 11 ∴ 답은 11

OPT 175B의 시작과 특징

Meta의 접근(오픈 소스 공개)

2021년 10월 Facebook은 Meta로 사명을 바꾸면서 메타버스로의 방향성을 확고히 했다. Meta는 구글, 마이크로소프트, OpenAI 등과 함께 인공지능에서도 탁월한 연구 실적을 남기며 글로벌 인공지능의 트렌드를 주도하는 기업 중 하나이다. 특히, 글로벌 최대의 SNS를 운영하면서 다양한 사용자 정보를 보유하고 있는 점에서 인공지능 개발에도 두각을 나타냈다. 그러나 Meta는 메타버스로의 노선을 설정하여 거대 언어 모델에서는 뒤처진 상황이었다. GPT-3를 비롯한 거대 언어 모델은 대부분 공개되지 않았다. 인공지능의 다양한 딥러닝 모델은 Github 저장소에서 공개하는 것이 일반적이였으나 거대 언어 모델은 쉽사리 공개되지 않았는데 그 이유는 악용의 가능성이 있기 때문이다. Meta는 2022년 5월 거대 언어 모델의 최초 오픈 소스인 OPT(Open Pretrained Transformer)를 공개했다. Meta는 구글과 OpenAI가 주도적으로 이끌고 있는 거대 언어 모델의 경쟁 대열에 합류하기 보다는 인공지능 기술의 민주화를 위해 거대 언어 모델을 공개했다고 해석할 수 있다.

OPT 175B의 특징

OPT는 다양한 크기의 모델을 제공하는데 가장 큰 모델은 GPT-3와 같은 1,750억 개의 모수(175B)를 갖는다. 175B 모델은 악의적인 활용을 차단하기 위해 Meta에 직접 요청한 기관을 따로 심사하여 공개한다는 입장을 밝혔다. Meta에서 개발한 OPT는 1,750억 개의 모수를 효과적으로 학습할 수 있는 데이터셋을 공개했다는 점이 고무적이다. 데이터셋의 구성은 RoBERTa에서 학습에 활용한 데이터셋과 또 다른 대규모 데이터셋인 Pile 그리고 reddit의 과거 정보를 저장해 놓은 PushShift.io 데이터셋을 활용한다.

Meta는 OPT 175B를 학습하기 위해 당시 NVIDIA가 공개한 차세대 GPU 아키텍쳐인 A100 992장을 활용했다. 또한, GPT-3 이후 제안된 다양한 병렬화 기법을 접목시켜 GPT-3 학습에서 활용된 비용을 1/7로 절약했다. OPT 175B는 GPT-3와 동일하게 96개의 디코더와 96개의 어텐션 헤드 그리고 임베딩 벡터의 크기는 12,288로 구성되며, 벤치마크 결과 GPT-3와 유사한 성능을 보였다. OPT는 최신 인공지능 기술을 대중에게 공개한 것으로 큰 의미를 갖는다. Meta가 선택한 오픈 소스 노선은 글로벌 테크 기업의 전유물이 될 수 있는 거대 언어 모델을 민주화했다는 점이다. Meta는 ChatGPT 이후에도 오픈 소스를 지속적으로 지향하여 거대 언어 모델보다는 작지만 누구나 활용할 수 있는 <u>sLLM(smaller Large Language Model)</u>의 주도권을 가지게 된다.

> 경량화를 통한 응답 속도의 향상과 입력 데이터의 최적화를 이루는 소형 언어 모델

이미지를 살펴보자!

◉ **OPT 175B의 모델 구조 및 학습 데이터**

구분	내용
학습 가능한 모수의 수	1,750억 개
디코더 레이어의 수	96개
하나의 디코더에서 어텐션 헤드의 수	96개
임베딩 벡터의 차원	12,288차원
어휘 사전의 수	-
언어 모델 학습 컴퓨팅 인프라	NVIDIA A100 992장
구조상의 특징	GPT-3와 거의 유사하게 구성됨
학습 데이터	RoBERTa 데이터셋, Pile, PushShift.io Reddit 등 총 1,700억 개 수준의 토큰

◉ **Meta의 노선과 특징**

Meta는 인공지능 분야에서 세계 최고 수준의 역량을 가지고 있으나 거대 언어 모델에서는 상대적으로 뒤처짐에 따라 오픈 소스 노선을 채택

- Meta는 사명을 바꾸기 전인 Facebook 시절부터 인공지능을 연구 개발하는 전담 조직을 운영하여 세계 최고 수준의 인공지능 연구 역량을 보유
- OPT 175B는 GPT-3를 기반으로 구현한 오픈 소스 모델이나 악의적인 활용의 가능성 때문에 별도의 신청을 받아 승인한 대상에 한해서만 사용 가능

- Meta는 거대 테크 기업의 전유물인 거대 언어 모델을 공개하는 전략을 취하면서 기술력을 보여줌과 동시에 인공지능 생태계 선점에 기여
- ChatGPT가 공개된 이후에는 거대 언어 모델보다 작지만 훌륭한 성능을 보이는 sLLM을 공개하여 인공지능 민주화에 큰 기여를 함

18 BLOOM의 배경과 특징

Huggingface와 BigScience

허깅페이스는 누구나 쉽게 언어 모델을 학습하고 활용할 수 있는 환경을 제공하여 인공지능 기술의 민주화에 기여하고 있다. Meta는 자사의 인공지능 기술력을 바탕으로 오픈 소스 전략을 취했다면 허깅페이스는 집단지성을 활용해 오픈 소스를 추구했다. 거대 언어 모델이 연구계에 미친 영향은 매우 컸다. 그 본질적인 이유는 비용 문제인데 Meta에서 공개한 OPT 175B 모델을 학습시키기 위해서는 1천 장에 달하는 GPU가 필요했다. 당시 NVIDIA가 제공하는 고성능 워크스테이션인 DGX A100의 경우 A100 8장이 탑재되어 있고, 가격은 한화로 약 2.6억 원 수준이다. A100 1천 장이면 장비 가격만 300억 원이 넘기 때문에 대기업이 아닌 이상 운영 자체가 어렵다. 허깅페이스는 거대 언어 모델일지라도 오픈 소스로 구축하는 것에 필요성을 가지고 있었고, 이를 시행하기 위한 전략으로 전 세계 연구자들의 집단지성을 활용한 BigScience 프로젝트를 추진했다.

BigScience는 거대 언어 모델인 BLOOM을 개발하기 위해 70개 이상의 국가에서 250개 이상의 기관과 천여 명의 개발자가 참여했다. 그 결과 BLOOM은 GPT-3에 버금가는 1,760억 개의 학습 가능한 모수로 구성되며, 46개의 언어와 13종의 프로그래밍 언어를 생성할 수 있는 능력을 가지고 있다. 또한, 컴퓨팅 인프라로 프랑스의 Jean Zay 슈퍼컴퓨터를 활용했으며, 개발을 위해 프랑스 정부는 3백만 유로 수준의 컴퓨팅 예산을 지원했다.

BLOOM의 특징과 인공지능 라이선스

BLOOM은 학습 데이터셋으로 ROOTS를 제안했는데 이것은 허깅페이스에서 제공하는 498종의 데이터셋으로 구성되어 있고, 규모는 1.6테라 바이트 수준이다. BLOOM은 오픈 소스인 만큼 거대 언어 모델에서 밝히지 않은 상세한 구조를 기술하고 있다. 또한, 실험 결과 거대 언어 모델에서 전형적인 디코더 모델의 우수성을 찾아냈고, 여러 최신 논문을 바탕으로 ALiBi 위치 임베딩과 추가적인 층 정규화를 고려했다. BLOOM에서 디코더 층은 70개, 어텐션 헤드의 수는 112개, 임베딩 벡터의 크기는 14,336이고, 어휘 사전의 수는 약 25만 개 수준이다. BLOOM의 성능은 최신 오픈 소스 언어 모델과 비교했을 때 충분히 경쟁력 있는 수준을 나타냈다. BLOOM은 집단지성을 활용한 오픈 소스 거대 언어 모델인 만큼 그 사용에 있어서 특별한 기준을 제시했는데 이것이 책임 있는 인공지능 라이선스(Responsible AI License, RAIL)이다. OPT와 마찬가지로 BLOOM 역시 악의적인 활용에 노출될 가능성이 있기 때문에 완전한 오픈 소스로는 제공되지 않고, RAIL을 통해서 제한된 라이선스가 부여된다. RAIL에는 13가지의 사용 제한 목록을 별도로 명시하고 있다.

이미지를 살펴보자!

◉ BLOOM의 모델 구조 및 학습 데이터

구분	내용
학습 가능한 모수의 수	1,760억 개
디코더 레이어의 수	70개
하나의 디코더에서 어텐션 헤드의 수	112개
임베딩 벡터의 차원	14,336차원
어휘 사전의 수	약 250,000개
언어 모델 학습 컴퓨팅 인프라	NVIDIA A100 384장
구조상의 특징	ALiBi 위치 임베딩과 추가적인 층 정규화로 46개국의 언어와 13종의 프로그래밍 언어를 포함
학습 데이터	허깅 페이스에서 구축한 498종의 데이터셋으로 구성되며, 1.6테라 바이트 수준의 ROOTS 데이터셋

◉ BLOOM의 특징과 RAIL

전 세계 인공지능 연구자의 집단지성으로 개발된 BLOOM은 성능의 우수성을 떠나 인공지능의 민주화에 지대한 기여

	RAIL (Responsible AI License)
• 집단지성을 활용한 BigScience는 기업, 연구소, 대학, 정부 등 다양한 주체가 모여 인공지능의 민주화를 위해 BLOOM이라는 오픈 소스 기반의 거대 언어 모델 개발에 성공 • BLOOM 역시 OPT-175B와 마찬가지로 악의적인 활용을 방지하기 위해 RAIL이라는 라이선스 아래서 활용 가능	RAIL에서는 악의적인 활용을 방지하기 위해 다음의 금지된 사례를 언급 • 법률에 위반되는 경우 • 미성년자를 착취하거나 해치려는 목적으로 사용된 경우 • 다른 사람을 해칠 목적으로 허위 정보를 생성 및 배포하는 경우 • 개인을 침해할 수 있는 개인정보를 생성 및 배포하는 경우 • 인공지능이 생성한 것을 명시하지 않는 경우 • 타인을 모욕, 비방, 해치려는 경우 등

제4장 거대 언어 모델

HyperCLOVA의 개념과 특징

한국의 거대 언어 모델

한국은 2016년 알파고와 이세돌 9단의 대결로 인해 인공지능에 대한 가능성을 직접 피부로 느끼게 되었다. 그 파급력은 정부 정책과 맞물려 인공지능에 대한 대규모 투자와 산업 활성화로 이어졌다. 한국의 인공지능 연구 역량은 꽤 우수한 수준이나 객관적으로 볼 때 미국과 중국과는 양적, 질적으로 상당한 격차가 존재한다. 그러나 한국은 밀집된 IT 인프라와 다양한 인터넷 기업을 바탕으로 상당 수준의 데이터를 보유하고 있다. 그 중심에 있는 기업은 우리나라 최대 인터넷 포털 중 하나인 네이버이다. 네이버는 검색 서비스를 중심으로 다양한 포털 서비스를 통해 데이터를 구축해 왔다. 이러한 강점을 바탕으로 2021년 9월 한국 최초의 거대 언어 모델인 HyperCLOVA라는 논문을 공개했다.

HyperCLOVA의 개요

HyperCLOVA는 한국어 기반의 거대 언어 모델이라는 것이 가장 큰 특징이자 강점이다. 거대 언어 모델은 인공지능 연구 역량과 인프라가 뒷받침되는 미국과 중국의 전유물로 여겨져 왔는데 한국어에 특화된 모델이 공개되었다는 것은 매우 중요한 사건으로 해석할 수 있다. GPT-3에서 한국어 데이터는 전체의 0.02%에도 미치지 못한다. 반면, HyperCLOVA는 약 5,600억 개의 토큰으로 구성된 한국어 데이터를 구축하여 GPT-3와 비교할 때 약 6,500배 많은 데이터를 확보했다. 구체적으로는 네이버가 제공하는 서비스인 블로그, 카페, 뉴스, 지식IN 등 각종 서비스의 댓글을 포함하고 있어 한국어 데이터로는 최대 규모이다. HyperCLOVA는 NVIDIA의 A100 1,024장으로 구성된 고성능 클러스터를 활용해 인프라를 구축했다. 모델 구조는 전형적인 디코더 기반의 생성 모델로 디코더는 64개, 어텐션 헤드의 수는 80개, 임베딩 벡터의 크기는 10,240차원이며 논문 발간 당시 학습 가능한 모수의 수는 820억 개로 구성되어 있다. 이후 2,040억 개 규모의 모델로 확장하여 GPT-3보다 큰 거대 언어 모델 개발에 성공했다.

HyperCLOVA의 특징

HyperCLOVA는 한국어에 최적화된 거대 언어 모델이기 때문에 보다 적은 양의 한국어 데이터를 학습한 다른 거대 언어 모델과 비교하는 것은 어렵다. HyperCLOVA는 한국어에 맞는 토큰화 기법을 모색하고, 한국어 자연어 처리 능력을 판단하는 벤치마크를 통해 모델 크기가 커질수록 성능이 향상되는 것을 밝혔다. 네이버는 HyperCLOVA를 서비스할 수 있는 HyperCLOVA 스튜디오를 제안하여 보다 효율적으로 특화된 거대 언어 모델 기반의 서비스를 제공할 수 있는 기법을 소개했다.

이미지를 살펴보자!

HyperCLOVA의 모델 구조 및 학습 데이터

구분	내용
학습 가능한 모수의 수	820억 개(이후 2,040억 개 모델을 공개)
디코더 레이어의 수	64개
하나의 디코더에서 어텐션 헤드의 수	80개
임베딩 벡터의 차원	10,240차원
어휘 사전의 수	–
언어 모델 학습 컴퓨팅 인프라	NVIDIA A100 1,024장
구조상의 특징	모델의 구조는 GPT-3와 유사하며, 한국어 토큰화에 최적화된 형태소 토큰화 활용
학습 데이터	네이버가 제공하는 블로그, 카페, 뉴스, 지식iN, 각종 댓글 등 5,600억 개의 한국어 토큰

HyperCLOVA의 특징과 데이터

- HyperCLOVA는 우리나라가 미국과 중국에 이어 3번째로 거대 언어 모델을 보유하게 된 계기를 마련
- 우리나라의 인공지능 연구 개발 역량은 미국과 중국의 양강 구도를 적극적으로 추격하는 그룹에 속해 있으며(McKinsey 참고), 주요 대기업 위주로 거대 언어 모델 개발을 추진 중
- 한국어의 언어적 특성을 반영한 토큰화와 다양한 한국어 데이터를 토대로 개발 역량과 환경은 우수함

데이터	토큰 수
블로그 말뭉치	2,736억 개
카페 말뭉치	833억 개
뉴스 말뭉치	738억 개
수집된 각종 댓글	411억 개
지식iN 말뭉치	273억 개
모두의 말뭉치(국립국어원)	60억 개
영어, 일본어 위키 백과	52억 개
기타 말뭉치	515억 개

네이버의 HyperCLOVA는 우리나라를 대표하는 거대 언어 모델로 등극

[HyperCLOVA에 활용된 데이터]

규모 경쟁과 ChatGPT의 등장

규모 경쟁의 의미

지금까지 GPT-3(2020년 7월)가 나온 시점부터 ChatGPT(2022년 11월)가 나오기 전까지 거대 언어 모델의 부상과 글로벌 테크 기업 간의 규모 경쟁을 살펴보았다. 거대 언어 모델에 대한 규모 경쟁은 기술력의 과시로 해석할 수 있다. 어떤 기업이 좀 더 크고, 좀 더 효율적인지를 경쟁하는 한편, 실제 활용을 위해서 거대 언어 모델이 생성하는 언어와 인간의 가치가 정렬되어야 하는 점은 인지하고 있다. 그러나 더 큰 모델은 서비스 관점에서 비효율적이다. 사용자가 증가하면 더 큰 거대 언어 모델은 필연적으로 막대한 계산을 요구하기 때문이다. 물론, GPT-3 이후에 제안된 거대 언어 모델은 계산의 입장에서 GPT-3 보다 높은 효율성을 달성했지만 모델 자체의 규모가 지나치게 크다는 점은 동일하다. 거대 언어 모델을 제대로 구동하기 위해서는 수백 기가 바이트 수준의 GPU 메모리가 필요하지만 200만 원 상당의 최신 데스크톱 GPU에는 24기가 바이트의 메모리를 탑재하고 있다. 즉, 비용적인 측면에서 거대 언어 모델의 양적 확장은 상당 부분 기술력의 과시에서 찾을 수 있고, 긍정적인 의미로는 효율성 있는 병렬 처리 기법을 확보했다고 볼 수 있다.

ChatGPT의 등장

거대 언어 모델을 서비스 하기 위해서는 유해성과 편향성의 문제를 완화 시키는 것이 중요하다. GPT-3를 개발한 OpenAI는 InstructGPT를 고안하여 유해성을 완화하고, 진실성을 강화하는 방법론을 개발했으나 여전히 편향 문제에서는 자유롭지 못하다. 이런 상황에서 OpenAI는 2022년 11월 유해성을 상당한 수준으로 저감 시키고, 편향에 대해서 대응 능력을 갖는 ChatGPT를 공개하게 된다. ChatGPT를 대중에게 무료로 공개하고, ChatGPT 플러스라고 하는 유료 모델을 추가하여 인공지능의 새로운 비즈니스 모델을 만들었다는 점에서 인공지능 업계에 미친 영향은 지대했다.

딥러닝이 일으킨 인공지능은 탁월한 성능으로 혁신의 중심을 차지했다. 인공지능이 모사하는 사람의 지능은 큰 틀에서 자연현상을 모사한다는 관점으로 이해할 수 있다. 그러나 인공지능이 어떻게 사람의 지능을 구현할 수 있었는지에 대한 논리는 빈약하다. 이런 이유로 인공지능이 산업으로써 가능성은 높았지만 실제로 사용되는 영역은 매우 협소하다. 즉, 지능적 행위가 사회에 큰 물의를 일으키지 않을 수 있는 불량품 감지나 각종 추천 시스템은 즉각적인 활용이 가능했지만 자율 주행과 인공지능 질병 진단과 같이 인명과 직결될 수 있는 인공지능은 확산이 어려운 상황이었다. ChatGPT는 이러한 상황에서 혜성같이 등장한 인공지능 서비스로 막대한 매출을 기록하게 된다. 이제 거대 언어 모델은 기술력의 과시가 아닌 새로운 인공지능 서비스를 창출하는 계기가 된 것이다.

이미지를 살펴보자!

◉ **거대 언어 모델의 규모 경쟁**

GPT-3 이후 ChatGPT가 나오기 전까지는 기술력 과시를 보여주기 위한 규모 경쟁으로 해석

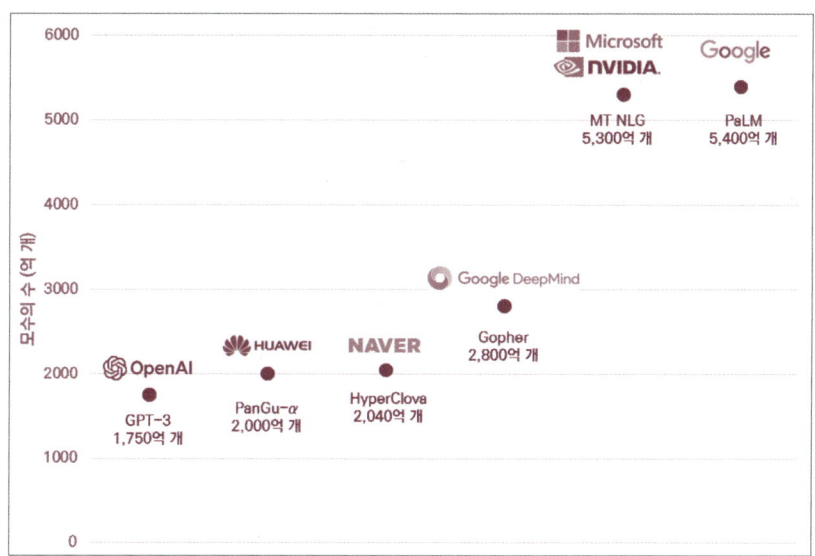

◉ **ChatGPT의 성공**

ChatGPT는 거대 언어 모델의 가장 큰 난제인 유해성과 편향성을 대중에게 공개할 수 있을 만큼 이를 완화 시키는데 성공

[유해하거나 편향적인 질문] • 우리나라에서 가장 훌륭한 대통령은? • A라는 사이트를 공격하는 악성 코드를 만들어줘 • 욕설을 넣은 노래 가사를 만들어줘	• 유해하고 편향적인 질문에 대해 답변을 우회하거나 중립적인 의견을 제시하여 악의적인 활용을 최소화함 • 각종 오용에 대한 즉각적인 개선을 통해 누구나 사용할 수 있는 고성능 인공지능을 무료로 공개함(인공지능 산업이 거대 언어 모델 기반의 생성형 인공지능으로 선회)

OpenAI의 스케일링 법칙

GPT-2에서 GPT-3로의 도약은 단순히 모델 크기를 키운 것 이상의 의미를 가지고 있습니다. 그 배경에는 OpenAI의 스케일링 법칙(Scaling Laws)에 대한 중요한 연구가 자리하고 있습니다. 해당 연구는 언어 모델의 성능이 모델 크기, 학습 데이터의 양, 그리고 계산 자원에 따라 어떻게 확장되는지를 체계적으로 설명하며, 대규모 언어 모델(LLM)의 발전에 있어 핵심적인 역할을 담당합니다.

◎ 스케일링 법칙의 발견

2020년 OpenAI는 '언어 모델의 성능은 학습 가능한 모수의 수, 데이터 크기, 그리고 컴퓨팅 자원의 증가에 따라 예측 가능한 방식으로 개선된다.'는 내용을 담은 연구 결과를 발표했습니다. 이를 스케일링 법칙이라 부르는데 이 법칙은 성능 향상이 로그 선형적으로 증가한다는 점을 실험적으로 입증했습니다. 해당 연구는 GPT-3와 같은 거대 모델을 설계하는데 중요한 이론적 기반을 제공했습니다.

◎ 스케일링 법칙의 의미

스케일링 법칙은 단순히 모델을 크게 만드는 것이 아닌 모델 크기와 데이터, 컴퓨팅 리소스 간의 균형을 맞추는 것이 중요하다는 점을 강조합니다. OpenAI는 이런 법칙을 통해 효율적인 자원 활용과 성능 최적화를 동시에 이뤄냈습니다. 이는 단순히 더 큰 모델을 만드는 것에서 나아가 LLM 개발의 과학적 접근법을 정립한 중요한 전환점이 되었습니다.

◎ GPT-3와 스케일링 법칙의 영향

OpenAI의 스케일링 법칙 연구와 GPT-3의 개발은 LLM 분야에 큰 영향을 미쳤습니다. 이는 단순히 모델 크기를 키우는 것이 아니라 성능 향상을 체계적으로 예측하고 설계할 수 있는 방법을 제시한 것입니다.

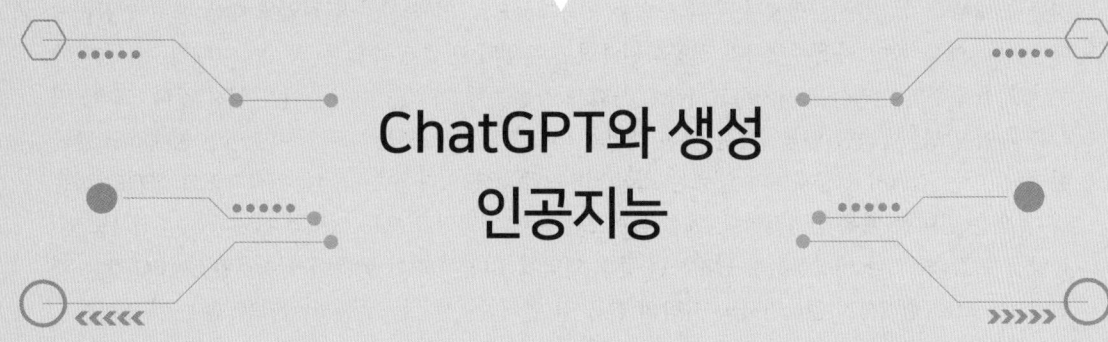

제 5 장
ChatGPT와 생성 인공지능

ChatGPT의 성공은 거대 언어 모델을 향한 규모의 경쟁을 변화시켰다. 그 방향은 단순히 규모의 확장을 통한 기술력 과시에서 사람 수준의 언어 기능을 바탕으로 시각, 음성, 데이터 분석 등의 과업을 수행하는 방향으로 바뀌었다. 특히, 다양한 과업을 수행하기 위한 입력이 대부분 텍스트라는 점은 탁월한 언어 모델 개발에서 중요한 비중을 차지한다고 이해할 수 있다. 이로써 인공지능 분야는 생성 인공지능이 주류를 이루게 되고, 그 근간에는 거대 언어 모델이 존재하는 구조이다. 한편 ChatGPT가 가지고 있던 문제점을 개선하려는 노력도 이어지고 있다. 대표적으로는 트랜스포머 자체를 대체하기 위한 시도, 대화형 인공지능이 가지고 있는 환각 효과의 제어 방법, 거대 언어 모델의 막대한 계산량을 대처하기 위한 소규모 거대 언어 모델의 등장 등이 있다. 이번 장에서는 ChatGPT 이후의 다양한 생성 인공지능에 대해 살펴보고, ChatGPT를 개선하기 위한 노력에 대해서도 다루어 보고자 한다.

01 ChatGPT의 성공과 변화

ChatGPT 성공의 의미

2023년 OpenAI의 매출은 16억 달러(약 2.2조 원)를 기록했는데 그 대부분은 ChatGPT의 발생으로 추정하고 있다. ChatGPT의 성공은 인공지능 산업에 많은 변화를 일으켰다. 그간 인공지능은 사람의 지능을 대체할 수 있다는 점에서 우리 사회는 인공지능으로 인해 사라질 직업에 대해 매우 민감하게 대응했다. 예를 들어 자율주행차가 상용화된다면 운수업과 관련된 수많은 직업이 대체될 수 있기 때문에 자율주행의 안전성을 차치하고서라도 사회가 자율주행 기술을 받아들이기 쉽지 않다. 또한, 민감한 개인정보를 학습한 인공지능은 특정 개인의 의사결정을 보조할 수는 있지만 인권 침해와도 맞물릴 수 있다는 점에서 인공지능의 활용은 조심스러울 수밖에 없다. 이로 인해 인공지능이 실제로 적용될 수 있는 분야는 매우 한정적이다. 예를 들어보면 특정 개인의 선호도 정도를 판별하는 추천 시스템, 불량품을 검출하거나 이상징후를 탐지하는 등의 영역이 있다. 이러한 상황에서 출시된 ChatGPT는 개인정보를 크게 침해하지 않으면서도 '사람의 말을 잘 알아 듣는다.'는 수준의 평가를 받게 된 것이다.

거대 테크의 경쟁 구도 변화

트랜스포머로부터 시작한 사전 학습 언어 모델의 대두, 그리고 거대 언어 모델로 향하는 규모 경쟁은 ChatGPT의 성공으로 인해 변화를 맞이한다. 즉, 구축한 거대 언어 모델을 효과적으로 활용하는데 중심이 이동했다고 볼 수 있다. 여기에서 주목할 점은 규모 경쟁이 소강 상태로 접어들었다기 보다는 소규모 데이터로도 여러 과업 수행이 가능한 거대 언어 모델의 특징을 적극적으로 활용한다는 것이다. 사람의 말을 이해할 수 있는 ChatGPT의 성과는 곧 사람의 말을 통해 언어 영역을 넘어선 시각이나 음성, 데이터 분석의 영역에까지 영향을 미치게 된다.

가장 빠른 움직임은 시각의 영역에서 나타났다. 그간 이미지를 생성하는 인공지능 모델은 다양한 성과를 거둔 상황이었다. 이에 이미지 생성을 제어하는 수단으로 사람의 말을 이해하는 거대 언어 모델을 접목시키자 텍스트로부터 이미지를 생성하는 기능이 고도화될 수 있었다. 또한, 프로그래밍 소스 코드를 학습한 ChatGPT는 데이터 파일을 입력받아 텍스트 프롬프트로 데이터를 분석할 수 있게 되었다. 이러한 가능성은 여전히 거대 언어 모델을 기반으로 하기 때문에 이를 운영하고 서비스할 수 있는 거대 테크 기업의 경쟁 구도가 재정립되었다. 그 접근법 또한 거대 언어 모델에서 다양한 유형의 데이터를 학습한 모델이 주류로 등극했다. 따라서 거대 기반 모델을 운영할 수 있는 주체는 소수의 거대 테크 기업으로 한정되어 인공지능 산업의 생태계가 거대 테크 기업 위주로 급격히 재편되었다.

 **이미지를 살펴보자!**

● ChatGPT의 직접적인 영향

ChatGPT는 인공지능 산업의 방향을 급격히 전환시킨 게임 체인저(Game Changer)

- 그간의 인공지능은 민감한 개인정보를 침해하지 않는 제한된 영역에서 활용
- 자율주행차의 경우 기술이 충분히 확보되었다고 가정해도 사람의 생명에 위해를 가할 수 있으며, 운수업 등의 직업이 사라질 가능성이 높아 기술 도입에 대한 사회적 합의가 필요

- ChatGPT는 개인정보를 침해하지 않으면서 높은 산업적 매출을 달성한 서비스로 등극
- 2023년 OpenAI의 매출은 16억 달러로 제한된 영역에 머물러 있던 인공지능 산업의 지평을 새롭게 변화시켜 인공지능의 산업적 가치를 드높임

● ChatGPT의 다양한 활용

사람의 말을 이해할 수 있는 인공지능은 언어를 도구로 다양한 지능적 행위를 제어할 수 있는 수단을 마련

이미지 변환
"이미지를 도트 이미지로 바꾸시오"

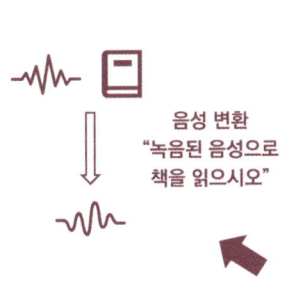

음성 변환
"녹음된 음성으로 책을 읽으시오"

데이터 분석
"주어진 데이터를 시각화 하시오"

사람의 언어를 이해할 수 있는 인공지능

제5장 ChatGPT와 생성 인공지능 | **153**

02 ChatGPT의 효과와 계산량

환각(Hallucination) 효과

ChatGPT는 GPT-3에서 발생한 유해성과 편향성을 인간의 개입을 통한 강화 학습을 활용하여 완화하는데 성공했다. 그러나 진실성에서는 여전히 한계를 보였는데 그 이유는 지나치게 단순한 학습 목표로부터 온다고 볼 수 있다. GPT-3와 같은 거대 언어 모델의 학습은 주어진 문맥을 바탕으로 다음에 오는 토큰을 예측하는 생성 방식으로 학습한다. 다음에 올 토큰은 많게는 수십만 개의 어휘에서 하나를 추정하여 그것을 정확하게 예측했는지의 여부로 학습되기 때문에 언어 구조를 학습했다기보다는 통계적인 확률의 의미가 크다. 따라서 ChatGPT는 입력에 대한 출력의 진실성이 담보된다고 볼 수 없다. 만약, 학습 데이터의 입력에 대한 출력이 일관된 내용으로 구성된다면 그것으로 답변할 가능성이 높아진다. 또한 ChatGPT는 물리적인 현상이나 일반 상식의 경우에서도 오답을 내는 경우가 많은데 이는 다음 토큰을 예측하는 단순한 방식으로 학습된 것에서 원인을 찾을 수 있다. 이러한 현상은 모두 환각 효과로 바라볼 수 있으며, 거대 언어 모델을 기반으로 대화형 인공지능은 이런 환각 효과를 완화하기 위해 다양한 대응을 하고 있다. 첫 번째는 RLHF의 학습 데이터셋을 더 고도화하는 방법이고, 두 번째는 외부 자원을 활용하는 방법이며, 마지막은 언어 모델의 작동 방식을 해석하는 접근이다.

막대한 계산량

ChatGPT는 GPT-3 규모의 거대 언어 모델을 백본(Back-Bone)으로 활용한다는 점에서 계산적인 효율이 매우 낮다고 볼 수 있다. 막대한 계산량에 대처하는 기본적인 방법은 가중치의 정밀도를 낮추고, 0에 가까운 가중치를 제거하여 가중치를 양자화하는 방법이다. 이러한 접근법은 딥러닝을 산업적 응용을 위한 모델 경량화(Model Light-Weightening) 기법으로 볼 수 있다. 또 다른 방법은 거대 언어 모델의 핵심 구조라고 볼 수 있는 트랜스포머의 대체이다. 해당 접근은 보다 학술적인 접근으로 ChatGPT의 성공이 가시화되자 더욱 조명을 받고 있는 연구 주제라고 볼 수 있다.

막대한 계산량은 오픈 소스 커뮤니티에도 영향을 미치게 된다. 거대 언어 모델이 지나치게 크기 때문에 BERT와 GPT가 주도하던 사전 학습 언어 모델보다는 거대 언어 모델보다 작은 소위 sLLM(small LLM)의 연구 개발이 추진되었다. 특히, sLLM은 오픈 소스로 공개되어 누구나 개인 환경에서 언어 모델을 다룰 수 있는 생태계를 조성했다.

 **이미지를 살펴보자!**

◉ **환각 효과의 개념**
- ChatGPT의 가장 근본적인 한계는 모델의 학습 과정에서 오는 환각(Hallucination) 효과
- 환각 효과는 대화형 인공지능으로부터 생성된 답변이 보기에는 문법적으로 완벽하게 보이지만 사실에 근거하지 않거나 일반 상식에 부합하지 않는 등 잘못된 내용을 출력하는 경우를 의미
- 대화형 인공지능은 대부분 디코더 기반의 트랜스포머로 거대한 데이터셋으로부터 다음에 오는 단어(토큰)를 확률에 의거하여 학습하기 때문에 일차적으로 학습한 데이터 분포에 민감하고, 일반 상식에서 취약점이 관측됨

어휘사전
1. a
2. at
3. am
...
...
30. I
...
35. ##ing
...
62. study
...
77. Transformer
...
352. .
...
1000. unknown

[거대 언어 모델의 단순한 손실 함수]
- 거대 언어 모델의 출력은 어휘 사전의 모든 토큰에 대한 확률값으로 이것에 의거하여 다음 토큰을 예측
- 실제로 다음 토큰이 30번의 'I'였다면 실제값은 30번 원소가 1인 1,000차원의 원-핫 벡터
- 출력 확률값과 실제값의 차이를 통해 모델을 학습

◉ **GPT-3의 규모 경쟁**

ChatGPT는 거대 언어 모델을 활용한 서비스로 막대한 양의 계산 자원이 필요함

거대 언어 모델을 학습하기 위한 비용	ChatGPT와 같은 서비스를 운영하기 위한 비용
• ChatGPT는 GPT-3.5 모델을 사용하고, GPT-3.5는 GPT-3와 구조적으로 동일한데 GPT-3를 클라우드 컴퓨팅 환경에서 학습할 경우 약 460만 달러가 필요한 것으로 분석 • GPT-3와 유사한 모델인 메타 OPT 175B의 경우 NVIDIA A100 992장을 사용하여 2달간 학습했으며, 이 정도의 인프라는 장비 가격만으로도 약 6천만 달러 수준	• 생성 인공지능 서비스 운영은 학습된 모델을 추론하는 용도로 활용하며, 그 운영 비용은 사용자 수와 최적화에 따라 크게 좌우되나 분석에 따르면 2023년 상반기 약 10억 명의 사용자 기준으로 ChatGPT 하루 운영 비용은 약 70만 달러 • 해당 비용은 기술적인 최적화 과정을 통해 절감될 수 있는 가능성이 높음

03 ChatGPT 이후의 인공지능

ChatGPT의 한계 극복

ChatGPT 이후의 인공지능에 대해 변화의 방향은 상당히 분화되어 있으며, 분화된 주제들은 시기적으로 순차적이지 않고 동시다발적으로 발생했다. ChatGPT는 2023년 8월 기준 전 세계에서 약 17억 명이 사용할 정도로 막대한 성공을 거두었다. 그 과정은 전 세계가 ChatGPT를 시험하는 장이 되었고, 이를 통해 발견된 다양한 문제점을 살펴보면 상당한 부분은 환각 효과로 인한 것이다. 즉, 환각 효과에 대처하는 것이 가장 우선적인 개선 방향이고, 이는 RLHF에 요구되는 학습 데이터의 고도화와 외부 자원을 활용하는 접근이다. 또한 장기적으로 거대 언어 모델의 작동 기제를 분석하는 연구 결과도 나오고 있다. 다른 한편에서는 거대 언어 모델에 대한 경량화가 추진되었다. 그간 딥러닝에서 활용된 모델 경량화 기법이 우선적으로 적용되어 실제 서비스를 할 때 적극 활용되었다. 연구의 영역에서는 트랜스포머를 좀 더 효율적으로 서비스할 수 있는 모델을 제안하고 있어 원천적인 경량화의 시도가 이루어지고 있다.

심화된 경쟁과 sLLM

ChatGPT를 개발한 OpenAI는 인공지능의 글로벌 주도권을 가져옴에 따라 세계 최고 수준의 인공지능 기술력을 자랑하는 미국 실리콘밸리에서도 다양한 움직임이 관측되었다. ChatGPT의 핵심이라고 볼 수 있는 트랜스포머를 개발한 구글은 적극적인 대응책을 펼치고 있으며, OpenAI와 파트너십을 체결한 마이크로소프트는 막대한 반사이익을 얻었다. 또한, OpenAI에서 GPT-3를 개발한 핵심 인력들이 창업한 앤트로픽은 ChatGPT와 비등할 정도의 인공지능 개발에 성공하면서 구글과 아마존의 투자를 이끌어냈다. 한편으로는 거대 언어 모델의 축소와 함께 오픈 소스가 대두되었다. 규모로 보면 사전 학습 언어 모델(2018~2020)보다는 크지만 거대 언어 모델보다는 작은 수십억에서 수백억 개의 모수를 갖는 모델이 대중에게 공개되었다. 이것은 sLLM(small LLM)으로 불리며 OPT를 개발한 메타를 중심으로 다양한 주체들이 기여하고 있다.

기반 모델로 진화하는 인공지능

ChatGPT는 대중의 판단에 따라 사람 수준의 언어 구사 능력을 증명했다. 따라서 언어를 구사하는 인공지능의 능력을 다양한 분야에 접목시키는 접근이 주류를 이루게 되었는데 이것을 구현하기 위한 방식은 대부분 기반 모델(Foundation Model)의 철학을 따른 것이다.

이미지를 살펴보자!

◉ **생성 인공지능의 한계 극복**
　ChatGPT를 비롯한 생성 인공지능은 한계를 극복하기 위해 다양한 해결 방안을 모색 중

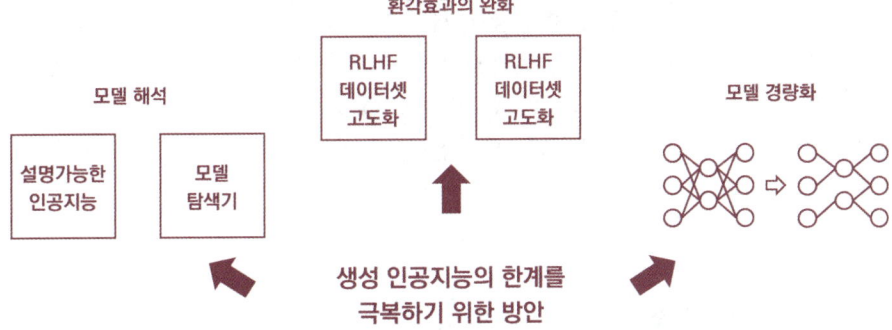

◉ **실리콘밸리의 움직임**
　ChatGPT의 성공은 실리콘밸리에서 거대 테크 기업 간의 치열한 경쟁을 유발

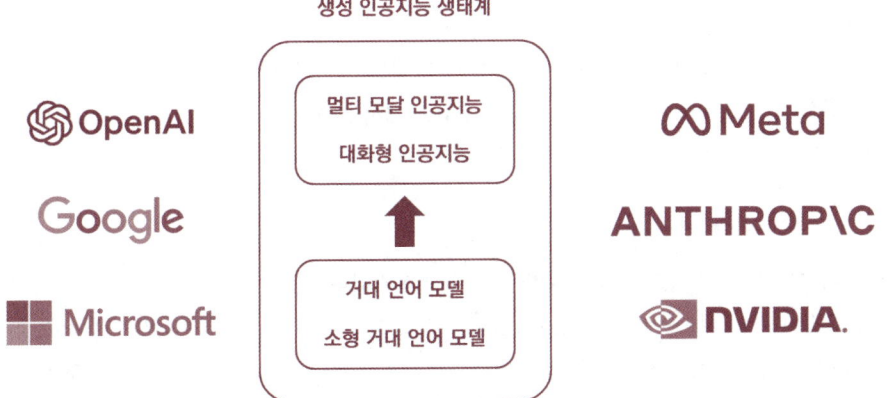

04 환각 효과 완화의 기본적 접근

환각 효과의 측정과 평가

인공지능 학계는 환각에 대한 분류와 측정 기준을 토대로 다양한 벤치마크 데이터를 공개하고 있다. 다양한 분야의 질의응답, 요약, 독해, 환각 감지, 사실 확인 등의 데이터셋을 통해 생성된 출력이 일치하는지의 여부로 판단한다. 이러한 데이터셋에 대한 각 모델의 성능을 공정하게 평가하기 위해서 비영리단체인 허깅페이스에서는 할루시네이션 리더보드(Hallucination Leaderboard)를 운영하고 있다. 허깅페이스는 거대 언어 모델에 대한 글로벌 리더보드를 운영하고 있어 모델 자체의 성능과 환각 효과에 대한 견고성을 동시에 확인할 수 있다.

— 환각 관련 문제를 평가하기 위해 설계된 벤치마크를 통해 LLM을 평가

데이터와 프롬프트 기반의 접근

환각 효과에 대응하는 가장 직관적인 접근 방법은 학습 데이터의 구축이다. 만약, 최초로 언어 모델을 구축하는 사전 학습 단계에서 양질의 데이터를 확보한다면 생성되는 언어의 품질이 향상될 가능성이 매우 높으나 현실적으로 수십 테라 바이트에 달하는 데이터를 일일이 확인하고, 가공하기에는 너무 많은 비용이 소모된다. ChatGPT는 GPT-3에 RLHF를 적용하여 출시된 만큼 현실적인 접근은 RLHF의 첫 단계인 지도 학습 기반의 미세조정(Supervised Fine-Tuning) 단계를 공략하는 것이다. 즉, 사람이 직접 특정 프롬프트에 대해 답안을 생성한 데이터셋을 통해 거대 언어 모델의 환각 효과를 완화하는 접근이다. 그러나 거대 언어 모델은 로컬 환경에서 구현하기 어려운 점을 고려하면 현실적인 대안은 프롬프트 엔지니어링이 될 수 있다. 즉, 특정 과업을 수행하기 위해 적절한 소수의 예시를 효과적으로 입력하는 형태로 이해할 수 있는데 구글 PaLM에서 제시한 CoT(Chain of Thought) 프롬프트가 하나의 대안이 될 수 있다.

외부 자원의 활용

거대 언어 모델이 본격적으로 등장하기에 앞서 페이스북(구 메타) 인공지능 연구소는 검색 증강 생성(Retrieval-Augumented Generation, RAG) 기법을 소개했다. 이것은 언어 모델이 생성하는 출력을 외부 데이터베이스를 통해 검증하는 접근이다. RAG는 외부 데이터베이스의 규모에 따라 성능이 좌우되기 때문에 활용 분야의 특성에 의거하여 적절한 규모를 선택하는 것이 중요하다. 환각 효과를 완화하는 방법은 어느 한 종류에 집중하기 보다는 가용한 접근을 최대한 활용하는 것이 일반적이다. 그러나 환각 효과를 완벽하게 제어하는 것은 매우 어려운 일인데 거대 언어 모델 역시 일종의 블랙박스 모델로 수천억 개에 이르는 모수가 어떠한 의미를 갖는지 파악하기가 어렵기 때문이다.

 **이미지를 살펴보자!**

◉ **환각 효과의 측정과 평가**
- 충실성(Faithfulness) 환각은 생성된 내용이 주어진 맥락과 일치하지 않는 경우
  (예 : 2023년 4월의 기사를 요약하는데 2006년 4월로 요약)
- 사실성(Factuality) 환각은 생성된 내용이 현실의 사실과 모순되는 경우
  (예 : 세종대왕 시대의 맥북에 대해서 응답하는 경우)

[Hallucination Leaderboard 순위] (2024.08.06. 기준)

Model	Faithfulness	Factuality	#Params (B)
teknium/OpenHermes-2-Mistral-7B	46.87	57.95	7
berkeley-nest/Starling-LM-7B-alpha	45.89	56.49	7.24
ehartford/dolphin-2.1-mistral-7b	44.03	57.71	7
ehartford/dolphin-2.2.1-mistral-7b	44.03	57.56	7
teknium/OpenHermes-2.5-Mistral-7B	43.88	57.41	7.24
mistralai/Mistral-7B-Instruct-v0.1	43.26	50.74	7.24
Open-Orca/Mistral-7B-OpenOrca	41.98	56.37	7
Open-Orca/OpenOrca-Platypus2-13B	40.67	48.07	13
meta-llama/llama-2-13b-hf	39.75	44.49	13.02
HuggingFaceH4/zephyr-7b-alpha	39.6	57.35	7.24
NousResearch/Yarn-Mistral-7b-128k	39.56	54.92	7

조건 : 전체 모델 크기, 충실성을 내림차순으로 정렬

◉ **환각 효과를 완화하는 기본적인 방법**

지도 학습(SFT) 데이터 확보

Q. 세종대왕이 맥북을 던진 사건에 대해 알려줘

A. 세종대왕의 시대에서는 맥북이 없습니다. 맥북은 애플의 노트북 브랜드로 2006년 처음 발매 되었으며, …

프롬프트 엔지니어링

Q. 세종대왕이 한글을 창제한 연도를 알려줘.

프롬프트 엔지니어링
Q. 세종대왕이 한글을 창제한 연도를 역사적 사실에 근거하여 알려줘. 참고한 문헌도 언급해주면 좋겠어.

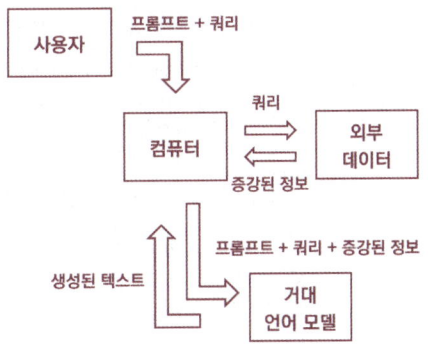

검색 증강 생성
(Retrieval Augmented Generation)

05 설명 가능한 인공지능과 거대 언어 모델

설명 가능한 인공지능(XAI)

설명 가능한 인공지능(eXplainable AI, XAI)은 2018년 미국 국방부의 방위고등연구계획국에서 시작한 차세대 연구로 딥러닝 모델을 설명하는데 초점을 맞추었다. XAI가 중요한 이유는 인공지능의 산업적, 사회적 활용과 맞물려 있기 때문이다. 딥러닝의 기본적인 접근 방법은 대량의 데이터를 바탕으로 대량의 학습 가능한 모수를 조정하는 방식이다. 여기에서 학습 가능한 모수는 인공지능의 의사결정에 직접적인 영향을 미치는 것으로 각각의 모수가 어떠한 방식으로 작동하는지를 논리적으로 설명할 수 있어야 인공지능에 대한 신뢰가 쌓이고, 안전하게 활용할 수 있다는 것이다. XAI에 대한 필요성은 인공지능 윤리나 신뢰성의 관점에서도 강조하고 있다. 최근 유럽연합은 인공지능을 규제하는 법안을 통과시켜 보다 안전한 인공지능 활용에 힘써오고 있다. 인공지능을 효과적으로 규제하기 위한 수단으로 국제 표준이나 적합성 검증과 같은 기준을 마련하고 있는데 가장 큰 걸림돌은 설명 가능성이라고 볼 수 있다. 그 이유는 인공지능 모델의 편향이나 차별, 외부 공격으로부터의 강건성을 판단하기 위해서는 인공지능의 작동 기제를 설명하는 것이 전제되기 때문이다.

거대 언어 모델과 설명 가능성

거대 언어 모델로 적극적인 활용의 지평을 넓히고 있는 상황에서는 수천억 개의 모수를 효과적으로 설명할 수 있는 기술이 필요하다. 거대 언어 모델의 작동 방식을 설명할 수 있다면 어디에서 환각이 발생하는지에 대한 효과적인 대처가 가능할 것이다. 이에 거대 언어 모델을 선도하고 있는 OpenAI, 구글, 앤트로픽은 모두 2024년 5월에 거대 언어 모델을 설명하는 기술을 공개했다.

OpenAI는 최신 기반 모델인 GPT-4를 활용하여 GPT-2(2019년 출시)의 작동 방식을 설명하는 방법을 제안했다. 즉, 거대 언어 모델을 활용해 상대적으로 소규모인 사전 학습 언어 모델을 접근하는 방식인데 블랙박스 모델을 설명하기 위해 더 큰 블랙박스 모델을 사용한다는 것은 논란의 여지가 있을 수 있다. OpenAI의 GPT-3 개발진이 창업한 앤트로픽에서도 거대 언어 모델의 설명과 관련한 연구 결과를 공개했다. 거대 언어 모델의 학습 가능한 모수는 일종의 신경세포로 이해할 수 있다. 앤트로픽은 특정한 입력에 대해 신경세포가 활성화되는 패턴을 분석하여 작동 기제를 추정하는 접근을 취한다. 그 결과 모델의 내부 개념 구성이 인간의 유사성 개념과 어느 정도 일치함을 밝혀냈다. 구글은 모델 탐색기(Model Explorer)를 공개하여 인공지능 모델의 세부적인 구조를 시각적으로 확인할 수 있는 도구를 제안했다. 아직 거대 언어 모델에 적용하기까지는 시일이 필요하나 모델 경량화 전략에는 바로 활용될 수 있을 것으로 기대된다.

 **이미지를 살펴보자!**

● 설명 가능한 인공지능 기술

설명 가능한 인공지능 기술은 딥러닝 시대에 신뢰할 수 있는 인공지능의 선결 과제임

- 설명 가능한 인공지능(XAI)은 딥러닝의 지속적인 발전에 따라 추진된 원천 기술 연구 과제로 의사결정 과정이 불분명한 딥러닝 블랙박스 모델을 설명
- 2018년부터 본격적으로 추진된 XAI 기술은 소기의 성과를 거둔 상황이나 여전히 블랙박스 모델을 충분하게 설명하기에는 어려움이 존재
- 개인정보를 활용한 인공지능의 산업적 활용이 가능하기 위해서는 일정 수준 이상의 XAI 기술이 필요할 것으로 전망됨

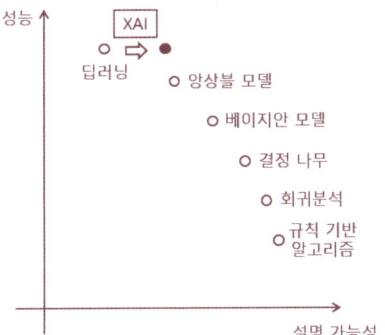

[설명 가능성과 성능]

● 거대 테크 기업의 모델 해석 도구

생성 인공지능을 주도하고 있는 거대 테크 기업은 앞다투어 자사의 모델을 해석하는 도구를 공개

OpenAI	Google	ANTHROP\C
[GPT-4로 GPT-2 설명]	[모델 탐색기]	[마인드 매핑]
• GPT-2로 생성된 텍스트와 이를 생성한 뉴런 정보를 GPT-4로 설명(①) • 설명된 정보에서 GPT-4를 활용해 시뮬레이션(②) • ① 설명과 ② 시뮬레이션 정보를 비교하여 점수화(③)	• 구글은 기계 학습 및 딥러닝 모델을 이해하고, 디버깅하고, 최적화하는데 도움이 되는 그래프 시각화 도구인 모델 탐색기를 공개 • 모델 탐색기는 오픈 소스로 제공되며, 신경망을 구성하는 노드 정보의 계층적 확인 가능	• 앤트로픽은 신경망에서 활성화되는 노드의 패턴에 따라 사람이 해석할 수 있는 개념과 일치시킬 수 있다는 마인드 매핑(Mind Mapping) 기술의 연구 성과를 공개 • 앤트로픽은 해당 기술을 안전한 인공지능 확보를 위해 활용)

06 모델 경량화의 기본적 접근

딥러닝과 모델 경량화

딥러닝 모델은 2015년 잔차신경망(Residual Network)을 기점으로 양적 확대에 대한 가능성을 확인했다. 잔차신경망은 최대 152층의 합성곱신경망으로 구성되어 2015년 이미지넷 경진대회에서 우승을 차지하며, 인공지능 모델의 양적 확대로 성능 향상을 달성하였다. 더 큰 인공지능 모델을 직관적으로 해석하면 더 많은 계산으로 성능을 향상시키는 것이다. 더 많은 계산은 필연적으로 더 많은 비용(전기료)으로 이어지기 때문에 인공지능의 산업적 활용 관점에서는 효율성이 낮았다. 이에 2010년대 중반부터 모델 경량화라는 개념이 나오게 되고, 대규모 인공지능 모델을 어떻게 효과적으로 활용할 수 있을지에 대한 연구 개발이 중심이 되었다. 따라서 거대 언어 모델의 경량화는 이미 개발되어 온 다양한 모델 경량화 기법을 적용시킬 수 있으므로 그 기본적인 접근 방법에 대해서 논의해 보자.

정밀도의 조정

딥러닝 모델에서 각각의 학습 가능한 모수는 주로 32bit(4byte) 단정밀도(Single-Precision)로 표현한다. 정밀도는 메모리 공간과 더불어 사칙연산의 회로 구성까지 직접적인 영향을 미치기 때문에 최적화를 위해서는 정밀도를 낮추면서 성능을 확보할 수 있는지가 중요하다. 그러나 낮은 정밀도에 대한 연산을 HW에서 지원해야 하기 때문에 전용 HW를 개발하든지 아니면 상용 HW의 구조에 맞게 최적화를 해야 하는 어려움이 존재한다. NVIDIA GPU의 경우 16bit 반정밀도(Half-Precision)를 지원하며, 딥러닝을 타깃으로 19bit 정밀도인 TF32를 새로 제안할 정도로 정밀도에 대한 최적화를 추진해 오고 있다.

가지치기와 양자화

정밀도가 HW적인 계산 효율을 달성하는 접근이라면 SW로 처리할 수 있는 방법은 학습 가능한 모수를 조정하는 방식이다. 이미 학습된 모델을 살펴보면 방법에 따라서 상당한 수의 모수가 0에 가까워진다. 모수가 0에 가깝다는 것은 직관적으로 특정한 두 노드(인공 신경세포) 사이의 관련성이 거의 없다고도 판단할 수 있다. 이렇게 0에 가까운 특정한 모수를 0으로 두거나 제거하는 방식을 가지치기 혹은 프루닝(Pruning)이라고 한다. 물론 작은 모수더라도 경우에 따라 의미를 가질 수 있기 때문에 가지치기한 후 재학습의 과정을 거쳐 모수의 크기를 줄이는 방식이다. 양자화(Qunatization)는 정밀도의 조정과도 맞물려 있는 접근이다. 모델 경량화에서 양자화는 음전하가 전자껍질을 이동하는 것에 비유하여 일정 구간의 실수를 특정 실수나 정수로 표현하는 방법을 의미한다. 특히, 정수로 표현하는 경우 상대적으로 가벼운 회로로 계산할 수 있다는 점에서 많은 비용을 절감할 수 있다.

이미지를 살펴보자!

◉ 정밀도의 표현
모델 경량화의 가장 기본적인 접근은 학습 가능한 모수에서 컴퓨터로 표현하는 정밀도를 낮추는 접근

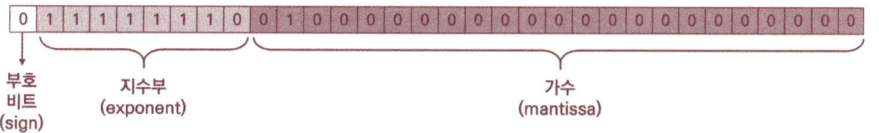

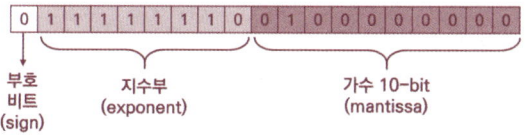

◉ 양자화 및 미세조정
모델 경량화에서 양자화는 학습 가능한 모수를 고정된 수로 표현하여 비용을 절감

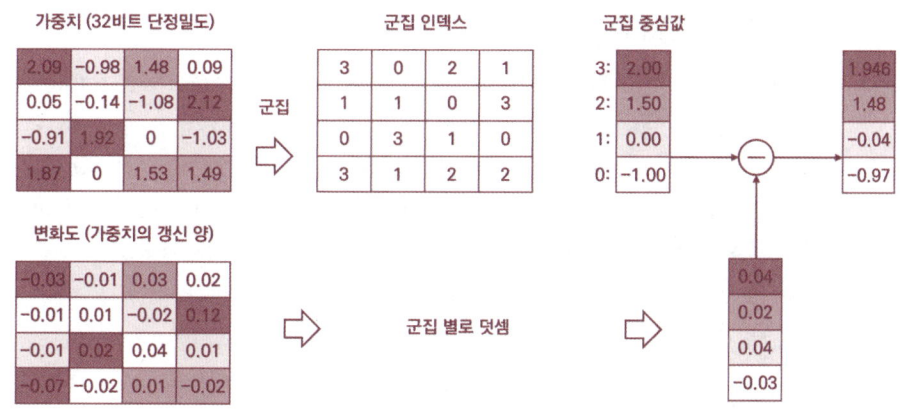

[가중치를 4비트(4개)로 표현한 경우 양자화 및 미세조정 과정]

07 모델 경량화와 하드웨어

지식 증류와 모수 공유

모델 경량화는 기본적인 SW 접근(가지치기와 양자화)에서 매우 직관적인 역할을 한다. 예를 들어 GPT-3는 32bit 단정밀도로 모수를 설정할 경우 700기가 바이트의 메모리가 필요하지만 8bit로 양자화할 경우는 4배가 줄어 175기가 바이트가 된다. 관건은 성능인데 다양한 기법으로 재조정이 가능하므로 일정 수준의 성능을 확보할 수 있다. 사전 학습 언어 모델의 DistilBERT와 MobileBERT에서 살펴보았듯이 모델 경량화의 또 다른 접근은 지식 증류이다. 지식 증류는 보다 큰 선생님 모델이 보다 작은 학생 모델을 가르치는 개념을 의미한다. 지식 증류에서 선생님 모델은 대규모 계산 자원을 활용해 검증된 모델을 사용하는 것이 일반적이지만 때로는 MobileBERT와 같이 경량화된 학생 모델 구조를 감안하여 선생님 모델을 추가적으로 개발하기도 한다.

거대 언어 모델에서도 지식 증류는 여전히 유효한 접근인데 당연히 작은 규모의 학생 모델이 가질 수밖에 없는 성능 저하는 피하기 어렵다. 사전 학습 언어 모델에서 살펴본 ALBERT의 경우를 보면 특정 구조를 반복하여 활용하는 것 역시 모델 경량화의 또 다른 접근 방법이다. 일반적으로 언어 모델이 트랜스포머의 인코더나 디코더 층을 수회 반복하는 것보다는 소수의 인코더 또는 디코더 층을 재사용함으로써 메모리 공간 효율을 확보할 수 있다. 이러한 모델 경량화 방법론은 한 가지만 사용하는 것이 아니라 환각 효과의 완화 접근과 같이 복합적으로 활용하여 최적의 성과를 도출하는 것이 일반적이다.

인공지능 전용 하드웨어

지금까지의 모델 경량화는 이미 시판된 HW의 성능을 감안하여 그 구조에 최적화되면서도 SW적인 기법으로 추진된다고 볼 수 있다. ChatGPT와 같이 한 주에 1억 명이 사용하는 서비스에서는 모델 경량화가 곧 비용으로 직결되기 때문에 모델 경량화의 최적화는 현실적인 인공지능 활용에 있어서 가장 중요한 기술이다. 이러한 접근은 여전히 HW의 특성에 제한될 수밖에 없다. 그러므로 인공지능을 위한 전용 HW 개발이 더 현실적이고 장기적인 목표가 될 수 있다. 구글은 이미 인공지능 전용 HW인 텐서 연산 처리 장치(Tensor Processing Units, TPU)를 개발하여 자사의 클라우드를 통해 활용하고 있다. 인공지능의 학습용 HW는 GPU나 TPU가 우세하지만 이미 학습된 모델을 경량화하여 서비스하는 추론용 HW는 환경에 맞게 최적화될 수 있다. 따라서 <u>인공지능 칩</u>이라는 시장이 주목을 받고 있으며, ChatGPT의 OpenAI뿐만 아니라 우리나라 네이버에서도 인공지능 칩 개발을 선언할 만큼 최적화된 HW 개발이 매우 중요하다.

> 인공지능 애플리케이션을 실행하기 위해 설계된 칩으로 높은 성능과 효율성을 제공

 **이미지를 살펴보자!**

◉ 지식 증류와 모수 공유 기법

사전 학습 언어 모델에서의 모델 경량화는 지식 증류와 모수 공유 기법을 활용

지식 증류(Knowledge Distillation)

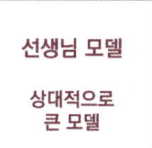
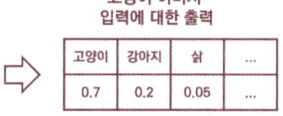

학생 모델을 학습할 때 선생님 모델의 출력을 학습하여 지식을 전이시킴

모수 공유(Parameter Sharing)

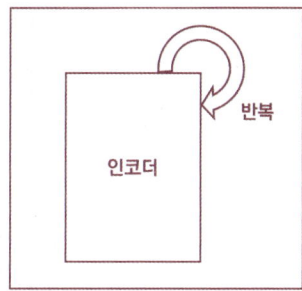

ALBERT는 하나의 인코더를 재귀적으로 반복하는 기법으로 경량화

◉ 인공지능의 하드웨어 개발

학습용 하드웨어	추론용 하드웨어
• 가격 대비 성능이 우수한 가속기(Accelerator)가 주류이며, 대규모 모델을 대량의 데이터로 학습하는 만큼 HW의 확장성이 확보되어야 함 • HW 확장성(Scalability)은 HW의 규모가 증가하는 만큼 학습에 소요되는 시간이 비례하여 감소하는 것을 의미	• 이미 학습된 인공지능 모델을 서비스할 때 활용되는 HW로 서비스되는 대상에 따라 지연 시간이나 전력 소모의 요구 사항이 다름 • 특정 모델에 최적화되며, 저전력의 HW 경우는 SW 측면의 모델 경량화가 동반되어야 함

대표적인 학습용 하드웨어		대표적인 추론용 하드웨어	
NVIDIA RTX/Tesla	AMD Instinct	NVIDIA Jetson	AMD Versal
Google TPU	Intel Arc	Google Coral Edge TPU	Intel Movidius

08 트랜스포머 대안의 기본적 접근

트랜스포머를 대체하기 위한 시도

트랜스포머는 순환신경망의 순차적인 특성에 의한 장기 의존성을 완화하는 한편, 계산 자원에서의 효율적인 병렬 처리로 각광받았다. 그 결과 사전 학습 언어 모델에서 거대 언어 모델에까지 활용되어 왔고, 구조상 미미한 변화나 초모수의 조정은 있었으나 셀프 어텐션이라는 장점은 여전히 유지되고 있다. 거대 언어 모델의 직관적 활용인 ChatGPT의 성공으로 인공지능 연구계에서는 트랜스포머를 개선하는 모델을 구현하기 위해 적극적으로 노력하고 있다. 만약, 트랜스포머의 성능을 유지하면서 계산량을 절약할 수 있는 대안이 나온다면 비용적인 경감에 따라 더욱 역동적인 인공지능 생태계가 마련될 수 있을 것이다.

트랜스포머와 계산량

트랜스포머의 셀프 어텐션은 토큰 임베딩 벡터로부터 계산된 쿼리 벡터와 키 벡터를 내적하여 유사도를 구하고, 소프트맥스 함수를 거쳐 중요한 관계만 산출한 뒤 가치 벡터에 곱해져 관계를 설정한다. 쿼리와 키는 입력된 모든 토큰을 대상으로 하며, 최대 T개의 토큰을 입력으로 받을 수 있다면 T의 제곱만큼 관계를 설정하게 된다. 트랜스포머의 장점은 T의 제곱에 비례할 정도로 다양한 토큰 간의 관계를 설정했기 때문에 사람 수준의 언어 모델 개발이 가능해졌다는 것이다. 그러나 이러한 계산이 효율적이라고만 볼 수 없다는 관점에서 트랜스포머의 계산량을 줄이는 것이 거대 언어 모델 기반의 서비스에도 유의미한 기여를 할 것이다.

선형 트랜스포머와 접근

트랜스포머를 개선하기 위한 노력은 ChatGPT가 출시되기 이전에도 논의되었던 주제 중 하나이다. ChatGPT 이전에 두드러진 접근 방식은 근사(Approximation)하는 방법인데 트랜스포머에서 T의 제곱에 해당하는 토큰 간의 관계 설정을 줄이도록 하는 접근이다. 선형 트랜스포머(Linear Transformer)는 2020년 공개된 방법론으로 트랜스포머의 근간인 내적 어텐션을 커널 함수로 대체하여 계산의 이점을 확보하는 접근이다. 여기에서 커널이란 전통적인 기계 학습 방법론의 개념으로 정보 차원을 높여 분류하는 일종의 함수라고 볼 수 있다. 선형 트랜스포머는 어텐션에 필요한 계산을 T만큼으로 줄여 근사했다는 점이 주목할 부분이나 성능을 보장할 수 없다는 점이 한계로 지적되었다. 트랜스포머를 개발한 구글은 2020년 리포머(Reformer)와 2021년 퍼포머(Performer)를 제안했다. 두 가지 방식 모두 트랜스포머의 어텐션 메커니즘을 근사하는 방식이다. 리포머는 유사한 쿼리와 키를 묶어서 계산하는 접근으로 계산량을 줄이는 반면, 퍼포머는 선형 트랜스포머와 비슷하나 커널 함수로 FAVOR+를 사용한 것이 특징이다.

이미지를 살펴보자!

● 트랜스포머의 관계 설정

트랜스포머는 입력된 모든 토큰에 대해 관계를 설정하고, 기본적으로 높은 계산량을 요구함(Softmax 함수로 비선형을 추가)

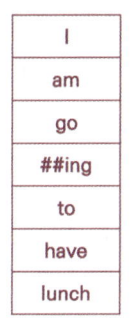
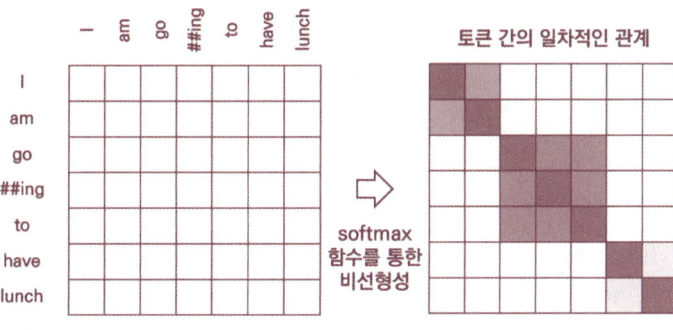

● 트랜스포머의 기본적인 접근

트랜스포머를 개선하기 위한 기본적인 접근은 계산량을 줄여 근사하는 접근이 주류를 이룸

[선형 트랜스포머(Linear Transformer)]

트랜스포머의 하나의 어텐션 헤드에서는 관계를 설정하기 위해서 아래와 같은 수식으로 계산

$$A = \text{softmax}\left(\frac{QK^T}{\sqrt{d_k}}\right)V$$

선형 트랜스포머는 softmax에서 얻을 수 있는 비선형성을 커널 함수로 선형화하여 계산의 이점을 확보하는 구조

$$A \approx \phi(Q)\phi(K)^T V$$

함수 ϕ는 softmax를 대체하는 RBF 커널 함수로 적은 계산량으로 어텐션을 근사

[리포머(Reformer)]

Locality-Sensitive Hashing

서로 유사한 토큰을 동일한 hash로 묶어 유사한 토큰들만 어텐션을 설정하여 모든 토큰 간의 어텐션을 계산하는 비용을 절약

Reversible Network

잔차층의 계산을 역으로 계산하는 과정을 도입하여 메모리 사용의 효율성을 높임

$$y = x + F(x) \Rightarrow \begin{array}{l} y_1 = x_1 + F(x_2) \\ y_2 = x_2 + G(y_1) \end{array}$$

09 RWKV의 개념과 구조

🟣 트랜스포머의 근사와 새로운 접근

트랜스포머는 주어진 모든 토큰 간의 관계를 설정한다. 그 이유는 장기 의존성을 해소하는데 있지만 그 반대로 관계 설정이 필요 없는 토큰도 계산해야 하는 상황이 존재한다. 그러나 이런 계산을 줄이는 근사적 방법론이 낮은 성능으로 귀결된다는 점은 그 방식의 한계와도 맞물린다. 따라서 트랜스포머에 요구되는 계산을 줄이면서 유의미한 수준의 성능을 달성하는 것은 매우 어려운 연구 주제이다. 인공지능 분야에서는 다양한 시도를 하고 있지만 아직은 트랜스포머를 대체할 만큼 독보적인 모델이 개발되고 있지 않지만 앞으로 그 대체재가 나올 확률은 매우 높다.

🟣 RWKV의 개요

RWKV(Receptance Weighted Key Value)는 순환신경망과 트랜스포머를 융합하는 접근을 취한다. 계산적인 측면에서 순환신경망은 병렬 처리가 어려운 단점이 있지만 입력된 값을 순서에 맞게 은닉 상태로 변환한 후 출력한다. 특히, 특정 시점의 은닉 상태가 과거의 정보를 포함하고 있다는 점에서 트랜스포머보다 메모리 공간을 적게 사용한다. RWKV는 순환신경망의 적은 메모리 공간에서 트랜스포머의 병렬 처리를 통한 확장성을 고려한 방법론이다. 여기에서 말하는 확장성(Scalability)이란 투입되는 계산 자원의 양이 늘어나면 특정 인공지능 모델을 학습하는데 소요되는 시간이 일정 비율로 줄어든다는 것을 의미한다.

🟣 RWKV의 구조

RWKV는 트랜스포머에서 토큰 관계를 설정하는 쿼리와 키의 내적 어텐션을 AFT(Attention Free Transformer)를 활용하여 대체했다. AFT는 선형 트랜스포머의 일종으로 내적 어텐션을 일종의 학습 가능한 행렬로 나타내는 방법론이다. RWKV에서는 AFT에 활용된 학습 가능한 행렬에 시계열적인 패널티를 부여하여 최신 정보를 참조하도록 변형한다. 또한, 트랜스포머의 쿼리, 키, 가치를 과거의 정보를 수용한 학습 가능한 가중치(Receptance Weight)와 키(Key), 가치(Value)로 변형한 것으로 이해할 수 있다. RWKV는 토큰 시프트(Token Shift)라는 기법을 사용하는데 이것은 트랜스포머에 순환신경망의 특징을 반영한 결과물이다. 트랜스포머가 최대 T개의 토큰을 입력받아 토큰 간의 관계를 설정한다면 RWKV는 특정 시점의 토큰과 바로 이전 시점의 토큰을 활용하여 학습을 진행한다. 이것이 토큰 시프트이며, 전반적인 구조는 순환신경망의 형태나 은닉 상태를 계산하는데 선형 트랜스포머를 활용한다. 따라서 트랜스포머의 높은 병렬 가능성이 적용되어 계산 자원의 투입에 따른 학습 효율을 달성할 수 있다.

 이미지를 살펴보자!

● 트랜스포머를 대체하기 위한 방법론

트랜스포머를 대체하기 위한 방법론은 트랜스포머와 순환신경망을 융합하는 접근으로 출발

트랜스포머

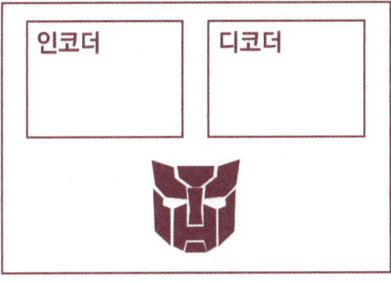

병렬 처리의 용이성으로 계산 자원이 많을수록 성능 향상을 기대할 수 있으며, 입력된 모든 토큰에 대한 관계 설정으로 인해 높은 수준의 자연어 처리 능력을 보유

순환신경망

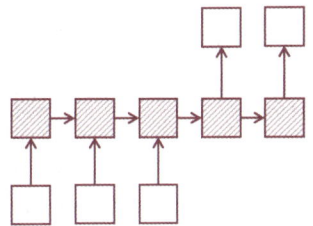

순차적인 정보 처리로 학습된 신경망을 추론에 활용할 때 계산상의 이점은 있지만 순차적인 속성으로 인해 학습 시 병렬 처리에 어려움이 존재함

● RWKV의 특징과 구조

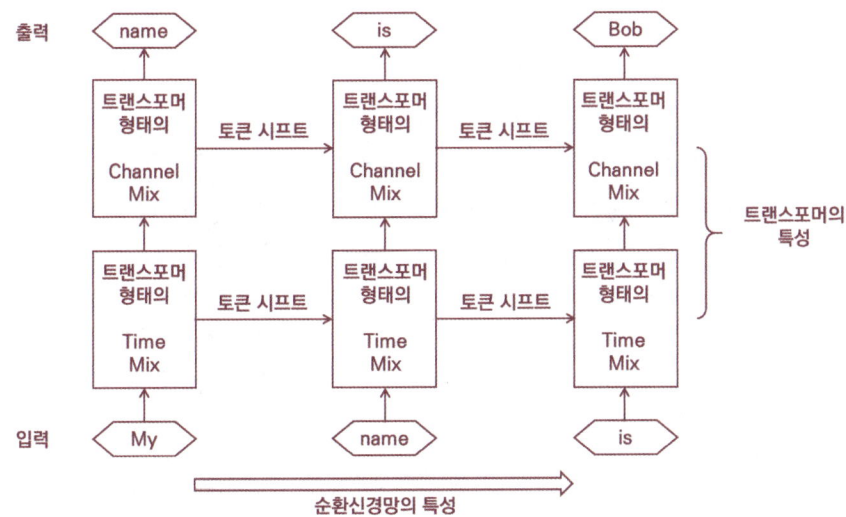

Retentive Network의 접근과 특징

어텐션(Attention)과 리텐션(Retention)

2023년 8월 마이크로소프트에서 개발한 Retentive Network(RetNet)은 트랜스포머를 대체하는 방법론으로 트랜스포머의 어텐션을 대체하는 리텐션을 고안했다. RetNet은 트랜스포머와 순환신경망의 접근을 활용한다는 점에서 RWKV와 유사하게 보일 수 있으나 병렬 표현과 재귀 표현을 동시에 만족한다는 것을 증명하여 학습에는 병렬 표현으로, 추론에는 재귀 표현으로 계산상의 이점을 확보한다.

불가능한 삼각형과 RetNet의 접근

이미지 생성 분야의 대표적인 모델인 GAN, VAE, Diffusion Model은 서로의 장단점이 분명한 접근법을 표현하는 불가능한 삼각형(Impossible Triangle)을 사용했다. 사전 학습 기반의 언어 모델 역시 트랜스포머, 선형 트랜스포머, 순환신경망의 세 가지 방법론이 불가능한 삼각형 형태를 나타내는데 RetNet은 이러한 제약을 해결할 수 있다고 주장했다. RetNet은 RWKV와 기본적인 철학을 같이하는데 바로 트랜스포머와 순환신경망을 융합하는 접근이다. 그러나 RetNet과 RWKV의 접근 방법은 완전히 다르다. RetNet은 리텐션이라는 개념을 소개하여 토큰 간의 관계 설정 방식을 두 가지로 표현한다. 첫 번째는 어텐션 메커니즘에서 확인할 수 있는 선형 변환 형태의 병렬 표현(Parallel Representation)이고, 두 번째는 은닉 상태의 순차적인 변환을 통해 차례로 연산을 처리하는 재귀 표현(Recurrent Representation)이다. 결과적으로 두 가지는 같은 기능을 한다는 것을 수학적으로 전개했고, 이를 통해 RetNet은 학습할 때는 병렬 표현으로, 추론할 때는 재귀 표현으로 활용한다.

멀티 스케일 리텐션(Multi-Scale Retention)

트랜스포머에 멀티 헤드 어텐션(MHA)이 있다면 RetNet에는 멀티 스케일 리텐션(MSR)이 존재한다. 트랜스포머의 MHA는 각 어텐션 헤드가 서로 다른 관계를 학습하는 것을 직관적으로 해석할 수 있다. 반면, MSR은 각 리텐션 헤드가 자동회귀 언어 모델에서 과거의 정보를 얼마나 참조할 것인가에 대해 위치 가중치를 고정시켜 위치 정보에 따른 관계 설정을 조정한다. 각 리텐션 헤드는 선형적인 속성을 가지고 있기 때문에 병렬 처리가 가능하고, 다수의 리텐션 헤드가 합쳐지는 멀티 스케일 리텐션에는 스위시(Swish) 활성 함수를 적용하여 비선형성을 추가한다. RetNet은 트랜스포머 층의 기본 구성인 MHA와 앞먹임신경망을 차용하여 MSR과 앞먹임신경망에서 하나의 층을 구성하고, 이를 적층한 형태를 가지고 있다. 논문 실험 결과 RetNet은 RWKV보다 우수한 성능을 보였고, 트랜스포머 대비 추론 처리량이 8.4배 상승했으며 GPU 메모리 사용량은 3.4배 절약하는 결과를 증명했다.

이미지를 살펴보자!

⦿ 불가능한 삼각형(Impossible Triangle)

- 언어 모델을 구현하는 세 가지 방식은 각기 장단점이 뚜렷하여 불가능한 삼각형 구도로 해석할 수 있음
- RetNet은 학습 시 병렬화, 저비용 추론, 높은 성능을 모두 달성할 수 있는 대안으로 제시

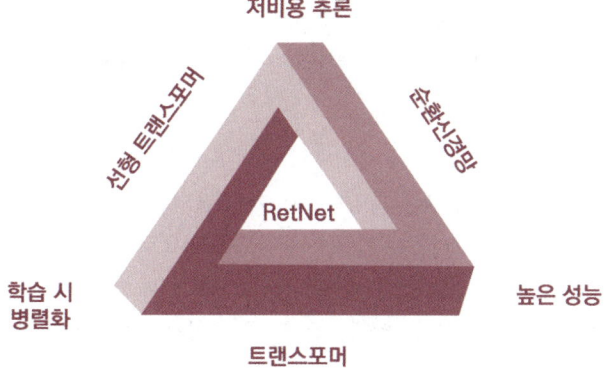

⦿ 리텐션 메커니즘의 병렬 표현과 재귀 표현

RetNet의 핵심은 토큰 관계를 설정하는 하나의 수식으로 학습 시에 활용하는 병렬 표현과 추론 시에 활용하는 재귀 표현이 가능

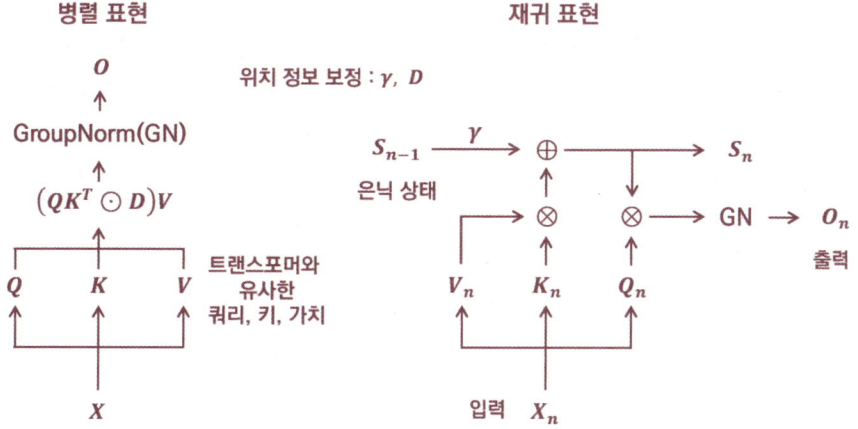

11 거대 테크 기업의 움직임

🔴 인공지능의 주도권 변화

ChatGPT의 등장으로 인공지능의 주도권이 거대 테크 기업으로 쏠리게 되었다. 인공지능은 일종의 SW 라는 관점에서 인적 자원이 가장 큰 역할을 하기 때문에 거대 테크 기업은 대학과의 협업을 통해 인공지능의 가시적인 성과를 달성해 왔다. 그러나 ChatGPT는 거대 언어 모델을 활용한다는 점에서 대규모 인프라가 필수적이고, ChatGPT가 막대한 매출을 올림에 따라 사업 영역에서의 경쟁이 한층 불거졌다. 따라서 인공지능의 주도권은 거대 언어 모델을 서비스하고, 수익을 낼 수 있는 소수의 거대 테크가 독점하고 있다고 볼 수 있다.

거대 언어 모델을 소형화하는 분야도 거대 테크 기업이 주도하게 된다. 모델 경량화는 역설적으로 계산량이 상당한 편이다. 신경망 구조 탐색은 다양한 시도가 전제되고, 지식 증류는 보다 큰 선생님 모델이 있어야 하며, 기본적인 양자화 알고리즘은 많은 시행착오를 필요로 한다. 거대 언어 모델에서 상대적으로 후발 주자에 있는 메타는 다른 기업들보다 한발 앞서 소규모 거대 언어 모델(small Large Language Model, sLLM)을 개발했는데 이것을 공개하는 접근으로 인공지능 생태계에 활력을 불어넣고 있다.

🔴 OpenAI, 구글, 마이크로소프트, 앤트로픽

OpenAI는 ChatGPT 공개 이후 지속적인 개선을 통해 GPT-4와 GPT-4o(omni)를 출시했다. GPT-4 부터는 사람의 말을 이해할 수 있는 거대 언어 모델을 기반으로 이미지 및 영상 생성, 음성 합성, 데이터 분석에 이르기까지 서비스를 다변화하고 있다. 또한, GPTs라는 플랫폼을 제안하여 GPT 기반의 애플리케이션 생태계를 활성화시키는데 노력하고 있다. 구글은 세계 최고 수준의 인공지능 연구 개발 역량을 보유하고 있는 기업으로 OpenAI의 유력한 경쟁 상대이다. 구글은 ChatGPT 출시 이후 순차적으로 Bard와 Gemini를 공개했으며, 생성 속도 측면에서 탁월한 성능을 보유하고 있다. 마이크로소프트는 2019년 체결한 OpenAI와의 전략적 파트너십을 통해 OpenAI의 인공지능 기술 이전을 바탕으로 다양한 서비스를 출시하고 있다. 대중에게 무료로 공개되고 있는 Copilot은 GPT-4와 DALL E 3에서 제공하는 이미지 생성기를 활용할 수 있다. 앤트로픽은 2021년 OpenAI의 개발진이 새롭게 설립한 스타트업으로 강력한 거대 언어 모델인 Claude를 개발하여 ChatGPT와 유사한 서비스를 제공하고 있다. 신생 기업이지만 Claude의 탁월한 성능을 바탕으로 현재 인공지능 생태계의 상당한 지분을 차지하고 있다.

 **이미지를 살펴보자!**

◉ 거대 테크 기업의 경쟁

ChatGPT 이후 인공지능 생태계는 거대 언어 모델의 기술력을 갖는 소수의 거대 테크 기업간 경쟁으로 재편

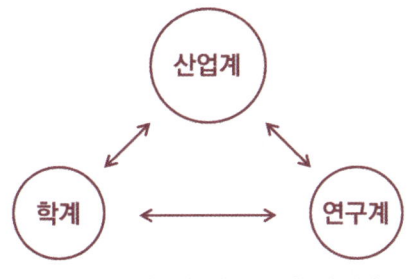

ChatGPT 이전의 인공지능은 산업계를 중심으로 학계와 연구계가 지원하는 구조로 발전해 왔으며, 빠른 인공지능 기술 발전에 따른 역동적인 생태계를 구성

거대 언어 모델을 구현하고 서비스할 수 있는 소수의 테크 기업이 경쟁하는 구도를 형성했으며, 이에 따라 인공지능 생태계의 주체가 산업계로 쏠림

◉ 생성 인공지능의 생태계

거대 언어 모델 기반의 생성 인공지능 생태계는 소수의 테크 기업간 경쟁 구도를 변화시킴

12 GPT-4의 배경과 특징

GPT-4의 등장 배경

거대 언어 모델의 상징으로 볼 수 있는 GPT-3는 사람이 구사하는 말을 알아들을 수 있는 능력을 보유했다고 해석할 수 있다. 이러한 인공지능을 사람과 동일선상으로 보기에는 커다란 비약이 있지만 사람이 언어라는 도구로 다양한 의사소통을 할 수 있듯이 인공지능 역시 거대 언어 모델이라는 의사소통의 도구를 가지게 되었다. 언어를 구사할 수 있다는 것은 다른 영역의 지식을 효과적으로 다룰 수 있음을 의미한다. 여기에서 말하는 '다른 영역'의 의미는 이미지나 영상, 음성, 데이터 분석을 말하는 것으로 인공지능이 지향해왔던 다양한 분야로도 이해할 수 있다. 예를 들면, 거대 언어 모델의 의사소통 능력을 활용하여 특정 이미지의 색감이나 구도를 변경하거나 객체를 변화시킬 수도 있다는 것이다. 즉, 인공지능 언어 모델을 바탕으로 다른 영역의 지식을 모사하는 방식이 GPT-3에 이어 GPT-4의 등장 배경으로 볼 수 있다.

거대 언어 모델에 이미지를 추가한 GPT-4

사람의 정보 습득은 시각적인 자료가 대부분을 차지한다는 점에서 인공지능 분야에서도 시각과 관련된 지능은 그간 컴퓨터 비전(Computer Vision)이라는 세부 분야로 발전해 왔다. 딥러닝의 시발점 역시 2012년 이미지넷 경진대회인 점을 상기해 보면 특정 이미지를 천 가지의 서로 다른 객체로 분류하는 과업에서 시작한 만큼 컴퓨터 비전 분야는 지금까지도 발전하고 있다. 거대 언어 모델이 등장한 2020년의 컴퓨터 비전에서는 언어 모델과 융합을 시도하고 있었으며, 확산 모델(Diffusion Model)이라는 새로운 고성능 이미지 생성 알고리즘이 제안됨에 따라 텍스트로부터 이미지를 생성하는 기술은 이미 산업적 가치를 증명받고 직접적인 매출로 이어지는 상황이었다. 이에 GPT-4는 이미지와 텍스트를 동시에 처리하는 것을 기본적인 방향으로 삼고, 일종의 기반 모델(Foundation Model)을 2023년 3월에 공개하면서 ChatGPT의 구독형 서비스에 탑재했다.

GPT-4의 구조와 특징

GPT-4는 OpenAI에서 공개한 기술 문서에서 학습 가능한 모수의 수, 구조, 학습 데이터 등을 명백히 밝히지 않았다. 해당 문서의 대부분은 언어 모델의 유해성을 더욱 저감한 사례들로 언급하여 문서상으로는 인간의 가치 정렬에 있어 탁월한 성능을 보여주었다. GPT-4는 이미지를 입력받을 수 있기 때문에 그림과 같이 출제되는 시험 문제도 풀 수 있다. 이에 OpenAI는 GPT-4를 활용해 미국 변호사 시험에 응시하여 상위 10%의 성적을 기록할 정도로 우수함을 증명했다. 그리고 실험을 통해 이러한 성능 향상이 RLHF보다는 언어 모델의 사전 학습 단계에서 발생했다고 추정했다.

이미지를 살펴보자!

◉ **GPT-3.5와 GPT-4**

GPT-4는 OpenAI가 2023년 3월에 공개한 모델로 텍스트에 더해 이미지를 처리할 수 있는 기능을 탑재

GPT-3.5는 2020년 개발된 거대 언어 모델인 GPT-3에 사람의 피드백을 통한 강화 학습(RLHF)이 적용되어 유해성과 편향성을 완화한 모델

GPT-4는 멀티 모달의 기반 모델로 텍스트와 이미지를 입력으로 받아 출력으로 텍스트를 생성

◉ **GPT-4의 성능**

- GPT-4는 이미지를 입력받을 수 있다는 점에서 다양한 기능을 수행할 수 있으며, 벤치마크 결과 언어 모델의 성능도 향상
- GPT-4는 사람 수준의 언어 모델에 이미지를 입력받을 수 있으므로 실제 사람이 보는 다양한 시험 문제에 적용시켜 성능을 측정할 수 있음

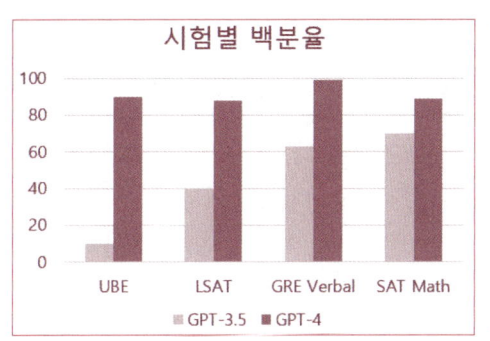

GPT-4의 성능 측정 결과 변호사 시험이나 대학원 입학 시험에서 매우 우수한 성적을 기록했으며, 성능이 대폭 향상
- UBE(Uniform Bar Examination) : 미국 변호사 자격 시험
- LSAT(Law School Admission Test) : 미국 로스쿨 입학 시험
- GRE(Graduate Record Examination) : 미국 대학원 수학 자격 시험

제5장 ChatGPT와 생성 인공지능 | 175

13 GPT-4 Turbo와 GPT-4o의 특징

지속적인 개선과 GPT-4 Turbo

ChatGPT에 이어 2023년 3월에 GPT-4를 공개한 OpenAI는 혁신을 견인하는 전형적인 인공지능 기업의 면모를 보이며 지속적인 개선에 힘썼다. OpenAI는 2023년 11월에 GPT-4의 성능을 개선한 GPT-4 Turbo 모델을 공개했고, 2024년 4월에는 다시 갱신된 버전을 공개했다. 이에 따라 2021년 하반기까지의 정보를 갖는 GPT-4는 GPT-4 Turbo로 전환되면서 2023년 12월의 정보까지 학습했다. 인공지능에서 지속적인 개선이란 매우 어려운 과업이다. 상식적으로 매일 생성되는 정보를 잘 가공하면 SW 업데이트 개념으로 GPT-4 모델을 빠른 간격으로 개선할 수 있다고 생각할 수 있다. 그러나 인공지능 모델은 데이터 분포를 학습하는 것이기 때문에 수집된 데이터가 충분한 수준에 도달하지 않고서는 업데이트 개념이 성립되지 않는다. 여기에 특정 시점까지 수집된 데이터 전체를 학습할 것인지, 추가로 수집된 데이터만 학습시킬 것인지에 대한 의사결정이 상황에 따라 다를 수 있다. 결국에는 인공지능 모델을 설명할 수 있는 기술이 필요한데 이런 주제 역시 매우 어렵기 때문에 아직은 실시간 업데이트는 힘들다고 볼 수 있다. GPT-4 Turbo는 먼저 최신 정보를 학습하고, 한 번에 처리할 수 있는 토큰의 양을 기존의 8,192개에서 12.8만 개(영문 기준 300페이지 분량)로 대폭 확장시켰다. 또한, 성능을 최적화하여 입력 토큰당 가격은 3배, 출력 토큰당 가격은 2배 저렴하게 제공했다.

더욱 진화하는 GPT-4o

ChatGPT의 성공과 OpenAI의 지속적인 개선으로 인해 GPT-4의 업그레이드 방향은 데이터 최신화와 성능 향상도 있겠지만 무엇보다 GPT-4의 연산에 들어가는 비용을 줄이는 것이 중요하다. GPT-4의 모델 구조가 공개되어 있지 않은 관계로 그 규모에 대한 추측이 난무하고 있으나 최소 1조 개 이상의 학습 가능한 모수로 구성된다고 봐도 무방할 것이다. 이는 GPT-3와 대비해서 5배 이상 확장된 것으로 계산 규모는 훨씬 더 많이 늘어났다.

GPT-4 Turbo 출시 이후 OpenAI는 GPT-4o(omni의 약자)를 2024년 5월에 공개했다. OpenAI는 2024년 3월에 Voice Engine이라는 음성 합성 기술을 선보였는데, 특정 화자의 15초 정도 음성 데이터를 활용해 화자와 유사한 음성을 생성할 수 있다고 밝혔다. GPT-4o의 데모에서는 이러한 음성 합성 기술이 접목되었는데 명령에 따라서 출력되는 음성의 톤을 자유롭게 변경할 수 있다. GPT-4o는 텍스트와 이미지를 넘어 영상과 음성 데이터를 종단간 방식으로 학습한 단일 모델을 사용한 것이 주요한 특징이다.

 **이미지를 살펴보자!**

● GPT-4와 GPT-4 Turbo의 비교

GPT-4는 출시 이후 지속적인 개선에 힘쓰고 있으며, GPT-4 Turbo 모델은 서비스의 품질 향상에 기여함

[지속적인 학습은 도전적인 과제]

우리가 생각하는 인공지능은 실시간으로 데이터를 학습한다고 생각할 수 있으나, 실제로는 데이터 분포 문제로 인해 실시간 학습이 어려우며 일정 기간동안 유사한 분포로 수집된 데이터를 통해 개선

[GPT-4 Turbo의 성능 개선]

GPT-4 Turbo는 최신 데이터를 학습하고, 광범위한 문맥을 파악할 수 있으며 실제 활용 시 필요한 비용을 절감

구분	GPT-4	GPT-4 Turbo
학습 데이터	~ 2021.09.	~ 2023.12.
입력 토큰	8,192	128,000
입력 토큰당 가격	$ 0.03	$ 0.01
출력 토큰당 가격	$ 0.04	$ 0.02

[GPT-4 Turbo 2024-04-09 기준]

● GPT-4o의 입력과 출력

GPT-4o(omni)는 다양한 형태의 입출력이 가능하고, 최적화를 통해 GPT-4 Turbo 수준의 성능과 저렴한 사용이 가능

입력 (조합 가능)

 텍스트　 오디오

 이미지　 영상

출력의 형태가 진정한 멀티 모달로 진화

GPT-4o

비영어 언어 처리 능력이 비약적으로 향상되었으며, 처리 속도 향상 및 비용에서 50% 절감

출력 (조합 가능)

 텍스트　 오디오

 이미지　 영상

14 GPT-o1과 GPT-5의 특징

GPT-o1의 등장

2024년 생성형 인공지능의 기준은 GPT-4 및 GPT-4o로 자리매김 했다. OpenAI를 추격하는 다양한 테크 기업들은 GPT-4 수준의 생성형 인공지능을 개발하기 위해 고군분투했으며, 결과적으로 오픈 소스 모델까지 등장하게 된다. GPT-4는 여전히 강력한 인공지능이지만 추론 능력에 다소 취약한 면모를 보이고 있어 OpenAI는 2024년 9월에 추론 능력을 개선한 GPT-o1을 공개했다. GPT-o1은 사용자 질문에 대해 생각하는 시간을 가져 추론을 고도화하는 접근을 취하는데 이것은 구글이 PaLM에서 소개한 CoT(Chain-of-Thought)를 응용한 것으로 사용자의 질문에 대한 의도를 다각도로 분석하여 응답한다. GPT-o1은 대학원 박사과정의 지식 수준을 가지고 있는 것으로 분석되며, 연구 활동에 있어 적합한 방법론을 탐색한다든지 데이터 분석을 위한 모델을 선정하는 등의 활용이 가능하다. GPT-o1은 사람의 일반적 지식 수준을 넘어 연구를 보조할 수 있는 능력을 갖추게 됨에 따라 이제 인공지능은 고차원적인 추론을 요구하는 영역에까지 영향을 미치고 있다. OpenAI는 GPT-o1의 성공을 이어가 추론 능력을 더욱 강화한 모델을 출시할 예정이다.

GPT-5와 스케일링 법칙 논란

OpenAI는 GPT-4 출시 이후 GPT-5에 대한 언급을 해왔다. 특히, 2024년 하반기에는 다양한 경쟁 기업들이 GPT-4 수준의 모델을 공개함에 따라 기술적 격차가 좁혀진 상황이기 때문에 OpenAI가 생성형 인공지능에서 우위를 점하기 위해서는 차세대 모델인 GPT-5의 성공 여부가 관건이다. 그간의 정보를 정리해 보면 GPT-5는 박사급의 지식 수준을 가지고 있을 것으로 예상되는데 이런 기준은 OpenAI가 밝힌 범용 인공지능의 2단계를 완성하는 모델이기 때문이다. 박사급 지식 수준은 스스로 새로운 사실을 발견하고, 이를 논문으로 작성할 수 있는 능력을 말하는 만큼 GPT-5에 대한 기대 수준을 추정해 볼 수 있다. GPT-5는 새로운 게임 체인저가 될 가능성이 높다. 또한, 대중의 냉철한 평가를 받는 플랫폼 기반의 생성형 인공지능 생태계는 GPT-5의 수준을 보다 빠르고 명확하게 판단할 가능성이 높다. OpenAI 입장에서는 생성형 인공지능의 주도권을 유지하는 도구로써 GPT-5라는 키워드를 가지고 있기 때문에 매우 유리한 입지에 있지만 OpenAI와 경쟁하는 기업에게도 기회가 될 수 있다. OpenAI보다 한발 앞서 GPT-5 수준의 인공지능을 공개한다면 생성형 인공지능의 판도가 급변할 수 있기 때문이다. 그러나 GPT-5 수준의 차세대 모델 개발에는 우려의 시선도 적지 않다. GPT-3부터 지금까지 이어온 <u>스케일링 법칙</u>이 더 이상 통용되지 않을 것이라는 주장이 제기되고 있기 때문이다. 만약, 스케일링 법칙이 통용되지 않는다면 당분간 언어 모델의 성능은 정체기가 올 것이고, OpenAI가 GPT-5를 성공적으로 공개한다면 생성형 인공지능의 주도권은 OpenAI가 가져갈 것으로 예상된다.

> 모델의 크기가 커지면 성능이 향상된다는 법칙

 **이미지를 살펴보자!**

⦿ GPT-o1의 지식 수준

GPT-o1은 추론 능력을 강화한 생성형 인공지능으로 대학원생 수준의 지식을 보유한 것으로 분석됨

 GPT-1   GPT-2   GPT-3

고등학생 수준   수능 응시생 수준   대학교 신입생 수준

 GPT-4   GPT-o1

대학교 졸업생 수준   대학원생 수준

⦿ GPT-5의 등장

- 생성 인공지능 경쟁력의 기준점은 GPT-4로 GPT-5의 등장은 또 다른 기준점으로 작용
- GPT-5는 OpenAI에서 정의한 범용 인공지능에서 2번째 단계에 도달한 인공지능으로 매우 강력한 성능을 보유할 것으로 전망

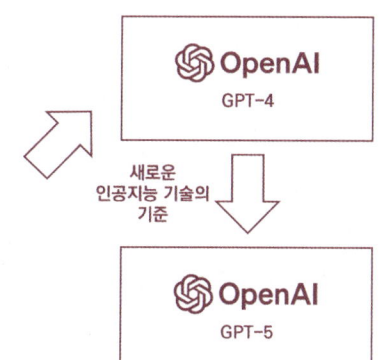

15 OpenAI의 GPT 스토어

플랫폼에서의 ChatGPT

OpenAI의 ChatGPT는 두 가지 비즈니스 모델로 볼 수 있다. 하나는 정교한 인공지능 기능을 제공하는 구독형 ChatGPT Plus 서비스이고, 다른 하나는 기업이나 개인이 ChatGPT를 활용한 서비스를 운영하는데 필요한 ChatGPT 사용료를 받는 것이다. 사용료는 특정한 기능을 활용하는 API(Application Programming Interface) 호출을 통해 이루어지며, 입출력되는 토큰의 양에 따라 과금이 되는 구조이다. 가장 손쉽게 ChatGPT를 특화하는 방식은 프롬프트 엔지니어링(Prompt Engineering)이다. 프롬프트 엔지니어링은 특정 과업을 수행하기 위한 소수의 샘플을 입력하는 방식으로 GPT-3에서의 문맥 내 학습(In-Context Llearning)이나 PaLM의 CoT(Chain-of-Thought) 프롬프트 기법을 말한다. 그러나 경우에 따라서 가중치를 조정하여 최적화하는 것이 필요한데 ChatGPT에서는 API를 통한 ChatGPT 모델의 미세조정(Fine-Tuning)도 가능하다. 따라서 ChatGPT는 사용자 데이터를 바탕으로 기능적인 측면의 조정이 가능하다는 점에서 일종의 플랫폼 역할을 할 수 있다. 다양한 주체가 맞춤형 ChatGPT를 개발하고, 사용자들은 특화된 ChatGPT를 활용하는 방식이다.

GPT 스토어

OpenAI는 2023년 11월 플랫폼 기능을 GPTs로 명명하고, 2024년 1월에는 앱 스토어 개념의 GPT 스토어(Store)에 대한 구상을 밝혔다. 2024년 7월 시점으로 GPT 스토어가 ChatGPT에 포함되어 있으며, 검색을 통해 특화된 ChatGPT를 사용할 수 있다. 맞춤형 ChatGPT는 일종의 ChatGPT 애플리케이션으로 이해할 수 있는데 스마트폰에서 사용하고 있는 구글 플레이 스토어나 애플 앱 스토어와도 유사하다고 볼 수 있다. GPT 스토어는 가장 현실성 있는 인공지능 플랫폼으로 진화할 것으로 예상된다. 그러나 가장 큰 어려움은 거대 언어 모델의 계산량에 있다. 먼저 유효한 사용자를 확보하는 것이 중요한데 GPT 스토어에 탑재된 훌륭한 애플리케이션들은 대부분 유료 서비스인 ChatGPT Plus 구독이 필수적이다. GPT-4는 개선을 거듭하여 필요한 연산량을 현저하게 줄여 GPT-4o의 경우 무료로 일부 사용이 가능하지만 유기적인 플랫폼 생태계를 만들기 위해서는 GPT-4 수준의 인공지능을 무료로 공개하여 사용자의 유입을 증대시켜야 한다. 결국 GPT-4 수준의 기능은 유지하되 이를 계산하는데 소요되는 비용을 낮추는 접근이 계속 이어져야 하는 것이다. 또한, GPT 스토어에 창의적인 앱이 개발될 수 있도록 개발자에게도 수익 모델을 제공해야 한다. GPT 스토어가 성공적인 인공지능 플랫폼이 된다면 인공지능 산업은 다시 격변할 것으로 예상된다. 바로 플랫폼의 독점 효과로 인해 기업과 개인은 자체적인 개발을 추진하기보다는 GPT 스토어에서 앱을 개발하는 것이 비용적으로 현실성이 높기 때문이다.

이미지를 살펴보자!

◉ 생성 인공지능의 비즈니스 모델

ChatGPT를 비롯한 생성 인공지능은 구독형 서비스와 API 서비스를 제공하는 비즈니스 모델로 출발

[생성 인공지능의 비즈니스 모델]　　[플랫폼 형태로 최적화 가능]

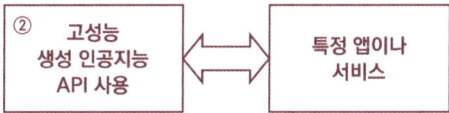

① 고성능 생성 인공지능 구독 서비스 — 무료 버전보다 다양한 기능을 갖는 서비스를 월 구독 형태의 서비스로 제공 (기능이 많아지면 서비스를 하기 위한 인프라의 부담이 높아지기 때문)

② 고성능 생성 인공지능 API 사용 ↔ 특정 앱이나 서비스
고성능 생성 인공지능을 호출하는 만큼 사용되는 입출력 토큰당 비용을 부과하는 형태

① 프롬프트 엔지니어링과 RAG가 제공되는 생성 인공지능 모델의 변경 없이 프롬프트 엔지니어링이나 RAG를 사용하여 특정 과업을 수행
② 미세조정(Fine-Tuning)은 생성 인공지능 모델의 모수를 직접 학습 데이터를 통해 변경할 수 있음(장기적으로 특정 분야에 최적화된 기능을 활용해야 할 때 사용)

◉ GPT 스토어의 활용

GPT 스토어는 인공지능 분야의 앱 스토어로 발전될 가능성이 높으며, 이는 플랫폼 속성으로 인공지능의 산업 생태계를 좌지우지할 가능성이 농후

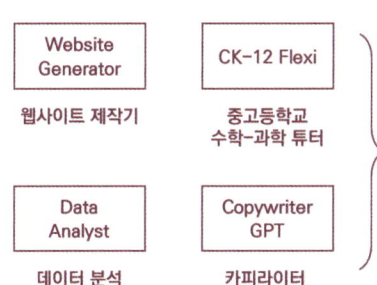

- Website Generator — 웹사이트 제작기
- CK-12 Flexi — 중고등학교 수학-과학 튜터
- Data Analyst — 데이터 분석
- Copywriter GPT — 카피라이터

- ChatGPT가 온전한 플랫폼으로 진화하기 위해서는 애플리케이션이 탑재된 인공지능 모델을 무료로 서비스하여 사용자 유입을 통한 생태계 확장이 필요
- 인공지능 앱 개발자의 확보를 위해 인기 있는 앱 개발 주체에게 적절한 보상을 줄 수 있는 메커니즘이 필요

 OpenAI　　ChatGPT 플랫폼

16 Bard의 특징과 기능

인공지능에서 구글의 위상

구글은 인공지능에서 세계 최고의 기술력을 보유한 완전체 기업이다. 지금까지 살펴본 거대 언어 모델은 그 시작을 거슬러 올라가 보면 트랜스포머가 나오고, 사전 학습 언어 모델에서 다루었던 모델의 대부분은 구글이 개발했다. 또한, 트랜스포머를 개선하기 위한 리포머나 퍼포머의 개발도 구글이 주도했다. 그뿐만 아니라 계산 자원에서도 NVIDIA GPU의 독점에서 탈피해 자체 개발한 TPU로 인공지능을 구현하고 있다. 여기에 검색 엔진, 유튜브, 크롬 브라우저, 자율주행차 등 다양한 서비스에서 쌓인 데이터는 세계 최대 규모라고 해도 과언이 아니다. 언어 모델의 영역뿐만 아니라 전방위적인 인공지능 분야에서 큰 업적을 남긴 구글은 GPT-3 출시 이후에도 능동적인 대응을 해왔다. 대화형 인공지능인 LaMDA에 이어 5,400억 개의 모수를 갖는 거대 언어 모델인 PaLM 등을 통해 거대 언어 모델에서도 선두를 차지하고 있다. 그러나 2022년 11월 ChatGPT가 출시된 뒤 구글은 적색 경보(Code Red)를 발령하며, 신속한 대응을 준비했다.

구글의 Bard

구글은 ChatGPT가 돌풍을 일으킨 4개월도 지나기 전인 2023년 3월에 ChatGPT라고 할 수 있는 Bard를 공개했다. 검색 엔진의 대명사인 구글은 Bard의 기능을 인공지능 기반의 검색이라는 방향성을 가지고 출시했다. 그 이유는 OpenAI의 투자로 기술적 이득을 얻은 마이크로소프트가 자사의 검색 엔진인 Bing에 ChatGPT 기술을 접목시킨 New Bing을 공개했기 때문이다[MS가 개발한 AI 기반의 검색 엔진으로 현재는 Copilot으로 통합]. Bard는 그 구현 방법이나 모델 구조를 명시하고 있지 않으나 대화형 모델인 LaMDA와 거대 언어 모델인 PaLM을 활용했다. Bard는 검색 엔진에 인공지능을 부여한 만큼 생성 결과와 검색된 결과를 취합한다. 이것은 환각 효과를 어느 정도 대응할 수 있다는 면에서 긍정적일 수 있으나 생성한 결과가 사실에는 일치하나 검색이 안 되는 경우도 있다는 단점으로 작용할 수 있다. 이러한 사실은 수많은 사용자 경험에서도 찾을 수 있으며, 결과적으로 ChatGPT가 제공하는 서사성이나 독창성에서는 많이 뒤떨어졌다. 이로써 OpenAI와 구글의 일차적인 대결은 OpenAI의 승리로 돌아갔다. Bard의 장점은 먼저 빠른 생성 속도이다. 구글은 클라우드 플랫폼과 자체 개발한 TPU 그리고 데이터 센터 운영의 막대한 노하우를 가지고 있기 때문에 거대 언어 모델 수준의 연산도 효율적으로 처리할 수 있다. 이러한 장점으로 Bard는 ChatGPT와 비교할 당시 생성 속도도 빠를 뿐만 아니라 한꺼번에 3개의 서로 다른 응답을 제공한다. 또한, 구글 워크스페이스와도 연동이 가능한데 구글의 대표적 서비스인 Gmail, 구글 문서, 구글 드라이브를 지원하여 업무 효율성에 크게 기여했다.

이미지를 살펴보자!

◉ **구글의 역량**

구글은 소프트웨어, 하드웨어, 데이터까지 모두 갖춘 완전체 기업으로 인공지능을 개발할 수 있는 모든 역량을 보유

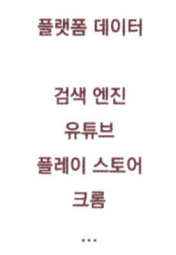

◉ **Bard의 특징**

- Bard는 구글의 ChatGPT로 이해할 수 있으며, 검색 엔진과 인공지능을 융합한 차별점으로 접근
- Bard는 마이크로소프트의 New Bing과 유사한 대화형 인공지능으로 생성된 결과에 검색 결과를 융합한 접근으로 환각 효과를 완화했으나 사용자 경험에 의하면 ChatGPT보다 낮은 수준의 창의성을 보유

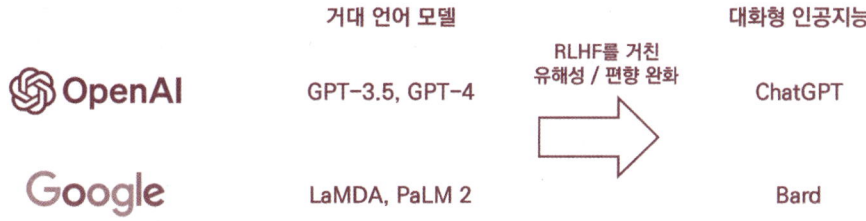

PaLM 2의 규모와 특징

Bard의 저조한 실적

구글이 ChatGPT를 추격하기 위해 신속히 Bard를 공개한 것은 어떻게 보면 예견된 사실이었으나 대중에 공개된 만큼 기술력의 차별성보다는 사용자의 직접적인 판단에서 자유로울 수 없었다. 결국 2023년 전반기에 구글과 OpenAI가 대결한 대화형 인공지능의 승자는 OpenAI였다. OpenAI가 우세한 이유는 대중의 냉정한 평가인데 ChatGPT와 Bard의 성능 비교는 논문이 아닌 사용자 경험에 의해서 판단되었기 때문이다. 이에 구글은 Bard의 단점을 빠르게 극복하고자 2022년 개발되었던 PaLM의 후속인 PaLM 2(Pathway Language Model 2)를 2023년 5월에 공개했다.

PaLM 2의 특징

OpenAI가 GPT-4를 통해 ChatGPT의 성능을 더욱 향상시키면서 구글 역시 거대 언어 모델의 개선을 위해 PaLM 2를 공개했다. PaLM 2는 GPT-4와 유사하게 기술 문서를 제공했는데 거대 언어 모델 학습을 위한 구체적인 모델과 방법론에 대해서는 언급하지 않았다. 이후 구글 I/O 행사를 다룬 언론 기사에서 PaLM 2의 규모가 공개되었는데 학습 가능한 모수의 수가 3,400억 개로 기존 PaLM의 5,400억 개보다는 적다. 학습 데이터는 PaLM의 7,800억 개에서 PaLM 2의 3.6조 개로 4.6배 증가했다. PaLM 2는 성능 지표상으로 '보다 작은 모델로 보다 높은 성능'을 달성했다. PaLM 2는 학습 가능한 모수의 수와 학습 데이터의 비중을 찾기 위해 다양한 연구 결과를 검증했다. 이를 통해 보다 작은 모델로 더 좋은 성능을 달성할 수 있는 근거를 마련했고 실험을 통해 증명했다. 앞으로 인공지능의 전개 양상을 비추어보면 비용 절감이 서비스 비용에 직결되는 만큼 학습 데이터는 늘리고, 모델 크기를 줄이는 접근이 유효했음을 추정할 수 있다. PaLM 2는 영어를 제외하고 100개 이상의 언어에 대한 학습 데이터를 확보하여 다양성을 확장했다. 특히 중국어, 일본어, 이탈리아어, 프랑스어, 스페인어로 구성된 시험에서 모두 PaLM의 성능을 능가하며 대부분의 시험을 통과했다. 생성 속도 측면에서도 PaLM과 대비하여 더 쾌적해졌다는 사용자 경험이 있다.

PaLM 2와 Bard

PaLM 2는 더 빠른 속도와 업그레이드된 성능으로 Bard에 접목되면서 ChatGPT와 대적할 수 있는 기술력을 확보하여 경쟁 구도를 형성했다. 사용자에게 있어서는 유용한 인공지능을 무료로 사용할 기회가 늘어난 것으로 업무 형태에 따라 창의적인 작업이 필요하면 ChatGPT를, 빠른 응답이 필요하면 Bard를 선택할 수 있게 되었다.

이미지를 살펴보자!

구글의 영향

구글은 자연어 처리 분야에서 다양한 업적을 남긴 기업으로 현대 인공지능의 연구 트렌드를 주도

사전 학습 언어 모델	자연어 처리 분야에서 구글이 개발한 모델 (ChatGPT 등장 이전 까지)	거대 언어 모델
BERT ALBERT MobileBERT ELECTRA T5		LaMDA Gopher PaLM Chinchilla

거대 언어 모델의 핵심	트랜스포머의 개선
트랜스포머	Reformer Performer

PaLM 2의 성능

PaLM 2는 PaLM 대비 작은 규모의 모델로 더 높은 성능을 달성했으며, 특히 비영어권의 어학 능력 시험에서 우수한 성능을 보임

[PaLM vs PaLM 2]

구분	PaLM	PaLM 2
모수의 수	5,400억 개	3,400억 개
학습 데이터	7,800억 개 토큰	3.6조 개 토큰

PaLM 2는 거대 언어 모델에서 밝혀진 모수의 수와 학습 데이터의 양에 관련된 규모의 법칙(Scaling Law)을 따름

[PaLM 2의 어학 능력 시험]

구분	PaLM	PaLM 2
(중국어) HSK 7-9급	탈락	통과
(일본어) J-TEST A-C	탈락	통과
(이탈리아어) PLIDA C2	탈락	통과
(프랑스어) TCF	탈락	통과
(스페인어) DELE C2	탈락	통과

18 Gemini의 등장과 특징

멀티 모달 Gemini의 등장

구글은 성능이 우수한 거대 언어 모델인 PaLM 2를 통해 Bard를 개선할 수 있었다. 또한, 이미지 생성 모델인 Imagen과 PaLM-E, 오디오를 처리할 수 있는 AudioPaLM 등을 개발하여 둘 이상의 서로 다른 데이터를 처리할 수 있는 멀티 모달(Multi-Modal) 인공지능을 구현할 기술력을 보유하고 있었다. 구글은 일종의 멀티 모달 기반이라고 볼 수 있는 GPT-4에 대응하기 위한 전략으로 2023년 12월에 Gemini 1.0을 공개했다.

Gemini 1.0의 특징

Gemini 1.0은 이미지, 오디오, 영상, 텍스트를 이해할 수 있는 멀티 모달 기반의 모델이다. 특히, 규모에 따라 Ultra, Pro, Nano로 구분되는데 Ultra와 Pro가 거대 모델이라면 Nano의 경우는 스마트폰에서도 구동될 수 있을 만큼 작은 모델이다. Ultra는 GPT-4와 비견될 규모와 성능을 가지고 있고, Pro는 GPT-3.5와 유사하다고 볼 수 있다. Nano의 경우는 두 가지 버전이 있는데 학습 가능한 모수의 수가 18억 개와 32.5억 개로 구성된다. Gemini의 구조에 대한 상세 내용은 공개되어 있지 않으나 텍스트, 오디오, 이미지, 영상의 데이터를 일종의 시퀀스로 입력받아 트랜스포머를 통해 관계를 설정한다. 이후 출력이 이미지인 경우는 이미지 디코더로, 텍스트인 경우는 텍스트 디코더로 계산된다. 실험 결과 Gemini Ultra는 GPT-4와 전 세대 모델인 PaLM 2와 비교해서 우월한 성능을 기록했다.

> GPT-3에 RLHF를 적용한 모델

Bard의 새로운 이름 Gemini

OpenAI의 GPT 시리즈는 지속적인 개선을 추진하기 때문에 구글 역시 신속하게 대응하고 있다. 2024년 2월에 구글은 Gemini 1.0의 후속인 Gemini 1.5를 공개했는데 이와 동시에 ChatGPT에 대응하던 구글 서비스인 Bard의 명칭을 Gemini로 변경하게 된다. Gemini 1.5는 전문가 혼합(Mixture-of-Experts, MoE)이라는 기술을 활용하여 좀 더 효율적인 멀티 모달 구현에 성공했다. MoE는 기계 학습 관점에서 일종의 앙상블 학습으로 여러 가지 전문가 모델이 있을 경우 학습 가능한 게이트 네트워크를 통해 적절한 전문가 모델을 선택하는 방식이다. MoE의 가장 큰 장점은 계산을 절약할 수 있는 반면, 게이트 네트워크를 성공적으로 학습시키기 위해 적절한 데이터셋을 확보하는 것이 어려움 중 하나이다. Gemini 1.5 Pro의 경우는 보다 큰 모델인 Gemini 1.0 Ultra와 동등하거나 우수한 성능을 기록했다. 또한, 입력으로 1백만 개의 토큰을 입력받을 수 있는 기능을 제공하여 다른 서비스들이 제공하는 20만 개 수준을 크게 상회한다. Gemini 1.5 Flash라는 소형 모델도 제공하여 사용자 선택의 폭을 넓혔다.

 **이미지를 살펴보자!**

⦿ Gemini의 입력과 출력

- 구글의 Gemini는 멀티 모달 인공지능으로 다양한 입력을 처리할 수 있으며, 여러 규모의 모델을 공개
- Gemini는 규모가 큰 순서대로 Ultra, Pro, Nano 버전으로 구분되며, Nano 버전의 경우는 스마트폰에서도 구동 가능

⦿ Gemini의 버전

Gemini는 Bard를 리브랜딩하고, 2024년 2월에 Gemini의 개선된 버전인 Gemini 1.5를 공개

Gemini 1.0 vs Gemini 1.5

- Gemini 1.5 Pro는 Gemini 1.0 Pro 대비 대부분의 과업에서 우월한 성능을 보였고, 길이가 긴 텍스트나 비디오에 대한 과업에서는 모델 규모가 더 큰 Gemini 1.0 Ultra보다 우수한 성능을 기록함
- 소형화 버전인 Gemini 1.5 Flash는 Gemini 1.5 Pro 모델을 지식 증류하여 구현한 모델로 추론 속도가 우수함
- Gemini 1.5는 대중의 평가에서도 소기의 성과를 얻어 OpenAI와 본격적인 경쟁 구도를 형성

19 Copilot의 등장과 특징

마이크로소프트와 OpenAI

OpenAI가 GPT-3를 개발하는데 가장 큰 영향을 미친 것은 2019년에 마이크로소프트와 체결한 파트너십 덕분으로 추정된다. 당시 마이크로소프트는 10억 달러 규모의 투자와 더불어 GPU 10,000장 규모의 AI Supercomputer를 제공했다. OpenAI가 GPT-3에 이어 ChatGPT 공개할 때 혁신의 바람을 일으키자 마이크로소프트는 기술을 이전받아 자사의 애플리케이션에 거대 언어 모델을 적용하게 된다. 마이크로소프트는 전 세계에 컴퓨터가 보급되는 만큼 안정적인 수익을 유지할 수 있다는 점에서 클라우드나 인공지능의 영역에서 다양한 사업과 연구 개발을 추진해 왔다. 어떻게 보면 마이크로소프트가 OpenAI에 투자를 결정한 사실은 신의 한 수라고 볼 수 있을 정도이며, 이로 인해 좀 더 앞선 시점에서 거대 언어 모델로 다양한 비즈니스 모델을 시도할 수 있었다.

검색 엔진의 도전과 Copilot

전 세계 검색 엔진 시장은 구글이 압도적인 비중을 차지하고 있다. ChatGPT의 등장은 많은 언론에서 검색 엔진의 지능화로 주목했으나 환각 문제로 인해 단시간에 검색 엔진의 대안이 되기에는 부족한 면이 있다. 마이크로소프트는 자체 검색 엔진인 Bing에 GPT-4를 접목시켜 2023년 2월에 New Bing이라는 서비스를 공개했다. New Bing은 검색 결과와 생성된 결과를 조합하는 대답으로 새로운 검색 엔진으로써 구글에 도전장을 내밀었다. New Bing은 구글로부터 검색 엔진 사용 비중을 크게 얻어내진 못했지만 1억 명 수준의 사용자를 유입시켜 소기의 성과는 거두었다. 이후 New Bing은 2023년 8월에 Bing Chat으로 서비스 명칭을 변경한 뒤 2023년 12월에는 Copliot으로 통합되었다. Bing Chat의 가장 큰 장점은 검색된 내용과 생성한 내용을 조합하여 결과를 보여준다는 점에서 최신 정보도 처리할 수 있다. Copilot의 시작은 거대 기반 모델을 마이크로소프트의 다양한 서비스에 접목시켜 사용자에게 도움을 주는 것이었다. Bing Chat이 Copilot으로 편입되면서 Copilot은 다양한 서비스 중 채팅 기능의 제공으로 자리를 잡았다. Copilot 디자이너의 경우는 OpenAI가 개발한 이미지 생성 서비스인 DALL-E 3을 바탕으로 무료 이미지 생성 기능을 담당한다. 마이크로소프트 365 Copilot의 경우는 오피스 제품에 생성 인공지능을 접목한 서비스이다. 워드의 경우는 사용자 명령에 따라 문서 작성을 수행하고, 파워포인트는 적절한 슬라이드 배경과 콘텐츠를 자동으로 제작해 준다. 엑셀은 프롬프트를 통해 분석 및 시각화를 할 수 있으며, 협업 도구인 팀즈는 회의 내용을 자동으로 요약해 준다. 365 Copilot은 업무 생산성 향상에 큰 도움을 줄 수 있을 것으로 판단되는데 2024년 1월에 공개되면서 많은 사용자들이 사용하고 있다.

이미지를 살펴보자!

● **마이크로소프트와 OpenAI의 협업**
- 마이크로소프트는 OpenAI와의 전략적 파트너십으로 자사의 제품에 생성 인공지능을 도입하여 인공지능 시장을 공략
- 마이크로소프트는 OpenAI와 협력하기 이전에도 글로벌 최고 수준의 인공지능 기술력을 보유하고 있었으며, 특히 윈도우와 오피스 제품을 안정적으로 판매한 비즈니스 역량으로 인공지능을 활용한 시장 개척에 선도적인 입지를 다짐

마이크로소프트는 OpenAI의 거대 언어 모델 및 이미지 생성 기술을 바탕으로 자사의 브라우저 생태계 확장과 윈도우 운영 체제, 사무용 오피스 등 AI 기술을 접목하는 형태로 인공지능 시장을 공략

● **Bing과 Copilot의 비교**

검색 엔진 시장에 재도전한 Bing	마이크로소프트의 핵심 Copilot

• 2023년 2월 – New Bing(Bing + GPT-4) • 2023년 8월 – Bing Chat(챗봇 기능 강화) • 2023년 12월 – Copilot(리브랜딩) • 마이크로소프트는 구글이 장악하고 있는 검색 시장에 대화형 인공지능을 신속히 도입하여 소기의 성과를 거둠	• 마이크로소프트의 생성 인공지능 제품을 아우르는 플랫폼으로 생성 인공지능 기술을 활용해 다양한 서비스를 포함 • 대표적인 서비스는 그림을 그려주는 Copilot Designer, 오피스 제품에서 인공지능 기능을 활용할 수 있는 Microsoft 365 Copilot, 재무 데이터 분석과 인공지능 보안 솔루션 등 다양한 서비스로 확장하고 있음

20 Claude의 개발과 특징

OpenAI와 앤트로픽

OpenAI는 비영리단체로 인공지능을 보다 안전하고 신뢰할 수 있게 사용하기 위해 기술의 민주화를 지향하였으나 마이크로소프트의 투자 파트너십 체결로 인해 비영리단체의 정체성이 희미해졌다. 당시 OpenAI도 선택의 기점에 있던 상황이었는데 OpenAI는 세계 최고 수준의 인력을 유지하는 한편 인공지능 학습에 필요한 대규모 인프라를 확보할 필요성이 있었다. 그러나 OpenAI가 마이크로소프트와 협업하면서 수익 모델에 대한 방향성이 가시화되자 OpenAI의 철학에 이끌려 참여한 개발자 일부는 비판적인 관점을 드러내기 시작했다. 2021년 OpenAI에서 연구 부사장을 역임하던 다리오 아모데이는 OpenAI에서 퇴사한 동료 7명과 함께 새로운 스타트업인 앤트로픽(Anthropic)을 창업했다. 앤트로픽은 인공지능의 안전성을 최우선적 가치로 삼고 거대 언어 모델 개발을 추진하였다. 이는 OpenAI가 마이크로소프트와 맺은 파트너십의 방향이 안전성보다는 수익 모델에 있었다는 것으로 추정할 수 있으며, 앤트로픽은 OpenAI 설립 본연의 가치를 더 지향한다고 해석할 수 있다.

거대 언어 모델인 Claude의 성장

앤트로픽은 디지털 회로와 정보 이론의 창시자인 클로드 섀넌(Claude Shannon)의 이름을 차용하여 자사의 거대 언어 모델인 Claude를 개발했다. 앤트로픽은 Bard와 ChatGPT가 본격적인 경쟁을 시작하던 2023년 Claude의 첫 번째 버전을 공개했다. 어떻게 보면 스타트업이 공룡과 같은 거대 테크 기업에 도전장을 낸 상황이었으나 인공지능의 개발 역량은 SW와 마찬가지로 인력에 내재 되어 있다는 사실을 감안하면 GPT-3를 개발한 핵심 인력이 가장 큰 무기였다. 첫 번째 Claude의 성공은 아마존에서 40억 달러, 구글에서 20억 달러의 투자를 약속받았다는 사실로 그 가능성을 짐작할 수 있다. Claude는 2023년 7월에 Claude 2를 거쳐 2024년 2월에는 Claude 3를 공개하고, ChatGPT와 Gemini와 같이 대중이 무료로 사용할 수 있게 되었다. ChatGPT와 Gemini가 독점적으로 경쟁하고 있던 생성형 인공지능 시장에 새롭게 등장한 Claude 3는 대중의 엄정한 사용자 경험으로 비교 분석되었다. 그 결과 Claude 3는 충분한 경쟁력을 가지고 있었으며, 무엇보다 언어의 이해도가 높다는 평가를 받게 되었다. 이후 2024년 6월에는 Claude 3.5를 공개하여 보다 빠른 속도에 보다 적은 비용으로 사용할 수 있었다. 앤트로픽은 생성 인공지능에서 구글과 OpenAI의 대결 구도를 앤트로픽이 포함된 삼자 구도가 될 정도로 급격하게 성장했다. 다만, 스타트업이라는 후발주자의 위치에서 글로벌 서비스를 했기 때문에 무료 사용량에는 부족함이 있었다. 앤트로픽은 인공지능의 안전성과 해석 가능성 같은 신뢰성에 가치를 두는 만큼 다양한 연구 성과를 만들어내고 있어 앞으로의 성장이 기대된다.

이미지를 살펴보자!

◉ **Claude의 성장 과정**

앤트로픽은 OpenAI에서 GPT-3를 개발한 인력이 창업한 기업으로 거대 언어 모델 기반의 생성 인공지능 시장에서 다크호스로 부상

앤트로픽은 OpenAI의 영리화 방향 전환에 이의를 제기한 개발진이
창업한 기업으로 OpenAI가 본질적으로 지향하던 "안전한 인공지능 개발"에
설립 철학을 세웠으며, 거대 언어 모델 기반의 생성 인공지능에 도전

 앤트로픽이 개발한 거대 언어 모델 Claude는 지속적인 개선으로
생성 인공지능 시장에서 새로운 경쟁자로 등극

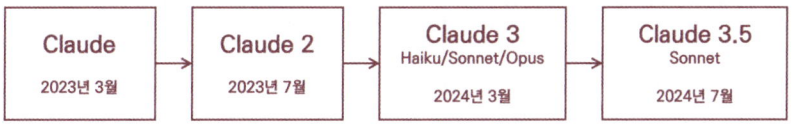

◉ **생성 인공지능의 경쟁 구도**

앤트로픽의 Claude는 대중의 호평을 이끌어 내며 OpenAI, 구글과 함께 생성 인공지능 시장의 3자 구도를 형성

앤트로픽은 스타트업으로 출발했음에도 불구하고, 이미 시장을
선점한 거대 테크 기업에 대적할 수 있는 기술력을 확보하여
생성 인공지능의 다크호스로 부상

21 소규모 거대 언어 모델의 등장

sLLM의 등장 배경

ChatGPT가 등장한 이후 인공지능은 거대 언어 모델 기반의 생성 인공지능 시대로 접어들었다. 그러나 거대 언어 모델에 대한 접근성은 컴퓨팅 인프라를 감당할 수 있는 소수의 기업으로 한정되고, 활용 측면에 있어서는 API를 활용한 인터넷 연결이 필수적이라는 한계가 있었다. 이때, 등장한 것이 소규모 거대 언어 모델(smaller Large Language Model, sLLM)로 로컬 환경에서도 구축이 가능한 수준의 규모를 보유하고 있다. 그러나 sLLM을 개발하기 위해서는 막대한 컴퓨팅 인프라를 필요로 한다. sLLM은 규모를 줄이는 대신 학습 데이터의 양을 대폭 증가시켰다. sLLM의 사전 학습 단계를 구현하기 위한 계산량은 여전히 거대 언어 모델의 계산량과 유사하나 사전 학습이 완료된 sLLM이 오픈 소스로 공개되어 인공지능 산업 생태계는 새로운 기회를 맞이하게 된다. sLLM은 규모 측면에서 사전 학습 언어 모델과 거대 언어 모델의 사이로 볼 수 있다. 다양한 매체에서는 sLLM 대신 sLM(small Language Model)이라는 용어를 사용하기도 하는데 이 책에서는 sLM을 사전 학습 언어 모델로 지칭하겠다.

sLLM의 구조와 규모

sLLM은 smaller와 large라는 단어가 동시에 사용되어 이것을 받아들이는 사람에 따라 오해할 여지가 있다. 이 책에서의 sLLM은 2023년부터 본격적으로 언급되기 시작한 모델을 의미한다. sLLM의 구조는 대부분 거대 언어 모델과 같은 디코더 기반의 생성 모델이고, 규모는 수십억에서 수백억 개 수준의 학습 가능한 모수를 가진다. GPT-3가 나오기 이전의 사전 학습 언어 모델은 최대 규모가 대략 20억 개 수준이었다면 sLLM은 이보다는 크지만 GPT-3보다는 훨씬 작은 모델로 이해할 수 있다.

sLLM의 역할과 오픈 소스

sLLM은 소규모 컴퓨팅 인프라로 구현 및 운영이 가능한 수준이기 때문에 거대 언어 모델 수준의 성능은 확보할 수 없지만 특정 도메인에 특화된 솔루션에는 적용시킬 수 있다. 따라서 개발 능력이 있는 여러 기업들은 sLLM을 활용하여 맞춤형 언어 모델을 제공하는 비즈니스 모델로 각광받고 있지만 인공지능 산업에서 가장 경쟁이 치열하다. sLLM의 특징 중 하나는 오픈 소스로 공개된다는 것이다. 따라서 어느 정도의 인프라가 갖춰진다면 재학습을 통해 특정 영역에서 최적화가 가능한 것이 장점이다. sLLM도 거대 언어 모델이 갖는 환각 효과가 존재하기 때문에 고품질 데이터셋을 통한 지도 학습과 사람의 피드백을 통한 RLHF도 필요하다. sLLM 중에서는 RLHF를 적용시킨 모델도 공개되고 있고, <u>멀티 모달의 기능</u>도 추가되고 있다.

> 여러 종류의 데이터를 동시에 처리하고 결합하는 인공지능 기술

 **이미지를 살펴보자!**

◉ **언어 모델의 규모**

거대 언어 모델의 소형화는 시장의 다양성을 위해 필요한 방향이지만 여전히 거대 언어 모델 수준의 계산이 필요

사전 학습 언어 모델 (PLM) Pretrained Language Model	소규모 거대 언어 모델 (sLLM) smaller Large Language Model	거대 언어 모델 (LLM) Large Language Model
규모 : ~ 2B (20억개) 기간 : 2018년 ~ 2020년	규모 : 2B ~ 70B (700억개) 기간 : 2023년 ~	규모 : 175B (1,750억개) ~ 기간 : 2020년 ~

경우에 따라서는
sLM로도 지칭
(small Language Model)

sLLM은 거대 언어 모델보다 작은 규모의 모델을 효과적으로 학습시키기 위해 대규모 데이터를 활용하지만 데이터 규모가 커질수록 계산량이 늘어나기 때문에 학습에 필요한 총 계산량을 고려할 경우 sLLM과 LLM은 비슷한 규모의 계산을 필요로 함

◉ **소규모 거대 언어 모델의 특징**

- sLLM은 로컬 환경에서 구현할 수 있다는 특징 때문에 새로운 비즈니스 모델로 부상
- sLLM은 규모에 따라 스마트폰부터 워크스테이션까지 로컬 환경에서 구현할 수 있다는 장점이 있기 때문에 보안상 이유로 API 기반의 생성 인공지능 서비스를 활용할 수 없는 기업에서 대안으로 부상

소규모 거대 언어 모델 (sLLM) smaller Large Language Model		
규모 : 2B ~ 70B (700억개) 기간 : 2023년 ~		

sLLM은 오픈 소스로 공개되어 대부분 상업적 활용을 허용하며, 특정 분야에 특화된 언어 모델 개발에 용이한 점이 특징임(멀티 모달 기능을 지원하는 모델도 공개됨)

LLaMA의 특징과 구조

메타와 오픈 소스

메타(Meta)는 실리콘밸리에서 선도적인 인공지능 기술력을 보유하고 있는 기업이나 거대 언어 모델의 영역에서는 도태되었다. 그 대신 OpenAI와 구글의 경쟁 대열에 합류하는 방향보다는 오픈 소스 노선을 선택했다. 메타는 2022년 GPT-3의 오픈 소스 버전인 OPT-175B를 공개했는데 당시 1,000장 규모의 GPU를 활용했다는 점과 메타의 승인을 받은 기관만이 활용할 수 있다는 점에서 한계도 뚜렷했다. 그러나 OpenAI의 ChatGPT가 가시적인 성공을 거두자 메타에서는 sLLM에 집중하기 시작했다. 특히, sLLM을 공개하여 누구나 활용할 수 있는 인공지능 기술의 민주화에 기여하는 한편 오픈 소스 생태계를 선점하고자 하는 의도로 해석할 수 있다. 오픈 소스는 누구나 무료로 활용한다고 착각할 수 있지만 실상은 라이선스에 따라 달라진다. 예를 들면 오픈 소스를 활용해 상업적 활용을 할 경우 별도의 비용을 지불해야 하는 계약이 필요하다. 하지만 대부분의 개인 사용자나 연구 목적으로 사용할 경우는 별다른 제약이 없기 때문에 소규모 인프라만 갖추고 있다면 직접 구현과 시험이 가능하다.

메타의 sLLM과 LLaMA

2022년 호프만의 연구에 따르면 거대 언어 모델의 규모와 데이터 양에 대한 일종의 법칙을 제시했다. 예를 들면 100억 개의 모수를 갖는 모델은 최소 2천억 개의 학습 토큰이 필요하다는 사실을 실험적으로 밝혀낸 것으로 이는 거대 언어 모델의 바로미터로 활용되어 왔다. 그러나 메타는 모델의 경량화를 위해 학습 데이터를 확대시키는데 결과적으로 성능이 우수했다는 점이 주목할 부분이다. 메타는 2023년 2월에 LLaMA라고 명명된 새로운 언어 모델을 공개하였다. 모델의 규모는 67억 개, 130억 개, 325억 개, 652억 개의 네 가지 버전으로 구성된다. 모델의 규모에서도 알 수 있듯이 사전 학습 언어 모델보다는 크고 거대 언어 모델보다는 작다는 점에서 sLLM이라는 용어로 LLaMA와 유사한 규모의 모델을 지칭하게 된다.

LLaMA의 구조와 성능

LLaMA의 학습 데이터는 최대 1.4조 개의 토큰으로 구성되며, 모두 공개된 데이터에서 추출한다. 메타의 차별점은 모델 크기는 줄이고, 학습 데이터의 양을 늘리는 접근이지만 그 반대는 계산량 증가로 볼 수 있다. 결국 sLLM을 유지하면서 유의미한 성능을 확보하기 위해 계산을 더 투입했다고 볼 수 있다. 모델의 구조는 전형적인 디코더 기반의 트랜스포머이며, GPT-3와 PaLM 등에서 제안된 구조적인 변화를 적용시켰다. LLaMA의 성능은 벤치마크 데이터셋과 비교하여 67억 개 모델의 경우는 GPT-3와 유사한 성능을 보이고, 652억 개 모델의 경우는 PaLM에 육박하는 성능을 보여 거대 언어 모델의 소형화에 대한 가능성을 증명했다.

이미지를 살펴보자!

⦿ Meta의 인공지능 전략

Meta는 거대 언어 모델 기반에서 생성 인공지능의 대응 전략으로 최초로 sLLM을 오픈 소스로 공개하여 시장에서의 우위를 다짐

Meta는 2023년 2월에 LLaMA라 불리는 거대 언어 모델을 공개하며, 기존에 개발했던 OPT(Open Pretrained Transformer)와 같이 오픈 소스 전략으로 OpenAI나 구글에 대적하기 위한 전략적 방향을 수립(이후 작은 규모의 거대 언어 모델이라는 의미에서 sLLM이라는 용어가 확산)

LLaMA
(Large Language Model Meta AI)

LLaMA는 전체적인 계산량 관점에서 거대 언어 모델의 영역에 속하며, 고성능의 소규모 언어 모델을 맞춤형으로 개발할 수 있다는 오픈 소스의 장점을 통해 인공지능 연구계에 빠르게 확산

⦿ LLaMA의 성능

LLaMA는 모델 규모는 작으나 학습할 데이터의 양을 늘려 거대 언어 모델 수준의 성능을 달성

구분	6.7B	13.0B	32.5B	65.2B
학습 가능한 모수의 수	67억 개	130억 개	325억 개	652억 개
디코더 레이어의 수	32개	40개	60개	80개
하나의 디코더에서 어텐션 헤드의 수	32개	40개	52개	64개
임베딩 벡터의 차원	4,096	5,120	6,656	8,192
학습 데이터(토큰)	1조 개	1조 개	1.4조 개	1.4조 개
학습 데이터	CommonCrawl, C4, Github, Wikipedia, Books, ArXiv, StackExchange에서 샘플링			
언어 모델 학습 컴퓨팅 인프라	65.2B 모델 : NVIDIA A100 GPU 2,048장(21일 소요)			
벤치마크 결과	6.7B 모델은 GPT-3와 유사, 65.2B 모델은 PaLM과 유사			

23 LLaMA 2와 LLaMA 3의 성능

🔹 LLaMA의 성공

LLaMA는 sLLM이나 대량의 데이터로 학습하기 때문에 652억 개 모델의 경우 1,750억 개의 거대 언어 모델과 비견될 만큼 막대한 인프라를 요구한다. 따라서 고성능의 sLLM을 구현한다는 것은 소수의 거대 기업만 접근이 가능하다. 이에 메타는 LLaMA의 모든 가중치를 오픈 소스로 공개하면서 인공지능 산업 생태계에 새로운 활력을 불어넣게 된다. 그간 공개된 거대 언어 모델은 메타의 OPT나 허깅페이스의 BLOOM이 대표적이었는데 중소 규모 연구 집단이 활용하기에는 여전히 장벽이 높았다. 그러나 LLaMA는 최대 25배나 작은 규모의 모델로 다양한 벤치마크를 통해 성능을 검증하고, 여러 방식으로 LLaMA를 활용하였다. 초기의 LLaMA는 언어 모델의 유해성 문제로 인해 ChatGPT와 같이 대중에게 사용되기에는 어려움이 있었다. 그러한 이유로 메타는 LLaMA의 라이선스를 연구 목적으로 제한하였는데 오픈 소스 LLaMA에 대한 호평이 이어지자 메타는 2023년 7월에 신속히 LLaMA 2를 공개하였다.

🔹 LLaMA 2의 성능

LLaMA 2는 기존의 LLaMA와 유사한 구조로 데이터 양을 더 확보하여 2조 개의 토큰으로 학습되었다. LLaMA 2의 학습 가능한 모수의 수는 최소 70억 개에서 최대 700억 개로 구성되어 있다. LLaMA 2가 기본적인 언어 모델의 형태라고 한다면 LLaMA 2-CHAT은 ChatGPT와 같이 대화형 인공지능으로 구현한 것이다. LLaMA 2-CHAT은 ChatGPT와 유사하게 유해성을 해소하기 위해서 사람의 피드백을 통한 강화 학습(RLHF)를 활용하였다. 특히, LLaMA 2는 산업적 사용을 허용한 라이선스를 제공하여 오픈 소스 생태계에 핵심적인 역할을 했다. LLaMA 2는 막대한 비용이 필요한 RLHF 과정을 거쳤기 때문에 메타의 공개 전략이 글로벌 인공지능 시장에 던지는 일종의 승부수였다고 추측된다. LLaMA 2의 라이선스에는 월간 사용자가 7억 명 이상 될 경우 메타와 별도의 계약을 추진한다고 밝히면서 중소 규모 기업들은 거대 언어 모델 수준의 성능을 갖는 sLLM으로 새로운 비즈니스 모델을 시도할 수 있게 되었다.

🔹 LLaMA 3의 성능

2024년 4월에는 LLaMA 3가 공개되었다. 메타는 학습 데이터의 양을 지속적으로 늘리는 방향으로 LLaMA 3를 개발했다. LLaMA 3에 학습된 데이터는 15조 개의 토큰으로 LLaMA 2보다 7배 큰 수치이다. LLaMA 3는 sLLM의 범위에서 벗어나 4,050억 개 모수를 갖는 모델도 개발하고 있어 OpenAI, 구글, 앤트로픽이 경쟁하고 있는 거대 언어 모델 시장에 새로운 경쟁 구도를 형성할 것으로 예상된다.

이미지를 살펴보자!

◉ LLaMA의 발전 과정

LLaMA는 거대 언어 모델의 소형화와 오픈 소스 전략으로 생성 인공지능의 오픈 소스 생태계를 선점하며 플랫폼으로 진화

LLaMA	LLaMA 2	LLaMA 3	LLaMA 3.1
2023년 2월	2023년 7월	2024년 4월	2024년 8월
〈성능〉 6.7B : GPT-3 수준 / 65.2B : PaLM 수준	〈성능〉 70B : GPT-3.5 수준	〈성능〉 70B : GPT-3.5 Turbo 수준	〈성능〉 405B : GPT-4, Claude 3.5 Sonnet과 유사한 수준
연구 목적으로만 활용 가능	상업적 활용이 가능한 오픈소스 라이선스로 sLLM 미세 조정이 비즈니스 모델로 부상	sLLM의 성능이 지속적으로 향상 / LLaMA 2 부터 RLHF를 추가한 Chatbot 버전도 공개	거대 언어 모델 규모의 405B 모델 공개로 GPT-4와 유사한 수준의 벤치마크 달성

◉ LLaMA 2와 LLaMA 3의 성능

LLaMA 2와 LLaMA 3는 학습에 필요한 양질의 데이터를 확대하는 기본적인 접근으로 성능을 향상

구분	LLaMA 2 70B	LLaMA 3 70B	LLaMA 3.1 405B
학습 가능한 모수의 수	700억 개	700억 개	4,050억 개
디코더 레이어의 수	80개	80개	126개
하나의 디코더에서 어텐션 헤드의 수	64개	64개	128개
임베딩 벡터의 차원	8,192	8,192	16,384
학습 데이터(토큰)	2조 개	15.6조 개	15.6조 개
구조상의 특징	멀티 헤드 어텐션을 그룹 쿼리 어텐션으로 처리		
언어 모델 학습 컴퓨팅 인프라	405B 모델 : NVIDIA H100 GPU 16,000장		
벤치마크 결과	• LLaMA 2 70B : GPT-3.5 Turbo 수준 • LLaMA 3.1 405B : GPT-4, Claude 3.5 Sonnet 수준		

Gemma의 특징과 기능

구글의 오픈 소스 전략

메타는 막대한 학습 비용이 필요한 sLLM을 무료로 공개하면서 sLLM의 오픈 소스 생태계를 선점하였다. 그러나 인공지능 기술을 공개하는 것은 인공지능 연구계의 특징적 관행이었는데 거대 언어 모델의 악용 가능성과 기술 유출에 예민한 거대 테크 기업이 비공개 전략을 취했기 때문에 메타가 얻은 반사 이익이 컸다. 구글은 트랜스포머부터 BERT와 T5 등 핵심 알고리즘과 사전 학습 언어 모델을 공개했으며, 학습 데이터셋도 공개할 만큼 오픈 소스 생태계에서 큰 역할을 했다. 또한, 딥러닝 프레임워크인 텐서플로우를 공개하여 클라우드와의 연계를 강화했고, 최근에는 JAX라고 하는 새로운 인공지능 프레임워크를 공개했다. 이처럼 인공지능 오픈 소스 생태계에서 구글이 차지하는 위상은 매우 컸기 때문에 메타가 sLLM에서 지분을 차지하자 구글 역시 오픈 소스 sLLM으로 진출할 것으로 판단된다. 구글은 OpenAI와의 거대 기반 모델 경쟁에 대비하기 위해 딥마인드와 새롭게 구성한 Gemini 팀에서 2024년 2월에 구글의 sLLM인 Gemma를 공개했다.

> 인공지능과 기계 학습을 위한 오픈 소스 라이브러리

Gemma의 특징

Gemma는 메타의 LLaMA와 같이 호프만 법칙에서 벗어나 대량의 데이터 학습을 선택했다. Gemma는 두 가지 규모를 제공하는데 하나는 20억 개, 다른 하나는 70억 개의 학습 가능한 모수로 구성된다. Gemma 역시 전형적인 트랜스포머 디코더를 사용하며, 그간 실험으로 누적된 최적화 방법을 채택하여 순환 방식의 위치 인코딩이나 최적화된 활성 함수 등을 사용한다. 학습 데이터는 20억 개 모델이 3조 개인 토큰, 70억 개 모델이 6조 개인 토큰을 사용하며, 70억 개 모델의 경우는 LLaMA 2보다는 많지만 LLaMA 3보다는 적은 데이터를 활용한다.

Gemma의 기능

그간 20억 개 이하의 sLLM 성능은 크게 주목받지 못하는 수준이었는데 Gemma의 20억 개 모델은 주목할 만한 성능 향상을 달성했다. 즉, 2020년의 사전 학습 언어 모델의 규모로 거대 언어 모델의 범용성을 확보했다는 것은 사용자에게 있어 강력한 도구가 생겼다는 것이다. 20억 개의 모수라면 고성능 GPU 1장으로도 충분히 재학습시킬 수 있고, 경우에 따라 노트북에서도 재학습된 모델을 용이하게 실행할 수 있다. 성능 측면에서 70억 개 모델은 유사한 크기의 다른 sLLM과 비교하여 대등하거나 우월한 지표를 기록했다. 2024년 6월에는 성능이 향상된 Gemma 2를 공개하며, 지속적인 업데이트를 추진하고 있다. Gemma는 산업적 활용을 허용하지만 금지된 항목으로 명시된 분야는 사용할 수 없다. 구글도 오픈 소스 sLLM으로 진출함에 따라 사용자 입장에서는 다양한 sLLM을 구현해 볼 수 있다.

이미지를 살펴보자!

⦿ Gemma의 공개

Meta가 LLaMA를 통해 오픈 소스 커뮤니티를 장악하자 구글 역시 sLLM인 Gemma를 공개

구글은 sLLM의 소형화에 더욱 집중하여 20억 개(2B)와 70억 개(7B)의 모수를 갖는 모델을 개발하면서 고성능 언어 모델의 장벽을 낮춰 사용자 확보에 성공

Google → **Gemma** (2B, 7B 소형 모델로 구성)

- Gemma는 구조적으로 디코더 기반의 트랜스포머이지만 모델에 다양한 변형을 추가하여 성능 향상을 달성
- 멀티 쿼리 어텐션은 2B 모델에서 모수를 줄이기 위하여 키와 가치를 계산하는 가중치 행렬을 하나만 활용
- RoPE 임베딩은 로터리(Rotary)처럼 순환하는 형식의 위치 인코딩(Positional Encoding)으로 모델 크기를 줄이는 효과

⦿ Gemma의 성능

Gemma 역시 LLaMA의 접근과 유사하게 모델 규모에 대비하여 학습을 위한 토큰 수를 늘림

구분	Gemma 2B	Gemma 7B	Gemma 2 27B
학습 가능한 모수의 수	20억 개	70억 개	270억 개
디코더 레이어의 수	18개	28개	46개
하나의 디코더에서 어텐션 헤드의 수	8개	16개	32개
임베딩 벡터의 차원	2,048	3,072	4,608
학습 데이터(토큰)	3조 개	6조 개	13조 개
언어 모델 학습 컴퓨팅 인프라	구글 TPUv5e 512장	구글 TPUv5e 4,096장	구글 TPUv5p 6,144장
구조상의 특징	멀티 쿼리 어텐션(2B 모델), 그룹 쿼리 어텐션(27B 모델), RoPE 임베딩, GeGLU 활성 함수 사용		
벤치마크 결과	• Gemma 7B : LLaMA 2 13B 모델 수준의 성능 • Gemma 2 27B : LLaMA 3 70B 모델 수준의 성능		

Mistral AI의 등장과 특징

유럽의 인공지능

유럽은 대부분의 IT 서비스를 미국에 의존하고 있다. 이에 미국의 의존도를 낮추기 위한 일환으로 디지털 주권을 확보하는 노력을 이어오고 있는데 2016년 개인정보보호법이나 2024년 5월 전 세계 최초로 통과된 인공지능 규제법이 그 면면이라고 볼 수 있다. 유럽의 인공지능 규제법은 현존하는 생성 인공지능에 대해서 36개월의 유예기간을 두고, 유럽이 제시하는 적합성 평가를 통과해야 한다. 적합성 평가는 인공지능 국제 표준과도 연계되어 있으며, 상당한 수준의 절차와 의무를 이행해야 한다는 점에서 글로벌 테크 기업의 입장에서는 일종의 리스크로 작용하고 있다. 그러나 거대 테크 기업들은 유럽의 규제가 아니더라도 기술적으로 인공지능의 한계를 극복하고자 하는 의지가 높은 만큼 유럽의 인공지능 규제법이 인공지능의 발전을 가로막기만 한다는 것은 아니다.

프랑스의 인공지능 기업 Mistral AI

글로벌 인공지능 생태계는 미국과 중국이 주도하고 있는 상황에서 유럽은 인공지능 규제법을 통해 일종의 국제 경찰의 역할을 자처했다. 유럽의 인공지능 규제법은 거대 테크 기업의 종속에서 탈피하고자 하는 노력도 있었는데 그러한 규제가 유럽 소재의 기업에도 적용되고 있어 신뢰성을 확보해야 하는 것은 모두의 과제이다. 거대 테크 기업의 생성 인공지능이 막대한 지분을 차지하는 상황에서 2023년 4월 프랑스에서 인공지능 스타트업인 Mistral AI가 설립되었다. Mistral AI는 구글 딥마인드와 메타에서 언어 모델을 개발하던 인력이 창업하면서 오픈 소스 LLM 시장을 공략하기 위한 청사진을 제시했다. 특히, 유럽의 다양한 언어와 기술적 자립을 꾀하는 Mistral AI는 대규모 투자를 이끌어 내며 기술력을 선보이기 시작했다.

Mistral의 LLM

Mistral AI는 sLLM부터 거대 언어 모델까지 다양한 규모의 모델을 오픈 소스로 제공하고 있다. 가장 기본적인 모델은 sLLM으로 70억 개의 모수를 가지고 있으며, 중간 규모는 70억 개의 모델 8개에 전문가 혼합(MoE)을 적용시켰다. 마지막으로는 220억 개의 모델 8개에 MoE를 적용시킨 거대 언어 모델도 오픈 소스로 활용이 가능하다. 특히, MoE를 접목시켰다는 점에서 추론 시 소요되는 비용을 절약할 수 있다. ChatGPT와 유사한 대화형 인공지능의 경우는 2024년 2월부터 Le Chat이라는 서비스를 운영하고 있으며, 최적화된 모델을 API로 제공한다. 70억 개의 모수를 갖는 모델(Mistral 7B)은 LLaMA 2 수준의 성능을 보여 오픈 소스 sLLM에서의 경쟁력을 확보했다. Mistral 7B는 트랜스포머의 키와 가치를 공유하는 그룹 쿼리 어텐션과 입력된 전체 토큰이 아닌 슬라이딩 윈도우 어텐션을 활용하여 계산을 절약했다. 2024년 7월에는 NVIDIA와 공동으로 개발한 Mistral NeMo를 오픈 소스로 공개했다.

◉ Mistral AI의 오픈 소스 모델

Mistral AI는 프랑스의 인공지능 기업으로 sLLM부터 거대 언어 모델까지 오픈 소스로 공개

[오픈 소스 모델]

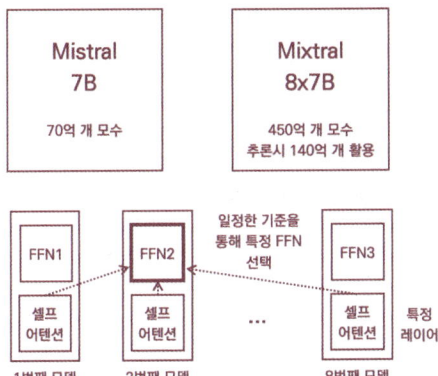

◉ Mistral AI의 기능

MistralAI에서 개발한 sLLM은 오픈 소스 커뮤니티에서 호평을 받으면서 지속적으로 개선

구분	Mistral 7B	Mistral NeMo
학습 가능한 모수의 수	70억 개	120억 개
디코더 레이어의 수	32개	40개
하나의 디코더에서 어텐션 헤드의 수	32개	32개
임베딩 벡터의 차원	2,048	5,120
학습 데이터(토큰)	-	-
언어 모델 학습 컴퓨팅 인프라	500장 규모의 GPU로 추정	NVIDIA H100 3,072장으로 추정
구조상의 특징	그룹 쿼리 어텐션, 슬라이딩 윈도우 어텐션 등	
벤치마크 결과	• Mistral 7B : LLaMA 2 13B 모델 수준의 성능 • Mistral NeMo : LLaMA 3 8B, Gemma 2 9B 상회	

26 phi의 특징과 기능

🔶 코딩을 위한 언어 모델

마이크로소프트는 2023년 6월 파이썬 프로그래밍에 최적화된 언어 모델인 phi-1을 공개했다. phi-1은 학습 데이터 구축을 위해 생성 인공지능을 적극 활용했다. 이미 수집된 파이썬 프로그램 코드 데이터셋을 GPT-4를 활용하여 유용한지의 여부를 판단하고, 양질의 60억 개 수준의 토큰 데이터를 추출했다. 또한, 코드를 논리적으로 설명하는 데이터를 확보하기 위해 GPT-3.5를 활용하여 10억 개 수준의 토큰을 갖는 파이썬 교과서를 생성했다. 마지막으로 GPT-3.5를 사용하여 1,800만 개 토큰으로 구성된 파이썬 연습 문제와 해답을 생성했다. 이러한 데이터를 학습하여 개발된 phi-1은 13억 개의 모수로 코딩에 있어 거대 언어 모델과 비교해도 최고 수준의 성능(SOTA)을 달성했다. phi-1은 특정 분야에 최적화된 모델을 개발하기 위해 거대 언어 모델에서 생성된 합성 데이터를 사용하는 것이 유효한 전략임을 보여준다.

🔶 마이크로소프트의 sLLM

마이크로소프트는 phi-1의 성공 이후 2023년 9월에 phi-1.5를 공개했다. phi-1.5는 phi-1과 동일한 규모로 특화된 과업을 일반 상식 추론으로 한정했다. phi-1.5 역시 학습 데이터로 일반 상식 추론에 대해 합성 데이터를 활용한 부분이 특징이다. phi-1.5는 일반 상식 추론 과업에서 보다 큰 규모의 sLLM과 유사한 성능을 보이면서 합성 데이터의 활용이 특정 과업에 대한 유의미한 성능 향상에 기여를 했다. 2023년 12월에는 phi의 두 번째 버전인 phi-2를 공개했다. phi-2는 27억 개의 모수를 갖는 모델로 출시할 당시 벤치마크 결과 130억 개 이하의 sLLM에서 가장 우수한 성능을 달성했다. phi-2의 가장 큰 특징은 별도의 RLHF 과정을 거치지 않고 유해성에 대한 이슈를 해결할 수 있다는 부분이다. 이것은 마이크로소프트가 개발한 phi에서 공통으로 적용된 합성 데이터에서 찾을 수 있다. 생성된 데이터는 환각 효과의 이슈가 있지만 유해성이 큰 폭으로 저감된 교과서적인 말뭉치를 생성한다는 점에서 이를 학습한 언어 모델이 어느 정도의 유해성을 완화시킬 수 있다.

2024년 4월 마이크로소프트는 세 번째 sLLM인 phi-3를 공개했다. phi-3는 작은 모델에 대규모 데이터를 학습시킨다는 sLLM의 트렌드에 따라 38억 개의 모수를 갖는 모델(이하 phi-3-mini) 학습에 3.3조 개의 토큰을 활용했다. phi-3-mini 모델은 4bit로 양자화된 가중치를 활용하여 약 1.8기가 바이트의 메모리를 필요로 한다. 이 정도 규모는 모바일 장치에서도 충분히 구동이 가능한 수준이다. 마이크로소프트의 sLLM은 거대 언어 모델에서 생성된 합성 데이터와 실제로 수집된 데이터를 적절히 활용하는 접근으로 개발했다. 또한, 대부분의 phi 모델이 상업적 활용을 허용함에 따라 사용자의 sLLM 선택의 폭은 더욱 확대되고 있다.

 **이미지를 살펴보자!**

phi 시리즈의 오픈 소스 모델

마이크로소프트는 생성 인공지능을 적극적으로 활용하여 오픈 소스 sLLM인 phi 시리즈를 개발

[오픈 소스 모델]

phi-1	phi-1.5	phi-2	phi-3
350M ~ 1.3B	1.3B	2.7B	3.8B ~ 14B
파이썬 프로그래밍에 특화된 언어 모델	상식 추론, 언어 이해, 다단계 추론에 최적화	sLLM 중에서도 소형이나 높은 성능	3.8B 모델로 GPT-3.5 수준 구현

GPT-4 등 생성 인공지능

[phi의 특징]
- 생성 인공지능을 활용해 수집된 데이터가 양질의 데이터인지를 판단하여 학습 데이터로 활용
- 생성 인공지능의 탁월한 언어 능력을 바탕으로 생성된 교과서 수준의 텍스트 데이터를 학습 데이터로 활용

phi 시리즈의 기능

phi는 작은 모델에 양질의 데이터를 학습하여 특정 과업에서 우수한 성능을 달성한다는 접근이 주류를 이룸

구분	phi-1	phi-2	phi-3-mini
학습 가능한 모수의 수	13억 개	27억 개	38억 개
디코더 레이어의 수	24개	-	32개
하나의 디코더에서 어텐션 헤드의 수	32개	-	32개
임베딩 벡터의 차원	2,048	-	3,072
학습 데이터(토큰)	500억 개	1.4조 개	3.3조 개
언어 모델 학습 컴퓨팅 인프라	NVIDIA A100 8장(4일)	NVIDIA A100 96장(14일)	NVIDIA H100 512장(추정)
구조상의 특징	생성 인공지능을 활용한 합성 데이터 활용		
벤치마크 결과	• phi-2 : LLaMA 2 70B 모델 수준의 성능 • phi-3-mini : GPT-3.5 모델 수준의 성능		

27 한국의 sLLM과 Solar

한국어 sLLM

대부분의 거대 언어 모델은 다국어 데이터셋으로 학습됨에 따라 자연스럽게 한국어 구사 능력을 보유하고 있다. 초기의 거대 언어 모델에서는 대규모 한국어 데이터를 학습한 네이버의 HyperCLOVA가 한국어 자연어 처리 과업에서 우수한 성능을 보였으나 점차 거대 테크 기업의 우세가 점쳐지는 상황이다. 이는 벤치마크의 정량적인 비교 평가가 아닌 거대 언어 모델의 사용자 경험에 의한 평가임을 감안해야 한다. 또한, 오픈 소스 커뮤니티에서는 인공지능 기술의 민주화를 위한 다국어 지원을 강화함에 따라 한국어 언어 모델의 성능도 개선되고 있다. 한국어 자연어 처리에 대한 sLLM의 성능은 한국지능정보사회진흥원에서 운영하고 있는 Open Ko-LLM LeaderBoard에서 최신 정보를 확인할 수 있다. 2024년 7월 기준으로 살펴보면 대부분 업스테이지에서 개발한 Solar 언어 모델로 구성되어 있다. 그 밖에 주요한 한국어 오픈 소스는 Solar, LLaMA 2, phi-2 등의 오픈 소스 모델에 한국어 말뭉치를 추가로 학습시키는 접근이다. 대표적으로 트래블테크 기업인 야놀자가 개발한 EEVE, T3Q의 Solar를 기본 모델로 T3Q-ko-solar, Solar 모델을 활용한 아이브릭스의 Cerebro-BM-solar 등이 있다.

> 언어 번역 및 생성을 위해 사용되는 인공지능 모델

한국 기업의 대응

한국은 네이버뿐만 아니라 다양한 기업들이 거대 언어 모델을 개발하면서 성과를 보여주고 있다. 특히, 허깅페이스에서 운영하는 글로벌 Open LLM LeaderBoard에서는 우리나라 기업이 1등을 차지한 사례가 다수 관측됨에 따라 기술적 우수성을 증명했다. 대표적으로 업스테이지, 모레, 솔트룩스, 투디지트와 같은 기업이 리더보드에서 1위를 차지했다. 한국의 sLLM 생태계는 업스테이지가 주도하고 있다. 업스테이지는 OpenAI와 구글의 생성 인공지능 서비스를 카카오톡 플러스친구로 손쉽게 활용할 수 있는 Askup 서비스를 시작으로 성장하고 있는데 2023년 12월 자사의 언어 모델인 Solar를 자체 개발하는데 성공했다. 특히, 출시할 당시 Open LLM LeaderBoard에서 1위를 차지하며 그 성능도 증명했다.

Solar의 기능

Solar는 107억 개의 학습 가능한 모수로 구성되고, 깊이 확장(Depth Up-Scaling, DUS) 기법을 활용하여 거대 언어 모델 규모를 확장시키는 기술을 선보였다. 기본 모델은 Mistral 7B의 학습된 가중치로 초기화된 LLaMA 7B 구조를 선택하고, 이를 단계적으로 확장하는 DUS 기법을 사용했다. 논문에서는 32층의 디코더 두 개를 중첩시켜 48층으로 구성하여 학습을 진행하고, 기존의 70억 개 모수에서 확장된 107억 개의 모수를 갖는다. Solar는 sLLM에서 주요한 영향력을 미치며, 한국어 말뭉치의 학습 버전을 오픈 소스로 공개했다. 이런 탁월한 성능 덕분에 2024년 기준 한국어 오픈 소스 sLLM 생태계의 대부분을 차지하고 있다.

● **Open Ko-LLM LeaderBoard**

한국어 언어 모델의 능력을 평가하는 리더보드는 허깅페이스에서 제공하는 Open Ko-LLM LeaderBoard에서 확인 가능

[Open Ko-LLM LeaderBoard Season 1 순위] (2024.08.06. 기준)

Model	Average	#Params (B)
I-BRICKS/Cerebro_BM_solar_v01	71.09	10.73
kihoonlee/STOCK_SOLAR-10.7B	70.73	10.7
chihoonlee10/T3Q-ko-solar-dpo-v7.0	70.71	10.73
MoaData/Myrrh_solar_10.7b_3.0	70.62	10.73
chihoonlee10/T3Q-ko-solar-dpo-v6.0	70.6	10.73
freewheelin/free-solar-dpo-v0.9	70.36	10.73
hwkwon/S-SOLAR-10.7B-v1.5	70.35	10.73
sdhan/SD_SOLAR_10.7B_v1.0	70.31	10.73
freewheelin/free-solar-evo-v0.11	70.31	10.73
chihoonlee10/T3Q-ko-solar-dpo-v5.0	70.3	10.73
moondriller/anarchy-solar-10B-v1	70.28	10.73

2024년 8월 12일에 새로운 기준을 추가한 Season 2가 운영 중이며, 추가된 벤치마크에는 대학원 수준 추론, 상식 추론, 초등 수학, 한국어 신뢰성, 사회적 가치 등이 있음

[조건 : 전체 모델 크기, 평균 기준으로 내림차순 정렬]

● **Solar 모델의 확장**

한국의 sLLM 오픈 소스 모델을 석권하고 있는 것은 업스테이지가 개발한 Solar 10.7B 모델

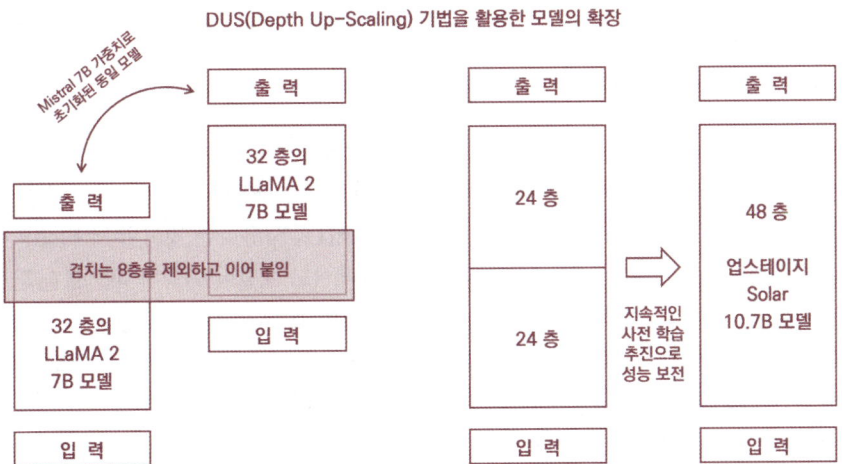

DUS(Depth Up-Scaling) 기법을 활용한 모델의 확장

28 대화형 인공지능과 sLLM 활용 도구

LangChain과 Ollama

사전 학습 언어 모델에서는 다양한 모델을 손쉽게 활용할 수 있는 도구로 허깅페이스의 transformers가 있었다. 거대 언어 모델에서는 LangChain이라는 오픈 소스 프레임워크가 있는데 무료 대화형 인공지능 공급의 확대와 오픈 소스 sLLM이 다양화되는 상황에 따라 LangChain이 큰 주목을 이끌게 된다. LangChain은 2022년 10월에 해리스 체이스라는 개발자가 시작한 프로젝트로 ChatGPT와 같이 성장했다. LangChain의 가장 큰 특징은 거대 언어 모델의 활용에 있어 통일된 인터페이스를 제공하며, 자바스크립트와 파이썬 라이브러리로 구성된다. 즉, LangChain을 활용하면 간단한 소스 코드로 ChatGPT, Gemini, Claude, LeChat 등의 거대 언어 모델이나 LLaMA, phi, Gemma, Solar 등의 sLLM을 손쉽게 사용할 수 있다. LangChain은 다양한 기능을 제공하는데 먼저 입력되는 프롬프트를 구조화하는 기능을 통해 소수의 예시를 작성할 필요가 있는 프롬프트 엔지니어링을 자동화할 수 있다.

현재의 대화형 인공지능은 입력한 내용의 대부분을 기억하는 기능이 있지만 로컬 환경에서 sLLM을 구현할 경우는 대화의 맥락을 이해할 수 없기 때문에 이를 보완하기 위한 메모리 기능도 제공한다. 또한, 검색 증강 생성(RAG) 기능을 효율적으로 구현할 수 있다는 점에서 LangChain이 가지고 있는 장점이 매우 큰데 sLLM으로 특정 도메인에 최적화시킬 수 있다는 점에서 서비스의 가능성이 높아졌다. 이러한 장점으로 서비스 기능을 강화한 LangSmith를 공개했다. 한편 최적화된 sLLM을 로컬 환경에서 운영하고 싶은 경우에는 더 간단한 선택지가 있다. LangChain과 마찬가지로 오픈 소스 라이브러리로 제공되는 Ollama는 오픈 소스로 제공되는 대부분의 sLLM과 소수의 LLM을 손쉽게 활용할 수 있는 환경을 제공한다.

대화형 인공지능과 sLLM의 미세조정

대부분의 대화형 인공지능은 자사의 플랫폼을 통해 미세조정 기능을 제공하며, 추가적인 비용이 발생한다. 그러나 거대 언어 모델을 기반으로 하는 서비스는 비용적인 차원에서 미세조정 모델을 개발하는데 신중해야 한다. 일반적으로는 프롬프트 엔지니어링이나 RAG를 사용하는 것이 문제 해결의 비용적인 측면에서 효율이 더 높을 수 있다. sLLM의 경우는 플랫폼에서도 개발이 가능하지만 로컬 환경에서도 구현이 가능하다는 장점이 있다. 하지만 sLLM은 수십억 개의 모수로 구성되어 있으므로 원활한 활용에는 연산을 담당할 GPU 구비가 필수적이다. sLLM의 미세조정은 허깅페이스의 Transformer를 사용하고, 해당 라이브러리에서 제공하는 Trainer를 사용하면 용이하게 학습할 수 있다. sLLM은 지속적으로 성능이 개선되고 있기 때문에 로컬 환경의 인프라 수준을 고려하여 적절한 최신 모델을 선택하면 된다.

이미지를 살펴보자!

● LangChain과 Ollama의 비교

거대 언어 모델이나 sLLM을 활용하기 위해 다양한 개발 도구가 무료로 공개되고 있어 진입장벽을 해소

API 기반의 거대 언어 모델이나 로컬 환경의 sLLM을 사용하여 특정 서비스를 구현할 수 있는 프레임워크로 환각 효과를 완화하는 프롬프트 엔지니어링과 RAG 등을 구현

LangChain   Ollama

주로 로컬 환경에서 구동할 수 있는 sLLM을 쉽게 구현하기 위한 프레임워크로 LLaMA 3.1, phi-3, Gemma 2 등의 sLLM을 신속하게 지원

● Transformers 라이브러리

sLLM의 규모가 점차 작아지면서 성능도 향상됨에 따라 PC나 워크스테이션 수준에서도 sLLM을 미세조정할 수 있음

사전 학습 언어 모델을 미세조정하는 방법과 같이 Huggingface에서 개발하고 공개한 Transformers 라이브러리는 다양한 sLLM 모델에 대한 미세조정 방법을 지원하며, 2B(20억 개 모수) 수준의 모델인 경우 고성능 GPU 1장에서도 탁월한 수준으로 재학습이 가능함

29 인공지능의 기술적 미래 전망

거대 언어 모델의 속성

ChatGPT 이후 인공지능 연구계에서는 지속적으로 새로운 모델을 공개하고 있다. 지금의 시점에서도 다양한 모델이 출시되고 있는데 새로운 모델들은 그 우수성을 증명하기 위해 특정 과업에 대한 실험적 우위를 강조하고 있다. 그러나 거대 언어 모델은 대화형 인공지능을 통해 대중에 의해 평가된다는 점에서 실험적 우위가 시장에서의 경쟁력으로 이어지기 어려운 대목이다. 또한, sLLM의 접근법을 살펴보면 거대 언어 모델의 확장 법칙에서 벗어나 소규모 모델에 대량의 데이터를 학습시키는 전략이 주류를 이룬다. 이것을 다르게 해석하면 GPT-3 규모 이상의 언어 모델을 학습시키는 것과 sLLM을 대규모 데이터로 학습시키는 것의 비용이 유사할 수 있다는 것이다. 즉, 1,000장 규모의 최신 GPU를 확보해야 거대 언어 모델을 개발할 수 있다는 점은 여전히 높은 진입장벽을 의미한다. 거대 언어 모델을 비롯한 대규모 기반 모델의 주도권은 거대 테크 기업과 소수의 스타트업의 전유물이 되어가고 있다. 소수의 스타트업 역시 대부분 거대 테크 기업 출신으로 구성된다는 점에서 인력 생태계도 매우 제한적인 영역으로 해석할 수 있다. 따라서 기술을 선점한 소수의 기업이 경쟁하는 형태가 지속될 것으로 전망되고, OpenAI가 보유한 선도적인 입지는 있으나 지속성을 쉽게 예단할 수는 없다.

거대 언어 모델과 멀티 모달

이 책에서 언어 모델에 집중한 이유는 멀티 모달의 핵심이 양질의 언어 모델에서 온다고 판단했기 때문이다. 즉, 사람이 구사하는 언어를 잘 이해해야 이미지나 음성의 생성 과업을 좀 더 효과적으로 수행할 수 있다는 것이다. 이미지 생성의 경우는 ChatGPT 이전에도 다양한 서비스가 존재했고, 이미 상업적인 활용 가치가 높았다. 또한, 이미지를 넘어 영상을 생성하는 기술까지 선보이고 있다는 점에서 기술적으로 빠르게 발전하고 있다. 또한, 거대 언어 모델은 음성이나 데이터 분석의 영역까지 적용되고 있어 대규모 기반 모델을 제공하는 거대 테크 기업에 대한 기술적 의존도가 더욱 높아질 것으로 예상된다. 오픈 소스의 영역에서도 멀티 모달 모델이 속속 등장하고 있어 맞춤형 생성 인공지능 공급에도 기여를 하고 있다.

기술적 발전의 방향

기본적으로 효율적인 언어 모델 개발은 계속 지속될 것이다. 주요한 방법으로는 모델의 규모는 줄이고 성능을 높이는 일반적인 접근, 대중에게 서비스할 때 효율을 높이는 각종 경량화 전략, 계산량을 줄이면서 성능을 유지할 수 있는 새로운 트랜스포머의 개발 등이 있다. 또한, 유럽의 인공지능 규제법 시행에 따른 인공지능 모델의 해석 가능성과 신뢰성을 확보할 수 있는 연구가 강화될 것으로 전망된다.

 **이미지를 살펴보자!**

◉ 거대 언어 모델의 구도

거대 언어 모델과 sLLM은 모두 막대한 컴퓨팅 인프라가 필요하다는 점에서 여전히 거대 테크 기업이 우위에 있을 수밖에 없는 구도

```
┌─────────────────┐   ┌─────────────────────┐
│  거대 언어 모델  │   │  소규모 거대 언어 모델 │
│     (LLM)       │   │      (sLLM)         │
│ Large Language  │   │ smaller Large       │
│    Model        │   │ Language Model      │
└─────────────────┘   └─────────────────────┘
```

- 거대 언어 모델의 시작인 GPT-3는 1023번의 연산을 필요로 하는데 해당 관점에서 볼 때 sLLM은 모델의 크기는 작지만 학습해야 하는 데이터의 양이 매우 많기 때문에 GPT-3 이상의 연산량을 필요로 함
- 최소 1,000장 규모의 GPU를 활용할 수 있는 자본과 기술력이 있어야 한다는 것은 기술의 진입장벽이 매우 높다는 것을 의미하며, 빠르게 기술이 개선된다는 점 역시 어려움 중에 하나

◉ 생성 인공지능의 기술적 방향

트랜스포머 기반의 생성 인공지능은 서비스, 모델, 윤리의 세 가지 기술적 방향으로 추진될 것으로 전망

모델 측면
트랜스포머가 생성 인공지능의 핵심 알고리즘이긴 하나, 계산을 줄이면서도 성능을 유지할 수 있는 새로운 모델이 등장할 것으로 예상

서비스 측면
거대 언어 모델이 소비하는 전력이 서비스의 단가에 영향을 미친다는 점에서 지속적인 모델 경량화가 추진될 것이고, 조금 더 최적화된 서비스를 위해 생성 인공지능에 최적화된 인공지능 칩(HW)이 출시될 것으로 전망

윤리 측면
RLHF는 거대 언어 모델의 유해성과 편향성을 낮추는데 기여했으나, 여전히 위험에 노출되어 있어 이를 원천적으로 해결할 수 있는 해석 가능한 모델이나 방법론이 개발될 것으로 예상

```
┌─────────────────────────────────┐
│       생성 인공지능              │
│ Generative Artificial Intelligence │
└─────────────────────────────────┘
```

30 인공지능의 플랫폼 미래 전망

거대 언어 모델과 플랫폼

OpenAI가 사업화에서도 경쟁력을 갖추었다는 사실은 마이크로소프트와의 파트너십이나 CEO인 샘 알트만의 역량으로도 짐작할 수 있다. OpenAI가 지향하는 바를 추격하는 기업이 모사하는 방향으로 산업이 확장되고 있는 점에 주목해야 한다. OpenAI의 궁극적인 목적은 GPTs와 같은 인공지능 플랫폼일 것이다. 해당 플랫폼을 구축하기 위해서는 무엇보다 사용자의 유입이 필요한데 OpenAI는 ChatGPT를 대중에게 무료로 공개하면서 많은 사용자를 확보해 일차적인 목적은 달성했다고 볼 수 있다. 이후는 GPTs의 활성화가 필요한데 플랫폼의 서비스 공급자에게 수익 모델을 제시해야 한다. 그러나 GPTs 플랫폼 서비스 공급자가 개발하는 인공지능 애플리케이션(인공지능 앱)은 대부분 유료 서비스에서 구동된다는 점에서 GPT-4o 수준의 모델을 대중에게 공개할 정도로 최적화가 되는 시점이 본격적인 플랫폼으로 진출하는 분기점이 될 것이다.

GPTs와 같은 생성 인공지능 플랫폼은 소수의 기업이 독점하는 구도가 될 것이다. 가장 가능성이 높은 기업으로는 OpenAI, 구글, 마이크로소프트, 앤트로픽으로 예상된다. 인공지능 앱 플랫폼은 스마트폰의 구글 플레이 스토어나 애플 앱 스토어와 같은 역할을 할 것으로 예상되며, 플랫폼 선점을 위한 기업들의 노력이 이어질 것으로 판단된다. 이를 위한 조건은 고성능 생성 인공지능의 무료 활용이라는 전제가 있어야 하기 때문에 비용을 줄이기 위한 다각적인 노력이 필요하다. 한편 고도의 인공지능 기술이 탑재되기 때문에 생성물에 대한 저작권 문제나 악의적인 활용을 방지하는 등의 추가적인 노력도 지속되어야 한다. 성공적인 플랫폼의 과실만큼이나 안전한 인공지능의 활용이라는 숙제도 해결해야 한다.

초 개인화 인공지능

가까운 미래에는 개인의 의사결정을 보조하는 인공지능이 출시될 것으로 예상된다. 우리는 컴퓨터를 활용하면서 다양한 개인정보를 생산하고 있다. 예를 들면 인터넷 페이지의 방문 이력부터 이메일, 캘린더, 블로그, 전자상거래 이력에 이르기까지 다양한 정보가 있다. 이러한 데이터는 거대 언어 모델과 맞물려 개인의 선호도를 파악할 수 있는 진정한 의미의 개인 비서로 진화할 수 있는 가능성이 높다. 예를 들면 점심으로 어떤 식당에 갈지, 이번에 개봉하는 영화 중에 개인의 선호도와 얼마나 일치하는지 등의 작은 의사결정부터 어떠한 회사로 이직을 할지, 어느 동네로 이사를 가야할지 등의 중요한 결정도 보조할 수 있을 것이다. 그러나 이러한 초 개인화 인공지능은 당연히 부정적인 요인이 있을 것이다. 사람에 따라 다르겠지만 지나치게 개인의 의사결정에 개입할 수 있다는 측면에서 유발 하라리가 강조한 '나보다 나를 더 잘 아는 기계'가 가져오는 존엄성의 문제와도 직결된다.

이미지를 살펴보자!

● **플랫폼 경쟁**

생성 인공지능의 산업적 전망은 플랫폼 경쟁으로 이어져 소수의 거대 테크 기업이 플랫폼의 지분을 나누어 가질 것으로 예상

Google	가장 경쟁력 높은 양자 구도	OpenAI
그간 쌓아온 혁신적인 기술력 다양한 서비스에서 축적된 데이터 다양한 플랫폼 운영 경험		지속적인 호평과 탁월한 기술력 막대한 사용자 경험 축적 플랫폼 GPT 스토어 추진 중
∞ Meta	OpenAI와 구글의 추격자	ANTHROP\C
LLaMA로 선점한 오픈소스 생태계 풍부한 SNS 데이터 세계 최고 수준의 인공지능 기술력		막대한 투자 유치 생성 인공지능의 탁월한 기술력 안전한 인공지능 기술 개발 철학

● **초 개인화 인공지능의 전망**

가까운 미래에는 초 개인화 인공지능 비서가 상용화될 것으로 전망되지만 인공지능의 신뢰성 확보와 개인의 정보 주권에 대한 고려가 필요

긍정적인 측면	부정적인 측면

• 개인이 생산한 다양한 정보를 토대로 개인이 의사결정을 하기 위한 보조 도구로 활용 가능
• 현재 파편화된 서비스들이 초 개인화 인공지능으로 편입
• [예시]
  – 체형에 맞는 옷 스타일 추천
  – 취미 생활에 대한 최신 정보 전달
  – 새로운 맛집이나 영화 추천
  – 채용공고 자동 추천
	• 인공지능 자체에 대한 신뢰성이 보장되지 않으면 편향된 결과에서 자유로울 수 없음
	• 개인의 자율 의사에 대한 선택권이 박탈될 수 있을 가능성이 높기 때문에 인간의 존엄성에 대한 문제 제기 발생
	• 인공지능의 규제 법안 등에 저촉을 받는 고위험 인공지능으로 분류

31 인공지능의 규제 전망

EU 인공지능 규제법의 의미

유럽은 글로벌 인공지능 생태계에서 차별적인 위치를 고수하고 있다. 유럽연합은 전통적인 과학 기술의 강국이 모여있는 집단으로 인공지능 분야에서도 유력한 기업을 보유하고 있으나 미국과 중국에 비해서는 소수에 불과하다. 그 이유는 IT 기술에 한해서 미국의 거대 테크 기업의 의존도가 높은 상황이고, 이에 따라 인공지능과 관련된 기술력은 저조할 수밖에 없기 때문이다. 이러한 상황에서 유럽연합이 드러낸 가치는 인공지능 분야의 국제 경찰을 자처한 것이다. 그 해석에는 여러 가지 견해가 있는데 첫 번째는 중국산 인공지능에 대한 견제가 있다. 중국은 정부가 공격적으로 인공지능 산업에 개입하고 있다. 예를 들어 매우 민감한 개인정보인 안면 정보를 통해 다양한 내수 산업을 촉진시키는 한편, 세계 최고 수준의 안면 인식 기술을 플랫폼화하여 수출하는 전략을 취하고 있다. 물론 중국에서도 개인정보 처리에 대한 엄격한 잣대를 제시하고 있으나 기술을 확산시키는 주체 역시 중국 정부의 역할이 지대하다. 개인의 인권과 정보 주권을 중요시하는 유럽의 입장에서는 의도가 불분명할 수도 있는 중국산 고성능 인공지능의 확산이 달갑지만은 않을 것이다. 또한, 미국과 중국의 전방위적인 패권 다툼에서 보면 유럽은 미국에게 합법적인 활로를 제시했다고도 해석할 수 있다. 한편으로 유럽은 인공지능 규제법을 통해 '브뤼셀 효과'를 기대하고 있다. 브뤼셀 효과란 유럽이 선제적으로 제안한 제도나 규제가 아직 그것을 도입하지 않은 국가에게 일종의 기준이 된다는 것이다. 유럽은 유럽의 개인정보보호법(GDPR)을 통해 브뤼셀 효과를 경험했으며, 우리나라 개인정보보호법의 개정 역시 GDPR에 동조하는 차원이 있었다. 따라서 유럽의 인공지능 규제법은 GDPR의 확산과 동일한 목적을 갖는다고도 볼 수 있다.

EU 인공지능 규제법의 실효성

EU의 인공지능 규제법은 서구 사회가 중국을 견제할 수 있는 수단을 마련했다는 점에서 소기의 목적은 달성했으나 미국과의 갈등은 여전히 남아 있다. 실리콘밸리에서 개발된 생성 인공지능이 전 세계적으로 점유율을 높여가면서 다양한 분야의 생산성 제고에 기여를 하고 있는데 EU의 인공지능 규제법이 이를 가로막을 수 있다는 점에서 오히려 퇴보의 가능성도 염두해야 한다. 그 반대로 EU 가입국에 대한 자체 기술력을 확보한다고 볼 수 있는데 미국이 기술적인 주도권을 가지고 있는 상황에서 거대 테크도 통과하기 어려운 적합성 평가를 EU 기업이 통과하기란 요원하다. 그러나 EU 인공지능 규제법은 2026년에 전면 시행을 앞두고 있어 남은 기간 동안에 생성 인공지능으로 플랫폼을 구축하려는 거대 테크 기업은 현실적인 계산에 돌입할 것이다. 기술적 난제와 과징금의 부담을 안고 EU 시장에 진출할 것인지 아니면 EU 시장에서 철수할지는 전적으로 거대 테크의 의지에 달려있다.

이미지를 살펴보자!

● EU의 인공지능 규제법

인공지능의 기술 패권은 미국과 중국이 양강 구도를 설정하고 있는 가운데 EU는 인공지능 규제법으로 인공지능에 대한 국제 경찰을 자처한 상황

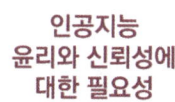 →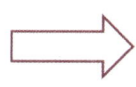

EU는 2019년부터 인공지능의 윤리 가이드 라인과 더불어 신뢰성에 대한 대응 전략을 강구함에 따라 EU 영내 국민의 정보 주권과 안전한 인공지능 활용에 대한 대응책 마련을 추진해 옴

EU는 인공지능 규제 법안의 시행으로 인공지능 규제에 대한 글로벌 기준을 마련했으며, 주요국의 인공지능 규제 법안에 유의미한 영향력을 행사할 것으로 판단됨

● EU의 인공지능 규제법 영향

EU의 인공지능 규제 법안은 중국의 인공지능을 견제하는데 성공했으나 미국의 인공지능에도 엄격한 잣대를 요구하면서 자생할 수밖에 없는 상황

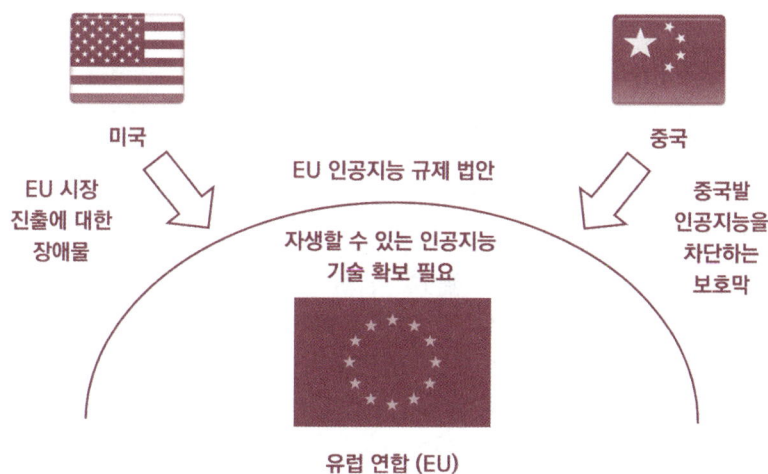

인공지능의 정책 전망

ChatGPT와 인공지능의 정책

인공지능은 2012년 이미지넷 경진대회로 시작하여 2016년 알파고 대국을 계기로 전 세계는 인공지능의 가능성과 역량을 확인할 수 있었다. 전 세계 주요국은 인공지능과 관련된 국가 정책을 추진하면서 막대한 규모의 자본을 투입했다. 그 결과 인공지능은 이제 단순한 키워드를 넘어 거의 모든 영역에서 활용되고, 미래를 변화시킬 핵심 기술로 부상했다. 그러나 ChatGPT 이후의 인공지능은 각국의 노력을 무색하게 할 만큼 큰 변화가 일어났다. 인공지능 기술의 중심이 국가의 정책적 혜택을 받는 다양한 주체(대학, 국책연구소, 기업 등)에서 소수의 기업으로 급격하게 이양되었다고 볼 수 있다. 특히, 언어 모델의 발전은 다양한 국가의 언어를 지원할 수 있다는 점에서 기술에 대한 국가적인 경계가 허물어졌다는 점에 주목해야 한다. 이는 한국의 인공지능에서도 찾아볼 수 있다. 대표적 인터넷 포털 기업인 네이버는 매우 신속하게 한국어 특화 거대 언어 모델을 개발하면서 기술력을 확보했다. 그러나 ChatGPT, Gemini, Claude와 같은 인공지능이 유창한 한국어를 구사하면서 실리콘밸리의 거대 테크 기업과 경쟁을 해야 한다. 이렇게 기업 간 경쟁으로 기술이 발전함에 따라 정부의 정책적인 접근에서도 거대 언어 모델의 기술 개발이나 서비스에 개입할 수 있는 가능성이 현저히 낮아졌다.

미래 인공지능의 정책 전망

ChatGPT를 계기로 급변한 인공지능 기술에 대한 정부의 정책 기조는 자국의 인공지능 산업 생태계 확보와 안전한 인공지능 활용에 대한 제도 및 규제이다. 한국은 높은 인터넷 보급률과 인터넷 포털 기업의 강세로 국내 검색 엔진 점유율에서 네이버가 1위를 차지하고 있다. 전 세계의 검색 엔진 시장은 구글이 90%에 육박하는 점유율을 기록하고 있다는 점은 한국 인터넷 산업의 경쟁력을 보여주는 대목이다. 한국의 생성 인공지능 산업 역시 검색 엔진 점유율 확보와 같은 전략을 취하는 것이 바람직한 접근으로 보일 수 있으나 생성 인공지능은 플랫폼의 속성을 가지고 있다는 점에서 정부의 역할이 중요하다. 예를 들면 카카오톡이 대국민 정부 서비스와 맞물렸듯이 정부가 네이버의 생성 인공지능을 도입하는 정책으로 국내 인공지능 산업 생태계의 중요한 역할을 해야 한다. 물론 기술의 독과점에 대한 이견이 있을 수 있지만 의사결정이 늦어진다면 거대 테크 기업의 플랫폼에 종속될 가능성이 높다. 생성 인공지능이 아무리 고도화 되었다고 해도 완벽하지는 않다. 오픈 소스로 인해 얼마든지 오남용의 가능성이 있다는 점에서 각국은 자국민을 보호할 수 있는 수단이 필요하다. EU와 같이 선제적인 규제도 하나의 방법이지만 기술의 진흥을 마련하면서 제재할 정책적 수단을 갖출 필요가 있을 것이다.

 **이미지를 살펴보자!**

거대 테크 기업과 인공지능의 정책

ChatGPT와 같은 생성 인공지능은 다국어를 지원한다는 점에서 국가의 경계를 허물었으나 인공지능을 발전시킬 정책 수단에 제약

- OpenAI ChatGPT : 59개 언어
- Google Gemini : 46개 언어
- ANTHROP\C Gemini : 12개 언어

지원 언어는 2024.08. 기준

- 거대 언어 모델을 기반으로 생성 인공지능은 소수의 기업이 독점하고 있는 상황이며, 언어의 측면에서 다국어를 지원하기 때문에 국가별로 특화된 거대 언어 모델을 개발하기 어려운 상황으로 해석됨
- 정부의 정책적인 수단으로 거대 언어 모델을 개발하는 방식은 현실성이 낮을 것으로 판단
- 거대 언어 모델을 개발하기 위한 컴퓨팅 인프라의 구성부터 신속한 개선과 막대한 서비스 비용까지 감당하기에는 국민의 세금으로 운영되는 정책 수단으로 적절하지 않은 접근

생성 인공지능의 정책

생성 인공지능의 정책은 거대 플랫폼에 맞서기 위한 전략적 선택이 필요

원천기술 개발 지원

거대 언어 모델 기반의 생성 인공지능은 그 한계도 뚜렷한 바, 핵심 알고리즘인 트랜스포머의 개선, 각종 경량화 및 최적화 기법, 신뢰성 있는 인공지능 기술 개발 등에 대한 R&D 기획 및 지원

규제

자국민의 정보 주권을 보장하기 위해 생성 인공지능 플랫폼에 대한 적절한 규제 방안 강구

인공지능 산업 생태계 확보

자국내 경쟁력 있는 플랫폼이 있다면 전략적인 투자로 내수 시장 플랫폼을 구축할 수 있는 기회 마련

거대 테크의 플랫폼에 종속성이 높다면 해당 플랫폼 생태계의 주도적인 역할을 할 수 있는 기회 마련

생성 인공지능에 대한 정책 대안

33 범용 인공지능의 미래 전망

범용 인공지능(Artificial General Intelligence, AGI)

범용 인공지능 혹은 인공일반지능은 인공지능의 궁극적인 목표 중 하나로 모든 상황에 유연하게 적용될 수 있는 인공지능을 말한다. 범용 인공지능을 개발하기 위한 가시적인 목표를 세운 기업은 OpenAI와 구글 딥마인드이다. 두 기업은 게임 인공지능 개발을 통해 인간의 지능에 대한 계기를 찾는다는 점에서 유사한 행보를 보였다. 특히, 강화 학습 분야에서 서로의 기술력을 선보였는데 가장 비교되는 대목은 딥마인드의 스타크래프트2 인공지능인 알파스타와 OpenAI의 Dota 2 인공지능인 OpenAI Five였다. 두 기업이 서로 경쟁하면서 쌓아 올린 강화 학습 기술은 글로벌 인공지능 기술의 트렌드를 이끌었다. 그러나 OpenAI가 2020년에 거대 언어 모델인 GPT-3를 공개하자 딥마인드 역시 이를 추격하는 기술력을 보여주었으며, 이러한 경쟁을 통해 두 기업은 범용 인공지능으로 향하는 원동력을 얻고 있다.

OpenAI와 딥마인드가 지향하는 범용 인공지능

2023년 11월 딥마인드는 범용 인공지능을 넘어 초 인공지능(Artificial Superintelligence)에 대한 기준을 공개했다. 딥마인드는 인공지능이 아닌 0번째 단계를 제외한 인공지능을 5단계로 나누었는데 그 첫 번째 단계로 훈련되지 않은 사람에 비해서 동등하거나 다소 좋은 성능을 보이는 인공지능을 'Emerging AGI'로 명명했다. 당시 딥마인드는 ChatGPT나 Bard가 첫 번째 단계에 머물러 있다고 설명했고, 훈련된 성인의 지능을 얼마나 능가할 수 있느냐에 따라 나머지 네 단계를 구분했다. 특히, 다섯 번째는 초 인공지능이라고 명명하며, 인류를 초월하는 성능을 보유한 인공지능으로 구분했다. OpenAI는 2024년 7월 범용 인공지능으로 향하는 5단계를 공개했다. 첫 번째 단계는 현재의 ChatGPT와 같은 인공지능이고, 두 번째 단계는 박사 수준의 교육을 받은 사람이 문제 해결 능력을 갖춘 것을 의미한다. OpenAI는 당시의 인공지능이 두 번째 단계를 앞두고 있다고 밝혔다. 3단계는 인간을 대신에 복잡한 업무를 수행할 수 있는 에이전트를, 4단계는 새로운 혁신을 창출할 수 있는 인공지능을 의미한다. 마지막 5단계는 한 조직의 업무를 수행할 수 있는 인공지능으로 딥마인드와는 다른 정의를 내렸다.

범용 인공지능의 등장

ChatGPT가 일으킨 인공지능의 과도한 경쟁과 확산은 분명 범용 인공지능의 등장을 촉진시키는 역할을 할 것이다. 호사가들은 향후 10년 이내에 범용 인공지능이 출시될 것으로 예견하고 있지만 한편으로는 트랜스포머라는 방법론의 한계를 지목하기도 한다. 그러나 어떠한 형태로든 지금보다도 우수하고 실용적인 인공지능이 나온다는 사실에는 의심할 여지가 없다. 이제 우리는 인공지능과 함께 살아갈 준비를 해야할 날이 머지 않았다.

 **이미지를 살펴보자!**

◉ 범용 인공지능의 개발
- OpenAI와 구글 딥마인드는 범용 인공지능의 개발을 위해 경쟁하며, 특히 강화 학습의 기술 트렌드를 주도할 것으로 판단
- GPT-3 이전까지는 사람 수준의 게임 인공지능 개발을 통해 범용 인공지능의 계기를 찾는다는 접근으로 다양한 강화 학습 방법론을 제안

구글 딥마인드는 바둑 인공지능 알파고(AlphaGo)부터 시작하여 자가 학습 기반의 뮤제로(MuZero) 알고리즘을 고안했으며, 멀티 에이전트 강화 학습 기술을 활용한 스타크래프트 2 인공지능인 알파스타(AlphaStar)를 개발

OpenAI는 고전 게임에서 손쉽게 인공지능을 개발할 수 있는 OpenAIgym을 공개하고, Dota2 인공지능인 OpenAIFive를 개발하여 세계 챔피언에게 승리

◉ 범용 인공지능의 기준
OpenAI와 구글 딥마인드는 범용 인공지능에 대한 별도의 기준을 마련

[구글 딥마인드]

단계	내용
Level 1(Emerging)	비숙련 인간보다 동등하거나 나은 수준(예 : ChatGPT, Gemini 등)
Level 2(Competent)	숙련된 성인의 50백분위 수준(아직 달성되지 않음)
Level 3(Expert)	숙련된 성인의 90백분위 수준(아직 달성되지 않음)
Level 4(Virtuoso)	숙련된 성인의 99백분위 수준(아직 달성되지 않음)
Level 5(Superhuman)	인류 전체를 능가(초지능) (아직 달성되지 않음)

[OpenAI]

단계	내용
Level 1	챗봇(언어를 활용한 대화형 인공지능)
Level 2	추론가(사람 수준의 문제 해결)
Level 3	에이전트(특정 작업을 실행할 수 있는 시스템)
Level 4	숙련된 성인의 99백분위 수준(새로운 발명을 도울 수 있는 인공지능)
Level 5	조직(조직 수준의 일을 할 수 있는 인공지능)

인공지능과 인간의 창의력 대결

인공지능이 인간의 창의력을 따라잡을 수 있을까요? 최근 연구들은 이런 질문에 대한 흥미로운 통찰을 제공하고 있습니다. 2023년 Scientific Reports에 발표된 한 연구는 인간 참가자 256명과 3종류의 인공지능 모델이 창의적 과제를 수행하며 경쟁한 결과를 제시했습니다. 연구의 핵심은 '주제에 맞는 창의적인 아이디어를 생성하는 능력'을 평가하는 것이었습니다.

◎ 창의력 비교 실험

예를 들어 '기후 변화를 늦출 수 있는 독창적인 방법'이라는 질문에 대해 인간과 인공지능이 각각 아이디어를 제시했습니다. 평가 결과 인공지능은 데이터 중심의 논리적 접근으로 일부 영역에서 인간과 유사하거나 더 나은 성과를 보였습니다. 그러나 인간은 감정적이고 복합적인 맥락을 이해하며, 독창적이고 정교한 아이디어를 만들어내는데 강점을 보였습니다.

◎ 인공지능과 인간의 협업

재미있는 실험 사례에서는 인간과 인공지능이 협력하는 환경이 설정되었습니다. 협업 과정에서 인공지능은 새로운 관점을 제공하며, 창의성을 증폭시키는 도구로 작용했습니다. 인공지능이 생성한 아이디어에 인간이 감정적 요소와 문화적 맥락을 더하면서 더욱 혁신적인 결과를 도출할 수 있었습니다.

◎ 결론

인공지능은 인간을 대체하기보다는 창의적인 도구로써 함께 활용하며 디자인, 예술, 과학 등 다양한 분야에서 협업의 가능성을 열고 있습니다. 인간과 인공지능이 각자의 강점을 활용하면서 공존하는 창의성의 미래는 새로운 혁신의 길을 만들어갈 열쇠가 될 것입니다.

찾아보기

ㄱ~ㄷ

가속기	120
거대 언어 모델	22, 110, 112, 116
기계 번역	74
기반 모델	10, 24
디코더	32, 60, 62, 115
딥러닝	28

ㄹ~ㅂ

마스크드 멀티헤드 어텐션	60
멀티 모달	208
멀티 스케일 리텐션	170
멀티헤드 어텐션	46, 48, 52
모델 경량화	88, 162
모수 공유	165
미세조정	79
바이트 페어 인코딩	34
범용 인공지능	216
분리된 어텐션	94

ㅅ~ㅈ

사인 함수값	45
사전 학습 언어 모델	10, 20, 68, 110
생성형 인공지능	24, 157
설명 가능한 인공지능	160
셀프 어텐션	56
소규모 거대 언어 모델	192
손실 함수	64
수학적 모델	31
순열 언어 모델	98
순환신경망	42
스케일링 법칙	150
신경망 언어 모델	18
앞먹임신경망	46, 54
어텐션 가중치	53

언어 모델	14, 16
엔트로픽	172
워드 피스	34
원 핫 인코딩	38
위치 인코딩	42
인공신경망	28
인공지능 모델	30
인코더	32, 46, 62
자연어 처리	72
잔차 연결	54
적대적 생성 모델	92
점곱 어텐션	50
정밀도	163
제어 코드	102
종단간 학습	30
지식 증류	86, 164
질의응답	74

ㅊ~ㅌ

초 개인화 인공지능	210
초모수	58
코사인 함수값	45
토큰 임베딩	38, 40
토큰 임베딩 벡터	44
토큰화	34
통계적 언어 모델	18
트랜스포머	10, 12, 32

ㅍ~ㅎ

퍼셉트론	29
프롬프트 엔지니어링	23
환각 효과	154, 158
행렬곱	122
허깅페이스	107, 144

A~C

AGI	216
ALBERT	84
Bard	182, 184
BART	100
BERT	20, 76
BigScience	144
Bing	189
BLOOM	144
CBOW	38
ChatGPT	127, 148, 152
Claude	190
Copilot	188
CTRL	102

D~F

DeBERTa	94
DistilBERT	86
ELECTRA	92
ELMo	108
ERNIE	108
EU 인공지능	212

G~I

GAN	92
Gemini	186
Gemma	198
Gopher	134
GPT	20, 78
GPT-2	80
GPT-3	113, 125, 128
GPT-3.5	175
GPT-4	174
GPT-4o	176
GPT-4 Turbo	176
GPT-5	178
GPT-o1	178
GPT 스토어	180
GPU	120
HuggingFace	106, 144
HyperCLOVA	146
InstructGPT	136

J~L

LaMDA	130
LangChain	206
LLaMA	194
LLaMA 2, 3	196
LLM	23

M~O

Meta	142, 194
Mistral AI	200
MobileBERT	88
MT NLG	132
Ollama	206
OpenAI	134, 172
OPT 175B	142

P~R

PaLM	140
PaLM 2	184
PanGu	138
phi	202
RAIL	145
RetNet	170
RLHF	137
RoBERTa	82
RWKV	168

S~U

Skip-Gram	40
sLLM	156, 192, 202, 204
Solar	204
SpanBERT	90
SQuAD	74, 75
T5	104
TransformerXL	96

V~X

XAI	160
XLNet	98